内蒙古师范大学教学研究基金资助立项

高等师范院校教师教育系列教材

中学物理教材分析

The Analysis of Middle School Physics Textbooks

主 编 吉日嘎拉

陕西师范大学出版总社有限公司

内 容 简 介

　　本书是高等师范院校教育学二学位物理教育专业课规划教材之一，全书共七章，系统地论述了中学物理教材分析的相关理论和分析方法。中学物理教材分析实例以人民教育出版社的新课标物理教材为主，结合当前的基础教育课程改革编写而成。该教材反映了目前新课程背景下进行中学物理教材分析的基本规律。教材叙述体现了现代教育理念，主要表现在把三维课程目标等新课程理念渗透在教材之中，对学生进行正确的方法教育和价值观教育。该教材在内容上采用了物理教育教学研究的新成果，能较好地解决目前物理课程教材多样化条件下如何分析教材的方法问题，并能够结合中学物理课程标准展开教材分析理论的阐述，同时还把"知识可视化图示分析"应用于中学物理教材分析中，为中学物理教材分析开辟了新的途径。本书可作为高等师范院校教育学二学位物理教育课程体系中的必修课中学物理教材分析的专业教材，也可供高等师范院校物理学专业的教师和学生、中学物理教师阅读参考。

编 写 说 明

中学物理教材分析是内蒙古师范大学教育学二学位物理教育课程体系中的必修课之一，是与物理教学论等课程相互渗透、相互匹配的实践性较强的一门教师职业技能课程。本书作为该课程的专业教材，考虑到为师范生的教育实习和毕业后从事中学物理教学和科研工作做好必要的准备，在力图体现新理论、新观点和新方法的同时，注重提高师范生分析和处理中学物理教材、选择教学方法和教学手段的能力。

我国的物理教科书从最早翻译国外优秀的物理教科书一直发展到今天，形成了结合我国国情和实际的一些独特风格，而且形成了"一标多本"的多种教材同时流行的局面。不同教材的特点也不同，恰到好处地适应我国地域跨越广、学生所接触的文化背景有较大差异的情况。到目前为止，我国专门关于"物理教材分析与研究"的论著还为数不多，因此本书力图较为全面地阐述相关问题。

本书主要以本地区使用的人民教育出版社出版的物理教材为分析主体，共分为七章。第一章、第二章、第七章由吉日嘎拉编写；第三章由张伟编写；第四章、第五章由侯嘉励编写；第六章由万欣欣编写；最后由吉日嘎拉统稿。书中运用了许多新的方法来分析教材，如利用知识可视化视图的方法来分析教材，利用各种栏目的特点来分析教材等。另外，本书中也对新版教材中体现的特点以及物理思想进行了阐述，以便广大物理教育工作者参考与阅读。本书中各章统一的写作体例为：[内容提要]、[学习指导]、[正文]、[本章小结]、[思考与练习]等，其中[本章小结]是利用思维导图软件绘制而成。

在完成本书编著的过程中，我们怀着对科学研究的极大热情，以认真、求实、严谨的态度进行了一系列大胆、创新的尝试和探索，以虚心的学习态度参阅了中外许多公开出版的相关书籍，同时此书的策划和编写始终得到了内蒙古师范大学教务处领导的极大关心和大力支持，在此我们表示由衷的感谢。如果本书能为广大物理教育工作者提供一些教材分析和研究方面的帮助和启发，为其更好、更方便地进行教学设计和实施教学打好基础，我们将感到非常荣幸。杜甫曾说："细推物理须行乐，何用浮荣绊此身？"在此，也希望阅读此书的高等师范院校物理教育专业的学生仔细思考书中介绍的内容，借鉴其中一些内容，形成自己的风格，为将来从事物理教学工作打下坚实的基础。编者认为，进行中学物理教材分析是一项较为系统和体现教师创造性的工作。所以为了学好本课程，我们提出几点建议：①建议读者认真领会本书中介绍的中学物理教材分析的相关方法。②要查阅其他相关书籍，完善自己在物理教育方面的知识体系，为物理教育教学工作打好基础。③要对比不同的物理教材，相互取长补短，这里不仅包括我国的各版本教材，也包括国外的优秀教材。④不拘泥于本书介绍的某一种或某几种方法，要结合实际，综合利用各种方法，从而形成自己的独特风格。

物理教育科学研究是无止境的，无论我们如何努力和探索，本书中的不足仍然是在所难免的，我们也期待广大同行、专家、学者对我们的工作进行批评和指正。

编 者

2010 年 5 月 15 日于内蒙古师范大学

目　　录

第一章　绪　论
　　第一节　中学物理教材的概念界定以及功能……………………（001）
　　第二节　我国中学物理教材的发展历史…………………………（009）
　　第三节　国外优秀教材简介………………………………………（018）
　　第四节　教材的研究………………………………………………（027）

第二章　如何进行中学物理教材分析
　　第一节　分析中学物理教材的意义………………………………（032）
　　第二节　中学物理教材分析的依据………………………………（037）
　　第三节　物理教材分析的原则……………………………………（044）
　　第四节　分析教材的方法…………………………………………（046）
　　第五节　中学物理教材分析的一般步骤…………………………（055）
　　第六节　中学物理教材分析的基本要求…………………………（058）

第三章　中学物理教材结构分析
　　第一节　中学物理教材的体系和结构……………………………（066）
　　第二节　初高中物理教材的结构和特点…………………………（071）
　　第三节　初高中物理教材中的系列栏目特点及其分析…………（080）
　　第四节　初高中物理教材中的其他栏目特点及其分析…………（089）
　　第五节　中学物理教材中呈现的理念和思维方法………………（099）

第四章　利用知识可视化图示分析中学物理教材
　　第一节　利用图示法分析中学物理教材…………………………（107）
　　第二节　通过制作量表来分析中学物理教材……………………（122）
　　第三节　利用ISM法分析中学物理教材…………………………（135）

第五章　物理教材中重点、难点成因分析及其对策
　　第一节　重点和难点的定义以及划分依据………………………（145）
　　第二节　确定教学目标、重点和难点的一般原则………………（153）
　　第三节　突破难点和重点的教学形式……………………………（158）
　　第四节　新课标高中物理教材中的科学方法教育………………（167）
　　第五节　结合物理教育心理学分析教材…………………………（173）

第六章　中学物理教材分析举例
  第一节　中学物理教材总体分析举例 …………………………（178）
  第二节　中学物理教材章节分析举例 …………………………（182）
  第三节　中学物理教材中的知识内容分析举例 ………………（200）

第七章　物理课程资源的开发和利用
  第一节　物理课程资源的概念 …………………………………（238）
  第二节　开发利用物理课程资源的原则 ………………………（243）
  第三节　物理课程资源的利用和开发途径 ……………………（245）
  第四节　物理课程资源开发和利用举例 ………………………（248）

参考文献 ……………………………………………………………（261）

第一章 绪 论

[内容提要]

本章对物理教材分析做了简要介绍。首先,重点介绍了中学物理教材的概念界定以及功能。其次,对我国教材的发展历史做了简要介绍。最后,将国内外物理教材的发展做了回顾与部分展示。

[学习指导]

1. 理解物理教材的概念,知道什么是广义教材,什么是狭义教材。
2. 理解中学物理教材的结构和作用。
3. 简单了解我国中学物理教材的发展历程。
4. 阅读部分国外优秀物理教材。

第一节 中学物理教材的概念界定以及功能

一、物理教材的概念及教材观

(一)物理教材的概念

物理教科书,是根据物理课程标准,通过编写和组织,将物理学的知识、物理学思想、物理学方法,以及物理学研究中蕴含的情感、态度、价值观等内容,按照一定的逻辑构成一个教学体系。

广义的物理教材,指物理教育所使用的一切资料,包括物理教科书、习题集、学生的阅读书籍、电影、录像、网络声像资料,以及其他辅助物理教育教学的材料。

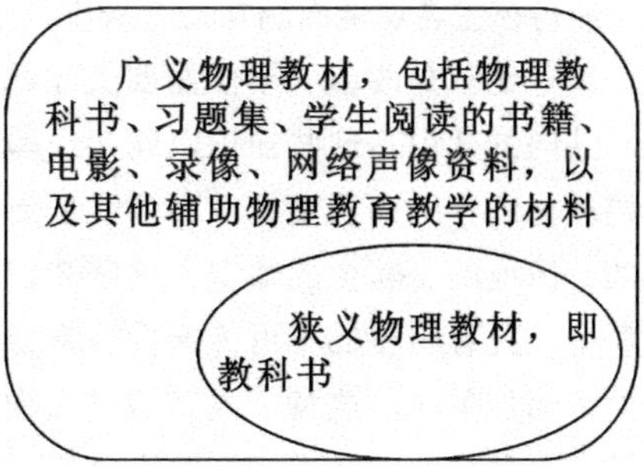

而通常情况下狭义的物理教材主要指物理教科书。本书中分析的主要是物理教科书,并将其简称为教材(按照通常情况下)。对于物理书籍、电影、录像内容等

图 1-1 广义教材和狭义教材的关系

将在后面章节中进行详细介绍。图 1-1 表示了广义教材与狭义教材的关系。

（二）物理教材的教材观

决定教师分析教材的根本理念和根本思想，我们称之为教材观。

根据新课程改革的目标、任务和要求进行教材改革，是当前课程改革的重要课题。我国现有的学校教材体系面临着各种问题和挑战，如何使教材更加有利于培养学生的创新精神、实践能力，如何使教材更加有利于学生良好个性的发展，这首先需要教材编写人员和广大教师建立新的教材观。尤其在分析教材之前，教师必须有正确的教材观。编者认为对于广大中学物理教师，应该建立如下的教材观：

1. 物理教材改革的知识观：走向主观和客观的和谐、统一

中学物理课程和教材，从某种程度上说仍然承载着学生的精神发展，无论是能力还是观念和态度，都深深地印刻在对真知的探索和追求上。"知识就是力量"，英国哲学家培根的教诲对我们仍然是一种警示和鞭策。今天的课程改革，关注能力的提升、人生价值的确定，乃至个性的良好发展，但这一切并不能使我们忽视对知识目标的认知和追求。任何课程改革，如果失去其对知识的追求，可能最终将失去自身的价值。因此，物理教师对知识观念变化的理解，是理解新课程改革的关键因素之一。

20 世纪较有影响的科学家、哲学家迈克尔·波兰尼在 1958 年发表的全面体现其科学哲学思想的著作《个人知识》中，对传统的主客观分离的知识观进行了无情的批判，他把知识看成是一种求知的寄托，将知识所具有的内在的美视为知识的理性内核，还原了知识所具有的热情的、个人的和人性的成分。同时，他认为知识具有默会的成分，它在一定程度上是不可言传的，因而他认为知识也是具有个人性的。正如学会骑自行车的人不知道自己是如何最终使自己骑在车上不致摔倒，这种技能也是知识的一种，而它的不可言传性却是不言而喻的。知识不是主观的，是客观性与个性的结合。波兰尼这种关于知识的看法对课程和教材的知识建构具有重要的意义，使得在主客观全面的立场上来重新定位知识的价值变得非常必要。

新一轮教材改革，不仅需要关注那些被称之为"共同知识"的客观的、逻辑的、共同的知识，这些知识以间接经验为主，具有明显的可传递性，是我们以往构建教材内容的知识主体。而今我们更需要关注那些被称之为"个人知识"的主观的、情境的、默会的知识，这些知识以直接经验为主，主要靠个人的体验和领悟获得，具有明显的不可传递性，常常因遭到忽视而无缘于中学物理教材，所以更值得倍加关注。这种个人知识进入中学物理课程领域，将直接引起我们学习观的转变，关注学生从直接经验中进行学习，关注学生建立主动的、探究的、体验的、建构的学习方式。

按照新的知识观，教材内容的选择就要坚持双重来源，一是文化传统，一是生活实践。坚持文化传统，以文字、符号、表象等反映世界优秀的文明精华，使学生获得人类共同的知识，这在任何一个国家的教材体系中都能找到明显的印证。以先进的学科观念审视教材的知识体系，重视结构化知识的意义和功能，对知识的内在逻辑联系加以清晰的展示，建立科学知识的基本结构和网络，促进知识的灵活运用、触类旁通，这些都是物理教材设计要坚持的方向。坚持关注生活实践，则意味着教材要面向生活、面向社会、面向实践，提供机会让学生去动手、去操作、去体验等，从而使学生获得其中存有的属于个人的默会知识。

2. 物理教材改革的学生观：改善学习的教材设计

承认学生的主体地位并促进学生主体性的发展，关注学生在教育教学过程中所表现的积极性，自觉性，能动性，创造性和自立、自主、强烈的"我要学"的主体意识，最终将导致走向以学生发展为本的教材设计。教材设计要最大限度地满足学生的需要和可能，贴近学生的生活，走出那种单纯以学科规律为引导的传统的教材设计，注重学生个性的养成、潜能的开发、能力的培养、智力的发展。

对物理教材设计者和教师而言，学生不再是教材的被动的受体，而是对教材进行能动实践创造的主体；物理教材不再是只追求对教育经验的完美的预设，而要为学生留有发展的余地，使物理教材编制过程本身延伸到课堂和学生的学习之中。以往物理教材的设计，对学生因素考虑欠缺是显而易见的。某种程度上讲，物理教材受到难度和深度等限制，仅仅是教师"教"的材料，离开教师的帮助，学生对教材的学习和理解常常产生不可逾越的困难。作为学生学习活动的主要媒介，教材要成为"学材"，需要去掉生硬的、冷冰冰的面孔，增加对学生的亲和力。物理教材要提供丰富的与学生生活背景有关的素材，应从学生的已有经验和兴趣出发并体现这种已有经验和兴趣，让学生亲身体验探索、思考和研究的过程；要积极引导学生将所学知识应用于实际，从学科角度对某些日常生活、生产和其他学科中出现的问题进行研究；要有利于引导学生积极参与教学活动过程，在学习活动的设计上提倡主动的、建构的、体验的、发现的学习方式，使学生真正成为学习的主体，从而为终身学习打好基础。

保护和鼓励学生的创造天性，重视学习过程和学习结果的创造性和个性化，是物理教材设计以人为本的基本准则。过去，物理教材编制的一个基本原则是精选那些确定的、无疑的知识或理论，物理教材对学生来说，成了一个权威知识发布的载体。这种只吸收确定知识的教材编制原则，在一定程度上限制了启发学生质疑、求异的心理取向，而这种敢于质疑、求异的心理取向，正是创新精神和实践能力培养的重要内容。冲破这种传统观念的束缚，以现代教育理念指导教材的编制过程以及教材的教学过程,是当前新一轮基础教育教材革新要解决的重要问题。

物理教材设计要鼓励学生提出个人的创造性的意见,适当地强调学生个人的鉴赏感悟,学生富有个性的个人体验、感情和想象,以及这种个性化感受、见解和启示的发表、交流和分享,而排斥对统一的所谓"标准答案"的片面追求。引导学生在主动探索和创造的过程中,培养探索技能、澄清和反思自我的能力,与别人交流看法的能力,搜集和整理信息的能力,以及思想的开放性,对事实的尊重,愿意承认不确定性,等等。

3. 物理教材改革的教师观:改进教学策略的教材设计

教学过程作为一种实践活动,学生和教师都是主体,因此,物理教材应最大限度地满足教师的专业创造,满足教师的教学创新、引导,而不是禁锢、限制教师利用教材对教学进行建构和创造。教材编制的主要目的,不是为教师提供"法定"文件,让教师屈从于教材的要求,而是定位在为教师的教学服务,为教师精心打造和提供可资利用的课程资源。教材无论编制得多么出色,它依然只是教师在教学过程中被加工和重新创造的对象,是教师在教学活动时需要加以利用的课程资源,尽管它是一种主要的资源。

尊重教师对教材的能动创造性,将扭转教材编制者和教师对物理教材的传统认识,建立更加开放的、科学的和人性化的教材观,将给教材设计和编制带来新的方式和方法。

物理教材的呈现方式应考虑教师的需要和创造,应改变那种将所有事实和原理全部直接呈现的方法。在教学内容的安排上要给教学留有余地;物理教材不是教师的"圣经",而是教师要去加工和创造的东西,教材设计要有意识地引导教师能动地乃至个性化地解读教材。

对教学策略提出开放性的建议,是教材设计的重要任务。现代教学论的研究为教材设计带来了新的教学策略和教学方法,如主体性教学、探究—发现教学、合作性教学、反思性教学,等等,这些新的策略和方法在教材设计中应得到充分的体现。单纯规定和建议教学方法,会窒息和扼杀教师的教学创新,因此,教材要引导教师形成开放的、创新的教学方法思想。

开放性的教学策略要求物理教材不仅要关注呈现作为结论的知识,更要注意揭示获取知识的思维过程,注意概念规律的提出过程、知识的创新和发展过程,力求改变重视结论轻视过程的问题,注意体现学科的思想方法,学科探究活动的规律、技能和技巧。

4. 物理教材改革的技术观:从传统到现代的嬗变

以计算机和网络为代表的现代信息技术,已经成为课程教材改革的一股新的动力。信息技术作为教育工具以物质实体和操作程序进入中学物理课程与教学，引起了教学方式的革新，如 DIS 数字化实验给物理教学带来了深刻变化。更重要的是，负载在教育工具上的科学因素以理论或思想观念的形态进入物理课程与教学，影响到我们关于课程、教材、教学的思想观念、价值取向，影响到教师的教学能力和学生的学习能力，进而影响到物理课程与教学的目标和任务，等等。

中学物理教材是物理课程的主要承载体，是组织学校教学工作的主要媒体。我们对物理教材的概念，早已不是局限于教科书和教学参考书的范围，而是指以文字教材为主体，包括音像与电子教材以及网络上经过加工和组织的信息。教材从一种被认为是静态的信息，开始逐步包含动态的交互的信息。文字教材在信息技术飞速发展的时代，不可能承载全部的教学任务，教材的范围可以说是大大地扩展了。

充分考虑计算机网络、多媒体等信息技术、传感器的发展和应用的物理教材设计，有利于加速和改善学生对世界的理解，激发学习兴趣，增加学生获取信息的渠道，使教学形式更加活泼，提高学习效率。这种与信息技术密切结合的教材将不可避免地冲击乃至改变传统的教学组织形式和教学方法，传统的课堂教学面临巨大的挑战。在班级授课制的情况下真正实现因材施教和个别化教学，一直是教育先哲们和当代教育实践者们的追求，这种追求在我国大部分地区和学校都是 50 人左右甚至人数更多的大班教学的情形下，是遥不可及的梦想，交互的信息技术的发展似乎带给因材施教和个性化发展以新的希望。

可以预见，信息技术发展对物理教育和课程将带来变化，物理教材设计也必将做出重大的改变，教材的触角将迅速延伸到多媒体和网络，动感的、交互的多媒体教材将成为教材开发的新领域。计算机本身已不单纯是一门课程或技能，而是与所有课程有关的课程工具。

5. 物理教材改革的整体观：走向统整的境界

建立综合化的、整体的、整合的或统整的课程，是新课程改革的价值追求，也是物理教材改革的重要目标，如何在物理教材的设计和编制中贯彻统整的理念和要求，是物理教材改革摆脱以往教材巨大的、物性化的学科惯性，而走向以学生发展为本的人性化设计的关键。

教材的统整，要求树立学科教材改革的整体观。明确物理教材在教材整体中的地位和作用。物理教材设计需要更多地研究学科规律和适应各学科的普遍规律的相互关系；研究和把握学科之间知识、技能的迁移和横向联系，研究和把握知识的局部和知识的整体之间的关系，切实增强教材整体性，注重学科内的综合和学科间的整合，需要防止学科分化过细、彼此孤立隔离、内容重复和脱节。

教材的统整，要求既要克服学科本位的狭隘的倾向，也要防止学科教材非学科化的倾向。教材设计要兼顾三大要素，即学科体系、学生发展、社会需要。要注重学术和文化传统的传承，更要面向社会、面向生活、面向学生，充分利用自然、社会生活中的教学资源，建立开放的教材体系。目前要特别注意克服学科本位论的偏向，即过分强调学科体系的完整性、全面性、系统性，片面强调本学科的重要性。但也不能因此否认学科体系的作用和魅力，在统整的背景下，各门学科对学科性质、目标和任务要定位准确，分清学科的科学性质和教育性质，学科的核心目标和一般目标，能力目标、知识技能目标和情感目标，研究和遵循学科的特殊规律和适应各学科的普遍规律，在此基础上，采用设置不同主题等形式，对学科教材内容进行有效的统整。物理教材的改革只有考虑学科自身的特殊性，并把自身的改革放到更大范围中去考虑，才能在统整中获得平衡。

应该注意的是，物理教材调整的目的不是教材统整本身，而是为了学生的发展；教材统整的意义也不单单在于我们创造统整的方法，而更要关注统整背后的推动力量，即满足社会和学生的需求，提升学生的素质。

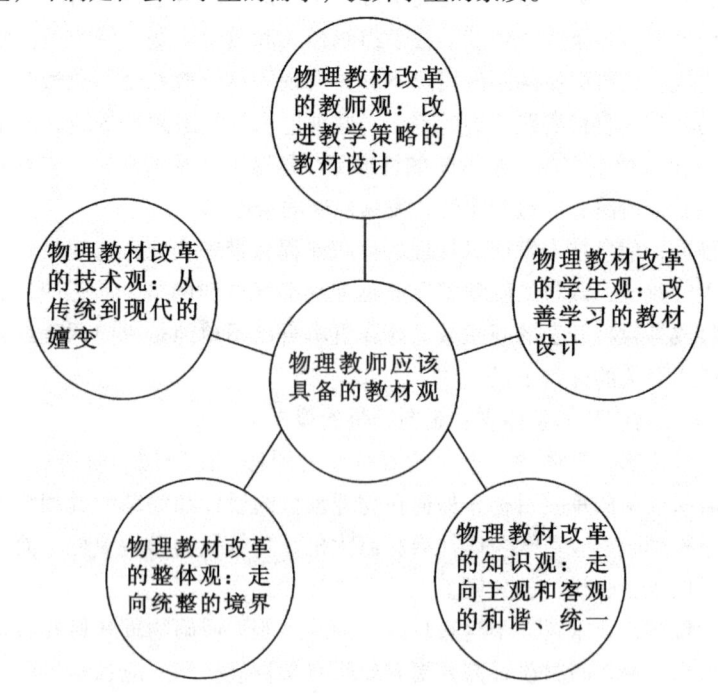

图1-2 物理教师应该具备的物理教材观

新课程标准只规定最基本的、每个学生必须要达到的知识、技能、能力和情感要求，但由于每个学生的发展水平和速度具有差异，如何满足不同水平和兴趣的学生的需求，这个任务就主要落在教材的编制、选择和教学处理方式上。这样,物理教科书的设计和编制将会具有更大的灵活性,并获得更大的适应性。教材的编写和使用也开始有新的准则。随着学校和教师对教科书的选择性的增加,终将使物理教材的发展摆脱桎梏,真正以学生的发展为本,适应不同学生的发展,形成能够反映新课程改革理念的多样而有特色的教材体系。

二、中学物理教材的作用和结构

认识中学物理教材的作用,是我们进行分析教材的基础,同时也是编写和使用教材的基础。当前新课程改革背景下,我们进行物理教学还是要在一定程度上依赖物理教材来开展,因此,了解教材的作用,就为分析物理教材做好了思想上的准备,也可以从中体会分析物理教材的重要意义。

(一)物理教材的作用

物理教材的作用,具体指物理教材在整个物理教育过程中所产生的影响。

1. 物理教材是进行物理教育的重要依据

物理教育是一种有目的性、计划性、按严格步骤、有组织的教育活动。必须有正确的、相对权威的依据,用以指导物理教育教学活动。物理教材是由国家统一组织有经验、学术水平很高的物理教育工作者和课程开发者,依据教育部相关部门的要求,根据物理课程标准,充分考虑到我国社会、经济、文化发展的需求,考虑各地区的学生实际情况、师资力量以及现有的条件设备等因素编写的。这就使得物理教材能基本保证物理教育目的的实现,并且能作为物理教育的重要依据。

当然,我们在分析教材的过程中,可以通过分析教材的结构和特点,找到物理教学的整体顺序;在分析其内容时,找到教师在教学中应该把握的基本程度和要求;分析教材各个栏目中渗透的观点、方法、要求,可以启发和指导学生的智力和非智力因素的共同发展。正是鉴于这些教材的指导,我们才能实现既定的物理教育教学目标,保证实施有效的物理教学。

2. 物理教材是连接学生与教师、物理与社会、知识与发展的平台

无论教师采取何种教学方式,物理教材,既是教师讲课的根据,也是学生课前、课后进行预习和复习的依据。在此基础上,学生在学习过程中,会不自觉地运用教材来解决其在学习过程中遇到的问题。另外,学生对教材中介绍的各种实验、物理语言的规范表达、物理实验误差的计算方法等再三体会,才能促进其知识、能力的形成。而在课堂上,教师则更多地进行讲解、示范、指导和有效引导学生进行学习。所以这些过程正是通过物理教材将学生与教师连接起来。

物理教材不仅讲解物理知识,还关注其在社会生活和生产中是如何运用的,新课程背景下，更是强调"从生活走向物理，从物理走向社会"。教材中的许多栏目是关于物理与社会和技术的内容，如STS、科学漫步、科学足迹等都对物理知识与社会进行了讲解。让学生知道物理知识在生活生产中是如何运用的，也促使学生利用物理知识解决实际问题。

优秀的物理教材，通过广阔的思路，丰富有趣的实验以及知识内容，生动的语言和符合学生心理特征的版面设计，引起学生学习物理的兴趣和联想，使得学生受到智力和非智力方面的教育。因此，物理教材可以将学生的知识学习与个体发展融为一体。

3. 物理教材是一个国家物理教育水平的标志

由于物理课程标准的制定，物理教材的编写，从历史发展的角度看，都要与当时特定历史发展时期的社会经济、文化特点、人民生活息息相关。与当时教育的发展水平和教育设施条件，以及教师和学生的基础状况有十分密切的关系。因此，物理教材能在很大程度上反映一个国家该时期物理教育的水平。优秀的物理教材是可以经受住教育实践的检验的。可以说，成功的物理教材，可以直接反映其物理教育的水平；相反，不成功的物理教材，也可以从各个层面分析其原因，间接地反映其物理教育水平。

（二）中学物理教材的结构

我们知道，要想编写一本优秀的物理教材，首要的工作是确定其主体结构。一本教材的结构，在一定程度上反映了教材的主要特点。同样，我们要想分析一本教材，也必须首先掌握它的结构特点。

所谓物理教材的结构，是指能表征一本教材的内容、体系与系统的框架。一般认为，除了物理实验课专用课本外，物理教材的结构包括三个部分，即物理知识结构，思维逻辑结构和物理实验结构。

物理知识结构，是指物理教材中所包含的知识的位置、层次、相互关系以及其相对重要的程度。从我国物理教材建设和开发的情况来看，知识结构的整体框架比较侧重于物理科学本身的知识结构，大体上是以力学、热学、光学、电与磁、原子物理的顺序排列，所不同的是这个顺序在不同教材中略有不同。但是，总的原则是考虑学生的认知结构和心理发展水平，要从简单到复杂，从感性到理性，从个别到一般的方式进行。而国外物理教材的知识结构可以分为两大类。一类和我国类似，另一类则侧重于物理研究方法。后一类教材并没有明显的力、热、电、光、原子物理的体系界限，突出展开物理研究过程。在学生的认知结构上，国外教材比较强调综合认知，强调自主联想和发现以及探究思想对学生物理学习的重要作用。需要指出的是，也有一些国家，采取的是综合性理解教材，即将物理、化学、地理、生物合编的形式。这种结构的优点是有利于学生用自然科学整体研究方法来研究身边的世界,培养他们的迁移能力,减少一些交叉内容的重复教学,节约课时等。但是其也有着系统性差,不利于突出学科培养的特殊能力,跳跃性比较大,要求教师素质相对较高等弊端。

新课程背景下,我国教材也呈现出多层次、多品种、多风格等特点。教材具有了针对性,采用"一标多本"的形式。新教材在此基础上,既注重力、热、光、电、近代物理的体系,又突出科学方法,突出现代科技中材料、信息技术、能源利用等方面的应用。在整个教材的设计上既加强学生认知规律又注重物理方法的结合,适当加强了综合认知以及观察、归纳、比较、联想、探究等能力的训练。

思维逻辑结构,指物理知识之间的逻辑关系和知识之间的内在联系,物理教材中内含物理思维方法和物理研究方法的相关内容以及提高学生此方面能力的安排。我国物理教材中,通常对知识点的逻辑联系采用显处理,而对物理知识的内在联系和物理方法,特别对物理方法,采用的是隐处理,即不是在课文中明确写出,而是让教师和学生从字里行间以及栏目设置中自己领悟。所以,这就要求教师能正确分析教材,分析其中的思维逻辑结构,这样才能更好地引导学生领悟和感知。

物理实验结构,是指教材中演示实验、学生自己动手实验的内容和其分布情况。物理实验教学在物理教学中处于基础地位。它和知识结构、思维逻辑结构密切相关。与知识结构的相关,主要通过实验本身的物理内容体现。教师可以从实验直接引出物理概念、建立和验证物理规律。另外,新教材还让学生主动探究与实践,加入了大量学生可以利用生活中的物品和器具进行的物理实验,甚至直接利用学生的某些身体部位进行实验,从而培养学生的独立思考能力和解决实际问题的能力。

第二节 我国中学物理教材的发展历史[①]

一、民国时期中学物理教材的发展历史

1. 壬戌学制前的中学物理教材

民国时期,在教育方面有关部门主要是废除封建教育的旧制度,建立适应当

---

① 骆炳贤:《中国物理学史大系——物理教育史》,湖南教育出版社2001年版,第58—177页。

时民主共和国的新制度。当时南京临时政府教育部颁发的《普通教育暂行办法》规定"凡是各种教科书必须合乎共和国宗旨，禁用清学部颁行的教科书"。所以这一时期学校的物理教科书的使用相当混乱，有些学校使用由教师自编的讲义，有的学校使用由私人编写而由书商发行的教科书，有的学校使用由日本教科书翻译过来的教材，等等。因此内容极不统一，程度参差不齐。商务印书馆虽然已于1897年成立，1902年增设编译所，但首先编写的是文科科目的教科书，理科主要是小学程度的"西算"。同时，民国初年的壬子癸丑学制中，中学学习年限只有四年，没有划分初中和高中，所以理化教科书，只有程度比较浅的简易读本，主要是翻译日本的教材，或措辞不当，或过于日本话，甚至"书名费解，文图不符，内容异想天开"，不能作为课本。后来欧洲留学回国者渐多，有些学校采用英美教科书的译本。为了改变这种混乱状况，教育部于总务厅特设编撰、审查两处，负责管理教科书的工作，公布《审定教科用图书规程》。允许私人自行编写教科书，但是必须经过教育部审定，才能出版和发行。

商务印书馆最早出版的物理教科书有民国元年王季烈编写的《物理学》和民国二年严褒诚编写的《物理学》各一册。民国二年王兼善编写的《民国新教科书·物理学》使用的学校居多，同年10月，即再版，至民国十年，此书共再版17次之多。当时还没有课程标准，这本书与今天的物理教材相比，体系不同。它在第一章绪论之后分为6章，其次序为声、光、力（二章）、热、电、磁，即依次为声学、光学、固体力学、流体力学、热学及电磁学。对物理现象的讨论，从声、光开始，大概当时作者认为学习物理现象，应该从"听得见"、"看得见"的事物开始，然后再及其他。这与我们今天认为物理学是以力学为基础这一观念不同，所以这本书的讨论中并没有把"力的概念"放在重要地位，而各章内容基本上是独立的。在第一章绪论之后的6章概要为：第二章声学，首先阐述了振动和波的基本知识，接着较为详细地讨论各种乐器的原理。第三章是光学，重点是几何光学。值得指出的是，其中有一节为"成光之理"，似乎与声学中"成声之理"相互对应，其中也错误地认为"以太"是光传播的媒介。第四章固体力学，包括了现在教材中的运动学、动力学和静力学的基本内容。因此这一章几乎占了全书的1/4篇幅，但要求比现在低。第五章流体力学，内容也不少，提到了分子力、表面张力、凝聚力、毛细现象等，又提到帕斯卡定律、阿基米德定律和波义耳定律等内容。第六章热学，对热与物体膨缩的关系，讨论得比较详细，也提到热与工作（功）的关系和热功当量的概念，但是对"热机"的问题则没有进一步的讨论。第七章电学，讲述了磁之要性、电之要性、数种起电之方法，但是对电在工业上的应用只提到电铃、电报、电灯、电话，至于"电机"，也正像"热机"一样，没有做较详细的讨论。

总之，该书联系到生活实际的较多，联系到生产实际的较少；定性的多，定量的少。原因是该书出版于民国初年，当时工业生产水平和生活的需要与今天有较大差别，因此反映到教材内容的轻重详略就有所不同了。限于篇幅有限，请有兴趣的读者查阅相关资料。

2. 壬戌学制后的中学物理教材

民国十一年（1922）颁布了"壬戌学制"。初中理科采用混合制，自然科学为一门课。这时，自然科学的教科书有两种形式：一种是三门理科——物理、化学、生物分别编写教材；另一种是三门理科混合成一门，合编为一本教材。这两种方式与我们当今的课程编排形式十分相似。

自然科学混合教科书中，主要是物理、化学、生物约各占1/3，还有矿物、气象、地质等内容。混合编写的优点是知识面可以扩宽，便于学生对各门知识融合起来理解，但每门学科的内容分散，系统性较差。作为初中教科书，不一定需要对某一学科做系统的了解，因而用它来作为一门自然科学的初中教学是比较合适的。例如当时的教材《使用自然科学教科书》，全书分4册，总计24章，涉及物理或主要是物理内容的有8章，篇幅上约为全书的23%。这本书的特点是各科知识融合得较好，体现在全书结构上并不是"混而不合"。从每章的分节上可以看出，大体上有两种写法，一种是将各科的有关内容合成一章，另一种是将单纯的或主要属于某一科目的内容列为一章，多数是以第一种形式来完成。以第二章"水"为例，这一章共四节，第一节是以日常生活为主的"自然水"；第二节是以生物、化学为主的"水之净制"；第三节是以物理知识为主的"水之压力"；第四节是以化学为主的"水之成分"。该书中有五章单纯属于物理的或基本上是物理知识的，如第三章"温度、压力和物质的三态"。

3. 20世纪30年代前后的中学物理教材概况

20世纪30年代中期前后，又有一批新的中学物理教材问世，高中用得比较普遍的是王季烈的《共和国物理教科书》（1924年商务出版社出版），王兼善编的《民国新教科书·物理学》（1924年商务出版社）等。这个时期，教材的编写工作比较成熟，开始向深度、难度方面发展，基础有所提高，应用数学的内容比较多。例如周昌寿、仲光然等所编写的书都有上、下两册。1931年夏佩白编的《高中普通物理学》（大东书局出版），全书有676页，因为此书是在《物理课程标准》颁布之后开始编写的，所以内容有了依据。它的特点是：

（1）内容充实，加强了力学、电磁学知识。例如补充了王兼善书中所没有讲到的楞次定律、电磁感应等重要的电学内容。

（2）深度有所提高，反映在数学相关知识的运用、习题的数量和难度方面都较为合理。

（3）教材形成了一定的体系。在绪论之后，依照物性、力、声、热、电、光的次序排列。此后编写的教材，大都采用这个体系。

（4）教材的叙述方法，已经不完全采用从定理、定律出发，而后加以证明和应用的方法，开始用观察现象或举例分析，总结得出结论的归纳方法了。

1929年商务印书馆编印了一本《中等物理讲义》，是周昌寿从日文翻译的（作者为日本的田丸卓郎）教材，概述内容极为丰富。但出版发行不久，发生了"一·二八"事变，日军对商务印书馆进行了破坏。该书分为10篇，52章，有870页。因为这本书是没有按照《物理课程标准》编写的，内容又太多，书末还附有该国的入学试题，所以不适宜作为中国的教科书。

商务印书馆被破坏后，受到很大的冲击，一时不易恢复，所以1937年以后，我国的教科书出版工作，不得不延缓下来。

当时许多学校大都有英文教材，许多都是在各地影印出版的。用得最多的是20世纪初美国布莱克、戴维斯编著的《最新实用物理学》。不久，陈宝珊进行了翻译，后来又有其他人按照原著的新版翻译。此书的特点是在照顾到物理学的系统知识的前提下，重视实际知识。书名的副标题是"日常生活中的基本原理及应用"，也说明了此书的特点。作者在序言中指出，本书在解释自然现象时，不讨论一些理论方面的抽象知识，而把学生常见的生活中所涉及的物理原理加以讨论，使学生对所学的物理知识觉得很熟悉，有亲切感，愿意去弄懂它。如书中有一幅福特牌三发动机运输飞机的照片，并对其机翼的长宽尺寸、满载空载的重量、汽油容量、航行速度、做功多少以及价格等做了说明。由于这种飞机是当时比较新型的，这样会引起学生学习的兴趣。现在我国出版的物理教科书，也注意到有这种需要。此书在"引言"中，首先提到了学习物理有三个"h"，即"what（是什么）"、"why（为什么）"和"how much（有多少）"。从主次上讲，此书定性的多，定量的少，这是新中国成立前一般中学教材的普遍情况。从总体上看，此书仍旧按照力、热、电磁、声、光的系统，每一部分，把实际知识由简到繁地穿插进去，或从有关的实际例子中引出所需讲解的物理知识，即贯彻此书引言中所提出what和why的原则。例如，在力学部分，首先在"重量量度"之后，接着就讲"简单机械"，再接着讲"功和功率"这些实际问题，不像有些教材，要把"力的概念"讲到一定的渗透程度，再转入这些内容。因此，这种写法，多少避免了"力学难学"的问题。对于习题，也着重解释简单现象，仅有少量计算，例如在力矩原理的应用中，有一题是关于蒸汽锅上安全阀的应用，只要从附图上一看，问题就可以解决。但是在我国，有许多工业上的应用知识还不普及。例如差动滑轮，当时学生还缺乏这方面的感性知识，学习起来，就有些困难，也就不能充分发挥这本书的特色了。

另外这一时期，教育部为了保证教科书能达到《中学课程标准》的要求，提出了教科书送审制度。凡未经审定或审定失效者，不得发行或采用。后来，为了保证教科书的质量，进一步提出中小学教科书应该由教育部组织专家编写。同时又为了保证课文内容的正确性，提出在一课或一节中与某机关团体有关时，必须分别抄送有关单位审阅，以期无误。这样，自从《中学课程标准》颁布以后，曾一度促进了编辑出版工作，又受到了一些压缩。所以到了30年代后期，新编的教科书也就不多了。

二、新中国成立以来我国中学物理教材建设的发展

新中国成立以来，关于编写物理教材的过程，大致可分为五个阶段，即过渡性阶段、学习苏联阶段、探索发展阶段、十年动乱阶段、拨乱反正与全面发展阶段。

1. 过渡性阶段（1949~1952年）

当时一方面采用了权宜之计，即在东北老解放区，采用东北人民政府以苏联十年制中学自然科学课本为蓝本进行编译的课本，作为中学物理的教材，在解放区，仍暂用新中国成立前的老课本，在人民教育出版社成立后的一段短时期内，仍然重印出版，作为新中国建国初期的课本。而当时相关部门为了尽快改革旧的教学内容，根据共同纲领中规定的文教政策，及时进行了"有计划、有步骤地改革旧的教育制度、教育内容和教育方法"的工作。这些都说明新中国成立初期，我国还没有来得及制订新的中学物理教学大纲和编写新的教材。

1949年11月，中央教育部成立不久，就由中等教育司召开了一次京津中等学校负责人的座谈会，会上大多数人都认为："普通中学数理化三种教材编排不合理，以致学生负担过重，学习不能获益，而且有害健康"。同年12月，教育部召开了新中国第一次全国教育工作会议。会上，各地来的代表对上述问题又有相同的反映。对此，除了会议决定集中一批干部，并组织一部分有经验的教育专家编写与改编普通中学物理教材之外，接着于1950年2月又由中等教育司召开了中等物理教材精简座谈会。会上有关中等物理教材问题，大家除了同意精简的目的在"求教切实有效，而不是降低学生程度；删除不必要的或重复的教材，但仍需保持学科的系统性、完整性"的原则外，还一致认为精简的原则是"教材应尽可能与中国生产建设实际结合，首先自然科学各科彼此间应有明确分工，删除重叠或陈腐部分；初高中之间不必要的重复亦应酌减，充实新的科学成就"。物理初

稿起草后,又经几次修正,于7月10日由教育部印发,供各地物理教学作基本参考。这是新中国成立后对中学物理教材采取的最初的改革措施。

实施精简,考虑到当时社会主义新中国刚成立的因素,主要是受苏联的影响,因为当时苏联十年制中学物理教学是实行五年一贯制的,所以其初高中物理教材的内容重复比较少。其次,我国初高中是分段的,物理教材是以欧、美、日的教材为模式编写的,初高中物理教材之间的关系是"同心圆放大",内容陈旧庞杂、重复多,又严重脱离教学实际。所以,学习苏联,就是要把初高中物理教材中相同的部分进行合并。这实际上是当时精简的一种有效方式。但由于草案本着"初高中两级中学的制度暂不变更"的原则同时,还要本着"尽可能与中国社会主义生产建设实际结合"和"编辑近代物理学的基本知识",如声学部分添了乐学和乐器的知识,电学部分增加了电流振动和无线电的原理。因此,精简后的初高中教材仍保持"两个圆周的循环重复",教材实际上也是精而未简,并且由于增加了新的知识反而加重了学生的负担。所以,"纲要"印发以后,各地普遍认为学生学不完、教师教不完的呼声仍然很高,问题没有得到解决。

为了有一个新的教材来代替新中国成立前的旧教材,从1950年10月开始,中央在教育部组织力量编订了《中学物理课程标准(草案)》,经1951年3月教育部召开的第一次全国中等教育会议讨论,并于1952年3月印发。此《标准》使我国中学物理教学由新中国成立前的"同心圆放大"变为"螺旋式上升"。例如运动学知识,初中只讲匀速直线运动,高中讲匀变速直线运动;动力学知识,初中只讲牛顿第一运动定律,高中讲第二和第三运动定律,等等。同时,此《标准》还考虑了初高中毕业后就业与升学的这两个方面。有兴趣的读者可以查阅相关资料,看看"同心圆放大"和"螺旋式上升"这两种形式有什么区别。

1950年9月,在全国出版会上,确立中小学教材必须全国统一供应的方针。于是组建了人民教育出版社,并由该社开始组织编写中学物理教材。1951年3月,《初中物理学》上册出版,同年8月下册出版。1952年8月,《高中物理学》第一册出版,这是人民教育出版社编写的第一套物理教材。但这套教材没有出版完全,中途就夭折了。其原因是,由于当时我国的政治环境要求照搬苏联的经验所致,对教材并没有做出全面比较优缺点的工作就否定了这本教材。由于没有及时出版高中物理课本第二、三册,只能用东北译的苏联中学9、10年级的物理课本来代替。

2. 学习苏联阶段(1953~1957年)

1952年12月,我国颁布了新中国成立后第一个《中学物理教学大纲(草案)》。这个大纲是以苏联当时物理教学大纲为基础编订的。人民教育出版社就以此《大纲》为依据,以苏联课本为蓝本,开始进行第二套中学物理教材的编写。初中物理课本以苏联 T.N.法里耶夫、A.B.别雷什金、B.B.克拉乌克利斯编写的苏联中学6、7年级的物理课本为蓝本进行编写,上、下册分别于1953年秋季和1954年秋季开始供应学校使用。高中物理课本第一册于1953年秋开始供学校使用;第二、三册同在1954年秋季供应学校使用。

3. 探索发展阶段(1958~1965年)

1958年在"大跃进"的形势下,在全国掀起了中小学学制改革的试验浪潮的同时,也掀起了中小学教材改革的浪潮。但是改革教材的理由是:中小学教材的主要问题是"三脱离",即脱离政治、脱离生产、脱离中国实际,许多省份对物理教材提出了"砍、换、补"的方案,即砍掉初高中重复的内容,用生产实际的东西替换原来课本中的理论知识,补充现代物理知识或深难度知识的方案。

1958年8月,在中共中央国务院发布的《关于教育事业权限下放的规定》中,指出"各地根据因地制宜,因校制宜的原则,对教学大纲和教科书可以进行修订和补充,也可自编教材,印发教科书"。在这个精神的指引下,加上教育战线又在"大跃进"浮夸风的影响下,认为中学物理教材存在着"少、慢、差、费"的严重现象,为了达到"多、快、好、省"克服"少、慢、差、费","超英赶美",要求教材充实"高、精、尖"的内容,并设想把12年的中小学教学内容压缩到9年或10年完成,而且还要达到大学一年级,甚至大学二年级的程度。于是教育出现了要4年内学完6年内容的要求。在短短几个月内,上海等地还编出了四年制中学物理教学大纲,许多省市和高等学校编出了物理补充教材或全套或部分物理课本。如华东师大编写了全套中学物理课本,福建、湖南编写了初中物理补充教材,浙江也出版了省编物理教材等,全国有13个单位都自编了物理课本。

在当时的形势与舆论的影响下,人民教育出版社从1959年初到1960年初先后编写了各册物理课本的补充教材,如《初级中学物理课本补充教材》、《高级中学物理课本第一、二、三册补充教材》等。不久之后,这些补充教材经过精简,合并为初中、高中各一册,并于1961年秋季供学校使用。其内容包括三个方面:一是反映现代科技成就的,如洲际导弹、火箭、人造地球卫星、宇宙航行、半导体、无线电天文学、电子显微镜、基本粒子等;二是联系生产实际的,如初中的转动知识,高中的交流电路、三相交流电、三相交流电路等;三是提高程度的,如转动惯量、转动定律、动量矩守恒、克拉珀龙方程、热力学第一定律和第二定律、原子核和结合能、质能联系方程等,供教师选讲。

1961年后,"冒进风"停止。1961年10月,教育部报中央文教小组的"编写中小学教材的概况和对今后工作的意见"中,认为各地自编教材"程度偏高,内容偏深，在结合实际和政治方面有片面性，有些学科在改变学科体系方面也有缺点"。因此，最终这些自编教材并没有被使用。但从教材编写角度来说，这些自编教材，既没有以苏联课本为蓝本，也没有一定的编写模式，而是完全由我们自力更生编写的，这标志着中学物理教材编写由模仿苏联到进入一个自编的探索发展阶段。

另外，1960年1月教育部提出十年制中小学教材的编写方针之后，人民教育出版社根据其教材必须以毛泽东思想为指导，应该授予学生适合他们接受能力的现代文化科学的基础知识，应该符合教学改革的要求，十年制教材要达到十二年制水平的精神，组织抽调了二三十名大中学物理教师和教研员来共同编写实验十年制中学物理课本。这第四套课本的初中上、下册分别于1962年和1963年出版，高中上、下册分别于1963年和1964年出版。同时还编写了相应的物理教学参考书。这套教材，属于实验性质，因此没有在全国通用。

1961年，鉴于"大跃进"教育革命中，中学生劳动多，教育质量低，中共中央文教小组指示，在总结过去编写教材的经验的基础上，重新编写一套加强基础知识教学和基本技能培养的、质量较好的全日制十二年制中小学教材。在此基础上，教育部起草了《全日制中学物理教学大纲（草案）》并于1963年5月印发。

在制订中学物理教学大纲草案的同时，人民教育出版社根据中共中央文教小组的指示，认真总结新中国成立以来自编教材的经验，研究苏、美、日、德等国和新中国成立前的中学物理教材，提出了改进编纂工作的意见，如适当提高程度；力求避免片面强调联系实际而削弱基本知识的缺点；注意充实基础知识和加强基本训练；适当反映科学技术的新成就；注意切合当时的教学实际等。并于1962年夏开始编写第五套中学物理教材，1963年秋季初中物理上册经过试教修改在全国正式使用。此后不久，毛泽东就教育工作中的一些问题，发表了春节讲话和"三一〇"指示，在这种形势下，人民教育出版社删改了刚使用半年的初中物理上册和正在试用的下册，并于1964年秋季供应学校使用。高中第五套物理教材一、二、三册，虽已脱稿，在征求意见过程中，各地普遍认为，修改后的课本精简的方向正确，思想性加强了，贯彻了"少而精"的原则，联系实际方面也有较大进步，但由于课时变动，致使这套精心修改的高中教材，没有印刷发行。

1964年，人民教育出版社又根据"砍一半"的精神编写了第六套中学物理教材。原计划1965年秋供应学校使用，但这套课本由于篇幅的大量减少（不足原来的2/3），还增加了三相交流电，半导体等联系实际、反映新成就的内容，物理基础知识少，各地反映的意见很大，加上中宣部提出对新修改的十二年制中小学教材暂不使用的意见，结果也没有在学校使用。

4. 十年动乱阶段（1966~1976年）

自"文化大革命"开始后不久，教育机关已瘫痪，教育部及其所管辖的教材编审、出版机构被撤消，编审和编辑队伍被拆散，通用教材的出版、发行工作被迫停顿。后来随着"复课闹革命"的逐步开展，各地陆续成立了中小学教材编写组，组织课程，自定、自编教材，根据当时的要求，编出各种各样的所谓物理教材，这些教材大多数是工业知识加上零碎的物理知识，导致了实用主义教育思想泛滥。其中有代表性的是所谓的"工业基础知识"，即以"三机一泵"（拖拉机、柴油机、电动机和农用水泵）为主体的物理课本。物理学科的知识体系和结构体系被打乱了，基础理论也被弄得支离破碎。"文化大革命"的十年造成我国物理教育史上一次罕见的大倒退，使刚处于探索阶段的物理教材的编写停滞不前。

5. 拨乱反正与全面发展阶段（1977年~现在）

十年浩劫结束后，党和国家为了使物理教育早日重新走上健康发展的轨道，以适应新时期对物理教育的要求，及时进行了物理教学大纲的修订和物理教材的改革。

1978年7月，教育部颁发了《全日制十年制学校中学物理教学大纲（试行草案）》。此后，1980年初又对它作了一次修订。在编订大纲的同时，人民教育出版社也着手组织新教材的编写，并于1978年秋开始供应初二课本，1979年供应初三和高一课本，1980年供应高二课本。这是人民教育出版社成立以来，编写并出版的第六套中学物理教材。这套全日制学校的物理教材，是根据1978年的大纲编写的，它基本上反映了大纲的要求和特点，在编写过程中，为博采各国之长，也吸收了一些国外的新教材，如当时比较流行的HPP和PSSC等物理课本的改革思想。因此，这套教材是质量比较高的一套中学物理教材。但是值得指出的是，在制订大纲和编写与其配套的教材时，对必须使学生比较系统地掌握进一步学习现代科学技术的物理基础知识考虑得比较多，对缩短我国与发达国家之间在物理教学上的差距的要求比较急；而对我国中小学的客观条件估计过高，对国外中学物理教材的改革和使用情况的调查研究也不甚了解。所以1978年秋开始供应中学物理试用教材以后，虽然也充分肯定了这套教材在加强物理基础知识和基本技能的训练、强调能力的培养、突出符合四个现代化需要的改革方向是完全正确的，对师资、学生、设备条件都比较好的重点中学也是基本上合适的。但是，大多数反馈意见认为，对广大的条件不怎么好的一般中学，尤其是高中，其要求偏高，程度偏深，分量偏重，特别是理论要求过于严谨，学制二年又偏短，以致广大学生感到难学，许多教师感到难教。

1983年，人民教育出版社根据教育部颁发的《高中物理教学纲要（草案）》中规定的基本要求内容和较高要求内容，参照全日制十年制学校高中课本（试用本），于同年11月编写出版了高中物理教材甲种本和乙种本上、下两册。甲种本除了基本上保持1978年试用本的要求外，在其他方面的要求都有所提高。乙种本的内容结构与编写体例同甲种本基本相仿，只是按基本要求编写。

1986年12月国家教委颁发了全日制中学《物理教学大纲》。人民教育出版社参照这份新大纲，在《高级中学课本物理（乙种本）》的基础上作了相应的调整和修改，于1987年出版了《高级中学物理课本》，分上、下两册，这套教材一直沿用到现在。

综上所述，人民教育出版社，在不同时期编了七套全国通用的物理教材，而教材的编写出版都经历了一段不平凡的历史，但不管怎样，教材基本的格式还是一致的，只是内容方面与要求方面有所调整。

第三节　国外优秀教材简介

上一节中，我们简要地介绍了我国教材开发与建设的发展历史，本节让我们了解一下其他国家的一些优秀教材及其特点。

一、《动手动脑的物理学》

《动手动脑的物理学》（*Active Physics*）于1998年出版。主编为亚瑟·艾森克拉夫特博士，他是美国全国科学教师协会1999~2001年度的主席，参与了《美国国家科学教育标准》的制定。

（一）内容、栏目简介

在美国，高中阶段（9~12年级）物理是选修课程，通常认为这门课仅适用于聪明、偏重理科、将来要上大学的学生选修。近年来选课率有所上升，但也只有约1/4的学生选修物理，并且其中大多数仅学习1年的介绍性物理课程，《动手动脑的物理学》就定位于这种课程。它采用了全新的编排方式，把学生的数学和阅读能力限定在9年级水平，把教材内容分为与学生生活关系紧密的6大主题，即通讯、家庭、医学、预测、体育和交通，每一主题出版一册教材。它与常规物理教材不同，虽也包含力学、光学、电磁学等内容，但以综合的方式分布在各个分册中，以活动的形式引导学生像科学家那样探究物理学。

每一主题分三章，每一章开头均创设了富有挑战性的真实物理"情景"，向学生提出"挑战"目标，师生共同商定"评价标准"；核心内容为需要学生进行探究的多个"活动";接着是"物理学在工作中",应用社会、生活中的真人真事,描述在不同领域工作的人们是如何应用学生们正在学习的物理原理的;最后是"本章评价"和"你学到了什么",对全章的学习进行总结和评价。

《动手动脑的物理学》的每一主题、每一章从教学内容上来说都是相互独立的,可从任一主题中的任一章开始进行教学,比如从《体育》的第三章"月球上的体育运动"开始,在这一章的学习中,学生们要探究地球和月球影响体育运动的因素,从中学到重力加速度、质量与重力、抛体运动、动量、重力对摩擦力的影响等内容。下面以该章为例,介绍其教材内容和栏目。

1. 情景(scenario)

在第一次课上,向学生介绍的是本章的情景和学习目标。情景是:美国国家航空航天局(NASA)意识到未来在月球基地上生活的居民需要进行体育锻炼,委托学物理的班级开发可在月球上开展的体育运动。

美国学生酷爱体育,"阿波罗登月计划"是美国人津津乐道的话题,上述情景为两者的结合,使学生的探究的兴趣油然而生。编著者事先对来自不同背景、不同地方的学生进行了调查,确信教材提出的情景不光切实可行,而且对大多数高中生来说很有意义。仅仅一两段文字的情景为接下来的挑战做了铺垫。

2. 挑战(challenge)

每一章中的"挑战"是《动手动脑的物理学》的灵魂,它提出了需要学生解决的问题和完成的任务。本章向学生提出的挑战是向国家航空航天局提出可供月球居民进行的体育运动的项目计划,它包含以下内容:(1)该运动项目及其规则的说明。(2)从总体上比较影响该项运动在地球和月球上开展的因素。(3)比较在地球和月球上开展的情况,其中包括场地、规则或设备的改进情况。(4)写一篇采访从月球上回来的人士的"新闻报道",描述在月球上进行的该项运动锦标赛的情况。

挑战内容有的着重于文字表达,有的则侧重于口头表达和视觉展示。挑战提出的任务需要小组成员团结协作才能完成,同时也对具有不同天赋和能力的学生提出了不同的要求,给他们提供了展示才能的机会,体现了因材施教的要求。

3. 评价标准(criteria)

在着手项目研究前,先组织学生讨论成功的评价标准:一个优秀的项目计划应是什么样的,对项目计划如何评分,如何依据完成项目时每个人的职责以及为他人提供帮助的情况,为每一位小组成员公正打分。评分标准应指出"比较影响该项运动在地球和月球上开展的因素"要达到多少项公式、图表及陈述是否应成为这种比较的组成部分,同时还应指出因素比较和"新闻报道"在评价中各占多大比例，创造性是否要比知识性占有更大的比例。

有研究显示，当学生们认同将要被测的项目时，他们的表现会更好，成就更卓著。师生共同讨论评价标准、制定评价规则是把学生引向成功的非常重要的因素，这样，学生从一开始就对什么是优秀的项目计划有一定的认识，使学生也成为学习的评价主体。

4. 你想到了什么（What do you think）

《动手动脑的物理学》以探究活动为基础，本章由9个联系紧密的活动组成，在第2次课上进行第1个活动，接下来每次开展1个活动。下面我们考察第7个活动：月球上的摩擦力。活动以"你想到了什么"栏目为先导，它首先提到"阿波罗登月行动证实月球表面可提供足够的摩擦力让载人月球车行驶"。接下来问学生："如何比较在地球和月球上的摩擦力"，要求学生用1分钟在科学日记上写下自己的回答，用2分钟在小组内进行讨论。

在科学日记中写下自己对问题的想法，有利于学生真实表述头脑中的前科学概念，使教师可有的放矢地进行指导。在小组里讨论可交流看法，如有需要还可发动全班讨论。这样做为学生们提供了机会，可表达出他们对摩擦力等物理概念的想法。对可能答案的粗略讨论会使学生们更专注于对这些概念的理解，使他们在接下来的学习过程中充分体验认知冲突。

5. 请你做一做（for you to do）

接着以小组为单位进行合作探究，教师巡回指导。有关活动的探究水平体现了一定的层次性，教材中对"请你做一做"栏目的活动提供了详细的指导，一步步引导学生开展实验，书中有许多醒目的铅笔图标，提醒学生们在科学日记或实验指南上记下数据、假设和结论。对"探索研究"等栏目的活动仅提供了要探究的课题，实验设计、收集数据、得出结论等工作需由学生自主完成。

在本活动的"请你做一做"中，要求学生按照教材中的实验步骤，用弹簧测力计称出盒子所受重力，测出拉着盒子做匀速运动时的拉力，即摩擦力的大小。再向盒子里加沙子，重复刚才的测量。画出摩擦力随重力变化的曲线，可见摩擦力与重力成正比。在此前的活动中，学生们已经知道物体在月球上所受的重力比在地球上的要小，因此他们得出结论：物体在月球上所受摩擦力会相应减小。

活动为学生们提供了自主获取知识的机会，而且这些知识是完成本章挑战提出的任务所必需的。由于他们亲自研究过，会很好地理解所涉及的物理原理。

6. 物理对话（physics talk）

接下来的"物理对话"对测定摩擦力的实验原理进行了解释、说明。当学生在探究过程中遇到不熟悉的物理术语、公式和原理时，可在"物理谈话"中找到通俗易懂的解释，有关例题也出现在这一栏目中。

7. **探索研究**（inquiry investigation）

"探索研究"为学有余力、希望进行深入研究的学生提出了课题，先告诉学生这样的事实：登上月球的宇航员们发现月球表面的土壤是粉状的，但比较坚硬。接着问他们：不同的接触表面对摩擦力是否有影响？你怎样证明自己的设想？月球表面的特性对行走和赛跑有什么影响？

与"请你做一做"活动中提供详尽的指导不同，"探索研究"只提出了待探究的问题，其余的探究过程需学生自主完成。它还提供了机会，让学生应用他们在学习《动手动脑的物理学》时用过的技能和方法，加以扩展以获取新的信息。这种探索研究可布置学生独立进行，也可要求全班在实验室里进行，便于有效地培养学生设计实验、收集数据、解释数据和得出正确结论的能力。

8. **对活动和挑战的反思**（reflecting on the activity and the challenge）

"对活动和挑战的反思"提醒学生把探究活动与开发月球上的体育运动项目的挑战联系起来，绝大部分体育运动涉及摩擦力。月球上没有水，当然不会有冰、雪，是否要把所有的冬季项目排除在外，或改进冬季项目装备使之能在月球表面上滑行？有一点是肯定的，如果不能充分说明你对摩擦力已有深刻理解，你提出的项目计划就不会得到通过。

在每个活动的结束阶段，学生们常常是专注于完成单个实验，而把探究过程中获取的大部分成果忽略掉了。"对活动和挑战的反思"为学生们提供机会，让他们以新的眼光审视本章的挑战，如果把一章的挑战看成是一幅完整的"拼图"，则每一个活动是它的一个部分。通过一个个活动，学生们把一块块"图片"拼在一起，以完成挑战所提出的任务。

9. **物理学实践**（physics to go）

这一部分为学生提供了一章的习题，让他们在课外完成。习题形式多样，一些是有关前面活动所包含的物理原理的应用，如"一袋土豆的质量为4.5kg，一个人的质量为70kg，在月球上这个人需背多少袋土豆，才能使他和土豆在月球上的总重量与他在地球上的重量相等"。另一些则与本章的项目研究有关，如"与在地球上的情形相比较，在月球上玩滑板有什么不一样？请为你的答案提供证据"。

10. **工作中的物理**（physics at work）

这一部分着重介绍工作或爱好与本章内容有关的个人，说明物理学在人们工作、生活中的重要性和价值，物理学就在身边。素材的选择考虑到美国社会中信仰、种族和性别的多样性。如向学生们介绍了琳达·葛德维博士，她是美国首批女宇航员之一，参与了 3 次航天飞行，在航天飞机上生活超过 633 小时，空间行走达 6 个小时。通过她介绍了在航天飞行和空间行走过程中如何适应零重力环境的情况。

11. 本章评价（chapter assessment）

这一章中还设有一些其他活动，以帮助学生比较在地球和月球上的抛体运动有何不同，重力和质量间的比例不同对投掷和高尔夫球项目有何影响，涉及的都是深受美国中学生喜爱的体育运动。带着所有活动的成果，所有小组都完成了项目研究。他们把在活动中得到的有关摩擦、抛体运动、碰撞的知识整合在一起，开发出了反映组员兴趣和创造力水平的、适于在月球上开展的体育项目，然后各组在班上进行汇报，与其他小组同学分享自己的成果。

"本章评价"让学生重温本章的挑战和评价标准，引导全班根据每一位学生的表现给出恰当的评价。《动手动脑的物理学》倡导创新，要求每一小组都能提出有特色的方案，所有的方案必须保证所用物理原理的正确性。

12. 反思自己学到了什么（physics you learned）

这一部分列出了学生们在本章学到的物理术语、原理，使他们有一种成就感，并简要复习一下自己在前几周里学到了什么。

（二）教材特色

1. 采纳了《美国国家科学教育标准》的建议，应用了建构主义的研究成果

《动手动脑的物理学》的开发基于《美国国家科学教育标准》，在其教师用书中的总体介绍和每一章的开始部分都列出了与标准的具体联系。它以学生的探究活动为主线，体现了标准所倡导的"科学即探究"的原则。

《动手动脑的物理学》应用了建构主义的理论成果，教学活动从创设情景开始，采用了建构主义的"情景教学"模式，创设含有真实问题的情景，使学生在解决问题的过程中自主地理解知识、建构意义；教师也是科学探究者和问题解决者，在与学生共同建构意义的过程中给学生以必要的帮助。建构主义强调合作性学习，该教材采用了小组活动的形式，要求师生们团结协作，教师与学生间、学生与学生间在解决问题的过程中进行讨论、交流，通过不同观点的冲突、补充、修正，以多方获取信息，加深对物理原理的理解，完成每章挑战所提出的任务。教师用书中详细介绍了小组组成、功能及评价的策略。

教材大大减少了知识点的数量，强调少而精的原则，对较少的基本内容进行深入的探究，在不同的主题中让学生在一年中多次接触基本的物理原理，对同一内容在不同情景中、从不同角度不断进行意义建构，以扩展、加深学生对这些原理的理解，这样多次接触有助于知识的保持和迁移，发展学生的批判性思维能力。如在《通讯》的第一章"视听娱乐"和《医学》的第二章"视觉"中均有几何光学的内容，前者侧重于光的反射、球面镜成像，也有光的折射、透镜成像的简单介绍；后者则详细研究了光的折射、透镜成像的规律。

2. 教学内容和教学顺序多样、可变，切合美国高中物理教学实际

《动手动脑的物理学》充分考虑到美国高中物理教学的实际：美国的教育行政管理权属于州和学区，各学区贫富不均，各州和各学区的教学要求不同；高中学生学业水平参差不齐，对物理学普遍存在畏难情绪，高中物理选课率在科学学科中最低，远远低于其他发达国家水平；美国人口流动性非常强。

《动手动脑的物理学》各主题、各章都被设计成是相互独立的，它共有18章，在一年的物理课程里，学生们最多可学完12章，这就给老师和学生们较大的选择余地。教师可根据所在州和学区的要求以及学生的实际情况，灵活掌握教学内容的呈现顺序，可忽略某一主题或其中某些内容。对在学习某一章时成绩不理想和转学的学生来说，很快就会有一个新的开端，新一章的学习受以前的学习情况影响较小，有效地保护了学生的学习积极性，也有利于吸引更多的学生选修物理课。

3. 应用多种教育技术

《动手动脑的物理学》开发了学生用书及其配套的教师用书、教学录像带、CD-ROM等，鼓励师生在教学中运用多种教学媒体。教师用书详细列出了每个活动所需的教学设备，如录像带、计算器、实验器材等。

实验中注重就地取材，使用诸如鞋盒、高尔夫球、锤子、羽毛、铅笔等物品。用引人入胜的录像带探究了多个《动手动脑的物理学》中的活动，侧重于难以在课堂上进行的活动，如在月球上宇航员所做的自由落体实验、打高尔夫球的情形，地面控制人员与宇航员之间的通讯等，让学生通过录像进行测量、研究。配套的CD-ROM中有《物理信息市场》和CAI课件，《物理信息市场》搜集了物理教学所需的各种文字材料，如物理学史上的今天、相关物理教材、实验指导书、论文和同行经验总结等。在教师用书中有每一章、每一活动如何利用《物理信息市场》的说明。CAI课件图文并茂地向学生介绍了有关的专题知识，以游戏的形式让学生开展活动，探索自然。

4. 版式生动活泼

作为高中物理的入门性课程，《动手动脑的物理学》版式设计生动活泼，学生用书中印有大量精美的彩色图表，封面上书名中的"ACTIVE"用自行车、滑板、球等进行修饰，图片采用了美国学生在生活中非常熟悉的情景，使学生感到物理学就在身边，物理学是有趣的。书中每一栏目都配有富有特色的爱因斯坦的卡通图像，使学生们感到物理学并不神秘，他们正在像爱因斯坦那样进行物理学研究。

二、《你的物理学》

英国的一部普通中学物理教材——"Physics for You"是针对普通中等教育证书考试"GCSE"（14~16年龄段）中物理学科内容而设计的，由英国学者基思·约翰森及其夫人安妮主持编写。教材发行以来一共经过了六次重大的修订，下面将介绍的是2001年推出的最新版本。本书在前几次成功改版的基础之上，根据1999年英国修订的第四版《国家科学课程》及最新的GCSE考试要求做了相应的调整。

英国学生14岁左右开始进入GCSE课程学习（GCSE全称：General Certificate of Secondary Education），学制两年，最后需要参加全国的"中学教育普通证书"考试以取得中学毕业资格。传统两年制的物理GCSE课程相当于中国的高一、高二内容（难度偏低）。近几十年来英国科学课程从精英教育转化为大众教育，关心全体学生的科学素养，从学生可以选择在学校接受怎么样的科学课程到学生在中学阶段（11~16岁）必须接受广泛而平衡的科学教育，出现了统一的国家科学课程。科学教育的目标由单纯的知识技能目标或科学过程目标发展到科学知识技能、科学过程和科学文化三者的和谐统一；科学探究不仅是学习科学的一种方法，而且成为科学教育的一个可以评价的内容，成为正式国家级水平考试的一个组成部分。

根据以上要求，"physics for you"教材在内容选择、栏目编写、编排设计、图文风格等方面独具匠心，注重对学生学习兴趣的保护和学习欲望的激发。本书既可作为"GCSE"物理单独考试用书，也可作为科学课程中物理子学科的教材。本书总体上有以下特点：

1. 注重教材内容的完整性、时代性和拓展性

"Physics for You"一书共分39章，依次介绍了基本物理概念、热学、力学、地球物理与宇宙学、波、电与磁、核物理等。教材在内容构成上不仅包含有经典物理，而且增加了近代物理的一些初步知识，如核物理、地球物理等。通过GCSE考试之后，大批的学生将会选择非物理类的课程继续学习或者直接走向各种职业学院。如果有些学生高中毕业后对近代物理的主要思想完全不知，这无疑不利于提升公民的科学素养。同时，教材设有一批特色的选学内容，竭力为学生的个性发展提供空间，拓展了学生的知识面，如：

"Physics at work"工作中的物理；

"Further question" 拓展问题；

"Ideas and evidence" 物理思想与实证；

"How scientists work" 科学家是如何工作的；

"Doing your practical coursework" 完成实验课程任务；

"Key skills" 重要技能；

"Revision technique" 复习方法；

"Examination technique" 考试技巧；

"Careers using physics" 与物理学有关的职业。

……

整套教材的可贵之处在于编排缜密，力求使每一个物理概念或原理出现在单独的一页中，或者相对的两页内（two facing pages），方便学生获取书中的重要信息。另外，教材用语简洁、表述直接，并在每个重要物理事实或者公式出现时，课文会以加粗字体出现在特定的方框内，这与国内教材相似。教材还向师生提供了相应的学习网站 www.physicsforyou.co.uk。

2. 图文活泼，力求贴近学生、激发兴趣

兴趣是最好的学习动力，只有对学习的内容感兴趣，学习者才能自主、用心地学习。本套教材非常注重对学生学习兴趣的保护，激发他们的学习欲望。其中，教材配有丰富的物理情景图片，并大胆采用了极具童趣色彩的卡通画形式，其中有为了引出问题思考的，有描述物理原理的，还有的是课后习题等。编者将物理原理巧妙地设计在卡通情景中，寓教于乐，学生在欢快之余，也将物理内容融入了知识结构之中。

例如，教材第十五章在讲述如何运用力矩原理解决生活中的问题时，精心地安排了一些卡通内容，让学生运用物理知识来帮助画中人物走出困境、解决问题。

通过这些喜闻乐见的描述、栩栩如生的情景，促使学生对物理学产生亲近感、求知欲，从而避免学生在物理学习中的畏难情绪。教材所采用的这种方法，充分发挥了图画的丰富性、立体性，将物理知识包含在情景之中，这值得我们很好的借鉴。

三、《物理：原理与问题》

本教材由美国密执安—迪尔伯恩大学的著名物理学家保罗·齐策维茨博士主持编写的。随着美国《国家科学课程标准》的颁布，本书经过修改力图体现课程标准中有关高年级（9~12年级）物理学习的精髓，即科学的本质、作为探究对象的物理学、科学与技术、从个人和社会视角所见的科学等。

这套教材是专门为那些有志于向理工科职业发展的高年级理科生（美国）所设计的。《物理：原理与问题》一书共有31章，依次介绍了力学、热学、光与波、电学以及近代物理的内容[教材目录（中英对照），可供查阅]。

此外，教材在一些章节中给出了相应的物理网站，这既服务了一线老师的教学需要，又可以扩大学生的知识面。

这套教材一经面市，立即风行世界，被很多国家选作高中物理教材或教学参考书，至今仍长销不衰。在美国，本教材经过了多次修订，至今依然得到众多高中物理老师和学生们的喜爱。本教材为什么深受欢迎？从栏目设置看整体教材的设计，它有以下六大"亮点"：

（1）教材内容综合，结构严密，并注重学生思维能力的培养。本书呈现的物理知识包括了经典物理学的几乎所有内容，并在最后几章里给出了近代物理的相关知识，如量子理论、原子模型、固体电子学、原子核的应用等。同时，每个章节配有较多的习题，且分层、分类，如应用概念、一般性问题、批判性思考题、拓展思考等，便于老师和学生进行选择。教材在一些重要的知识点中，均设置了相应的"问题解决策略"栏目，内容是解决具体物理问题时学生应掌握的策略性知识。

（2）教材中共有31个学生实验，包含了验证性实验和探究性实验，探究实验占了总数的1/3。实验设计注重封闭性和开放性相结合，并渗透对探究方法的指导。与中国的学生实验相比，美国的学生实验较为容易，以简单、有趣、注重科学方法的训练为原则。选用的实验注重贴近学生的日常生活，可以从教材中的一个探究性实验——"弹簧中的波"来说明。

（3）在部分章节中，教材设置了"物理与社会"、"物理与科技"等栏目，内容多为本章知识在社会、技术中的应用或联系。第二十一章"电场"中"物理与社会"栏目是"为残疾人服务的计算机"（暗含了关心弱势群体的问题），详细地介绍了用计算机帮助残疾人的各种功能。相应的调查报告中提到，"研究斯蒂芬·霍金的经历，找出他对科学的贡献、他对身体的挑战及帮助他进行挑战的信息。集体讨论：能帮助残疾人的计算机是昂贵的，而且还要花钱进行培训。试找出你所在的社区决定在这些项目上花多少钱？你对这方面的决定有何感想？"此外，文中给出了网络链接，为学生提供了广泛的信息来源与讨论空间。这实际相当于给学生一个小课题，让他们进行深入调查。通过这个栏目，可以让学生有目的、有针对性地去发现更多的与物理相关的知识，开阔自己的眼界和思路。

（4）教材中专门设计了一个"与各门学科联系"的特色栏目，使学生了解物理学与其他自然科学甚至社会科学、艺术都有紧密的联系。各门学科之间的联系像一份"自助餐"，以其内容的灵活性和选择性适应不同学生的兴趣和爱好。这样设计可以使得物理课程的内容针对学校、教师和学生的差异具有选择性。

（5）教材在一些内容相联系的地方创设了"必要帮助"栏目，以广告招聘的形式安排了与物理学有关的职业介绍。这套教材一共有 31 个职业介绍，如科学家系列、高级工程师、中等技术人员、普通技术工人……可以看出，教材编者的意图是通过物理教材的学习，让学生尽早了解社会的各行各业，使他们初步具有对今后职业进行深入改造的能力。

（6）美国是一个多元文化的社会，相应的，教材通过"F. I. Y"（小信息）栏目，向学生展示了"历史上各具特色的文化都对科学知识和技术发明做出了贡献"，其中涉及众多国家、地区的科学发展及其成就。值得一提的是，教材在相应的内容中分别介绍了中国的火药、指南针、手推车、民间使用的取暖设备等内容。此外，栏目还对一些女性科学家做了介绍。

第四节　教材的研究

教材研究，是教师领会、编撰、组织教材，以便有助于教学展开的一种实践活动，是一件牵涉整个教学准备的头等重要的工作，它涉及教学的"计划—指导—评价"一系列相继的流程中的全部内容，涉及整个学校、每个学年、每门学科的年度教学计划乃至每一节课的准备，涉及讲授内容的精选、课时的分配、学生方面的把握、减轻过重的学业负担、研制教具直至设计教学辅助设备等广泛问题。教材研究，包括深刻的教材阐释与有效的教学技术两个侧面，两者同等重要。

教材研究中的教师，不是通常意义上的研究者。教材研究是指向教育目标的实现这一价值的一种活动。研究成果直接进入教学过程，在教育意义上必须是有价值的。这样一种研究要求教师具有正确的教育观和正确的研究方法。每个教师日常的教材研究，借助学科群体，可以积极查找更多的信息，并可以形成交叉的探讨。中学的教研组的集体备课是教材研究中的重要形式，它可以使每个教师学习多样的观点和经验，可以从见识高深的同僚那里得到关于特定教材的解释。

教材的研究，往往不是一次性完成的，一般采取假设验证的形式，包含下列步骤：

（1）揭示应当解决的课题何在，决定具体的目标置于何处，并就实现这些目标的步骤做出设想。

（2）根据涉及问题采取改进措施，并周密地记录所采取的措施。

（3）确定借助什么去判定目标是否达到，达到何种程度，然后判断成效。

（4）根据上述步骤所得结果，判定改进措施同目标达成之间的一般关系。

（5）将这种一般关系的假设运用于别的情景，做进一步的检验。

一、教材内容的理解

教材的狭义理解是，根据教育的目的和学科的任务，编写和组织具有一定范围和深度的基础知识和基本技能的体系。一般地说，是指教科书。

教师技术行为是从广义上理解教材的定义，教材还包括教科书以外的阅读材料、教学音像资料、学科图标等教学资料。这一点在后面章节会进行详细讨论。

教材不仅提供学习内容，它包含知识体系、背景材料和练习材料三个方面的资料，还规定了学习过程和方法，具有一定的结构和使用要求，具有教材自身的逻辑性。教师在使用时，需要区分出哪些是要求学生必须掌握的知识、技能方面的材料，哪些是为了让学生掌握知识、技能而安排的过渡性练习或者是更好领会所学内容的背景材料。只有区分不同性质的材料，才便于确定学生应该掌握什么样的知识和技能。

教材的具体内容由事实、概念、原理及它们的内在联系构成。

（一）事实

教材中的事实，就是历史上或社会上发生过的事件、过程或者是实验中进行的过程和结果。

物理学科的本质体现在具有大量的事实作为依据。教材中的事实，都是已经发生过或发现了的事物，不是捏造和想象的事实。

事实教学要处理以下几个问题：

1. 让学生做到充分的感知

教材中的事实与学生生活的实际相距较远，且又比较浓缩，教师的事实交代和讲解必须明白、鲜明、前后呼应，又便于直观。

2. 提取

事实教学中的重点提取是实现教学目的的一项重要处置。提取的准备、适量、关键、相关性强是几项重要指标。

3. 记忆

教材的事实部分有问题理解，但主要的还是记忆，这一点与学生成绩的提高相关性极大。记忆过程的教学组织方式方法是教师教学水平的一个重要标志。

（二）概念

教材中的另一个内容就是概念。概念是反映客观事物本质的思维形式，是对教材中大量事实资料的理性加工，是具有抽象性质的理性认识形式。

概念的内涵是影响概念学习难易的重要因素。概念内涵越简单、明确越好学习。教学的讲解就在于把概念的内涵交代清楚。

除概念、定义所规定的维度之外，那些与概念、定义无关的维度越多，学习越困难。因此，考查讲述概念的无关维度，也是衡量概念准确度的一项重要指标。

概念的正事例与反事例都影响学习效果。选择题就体现了正反事例的要求，只有把概念之间的细小差异分清楚，才有利于树立概念。如果处于泛化状态是学不好的。

概念的学习不属于记忆的范畴，学生不仅要获得知识，更要训练自己学会思考。概念学习是学会思考的一种方法。概念不适合孤立和分散掌握，概念教学要注意使概念系统化，对各个种类的下位概念进行一定的加工处理，然后用一种网络的形式呈现给学生。抽象概念的教学是典型的正规教育最关心的行为，有经验的教师对此都进行精心细致的处理。

（三）原理

教材中还有一部分就是公理、定理、定律等。这些都是已经被验证了的、公认的、不需要再加以论证的命题，是教材科学性的一个重要支柱。

原理的教学要注意的问题有：

1. 螺旋式的反复

教师对原理教学不可寄希望于一次性讲清，一定要有几个循环反复。对反复的过程做出教学设计，在反复中巩固，在反复中加强理解，在反复中灵活运用。

2. 精确深刻地讲解

在原理教学中，多余的教学语言，都是接受的障碍。学生对原理的接受重要的是取决于第一印象，教师在学生不易理解的地方，要设法表达得形象、生动、易懂，让学生听了以后印象深刻，以致若干年后还记忆犹新。

3. 引导学生钻研课文，实现自我消化

要求学生记住课文中重要的结论，同时领会课文中解决问题的观点和方法，对重要的公式仔细体会。

4. 内在联系

内在联系是教材中的抽象内容，是对事实、概念和原理之间关系的分析。教学，重要的是建立起事实、概念和原理的内部结构、内在联系，这是教材内容的本质。只教学生记忆"概念"、"原理"并不是真正的教学。

内在联系的教学，重要的是对教材的事实、概念、原理之间关系的抽象、概括、推理的制作过程，是教师教学中的一个硬功夫，是教学水平的高峰表现。内在教学，是对一系列规律性东西的揭示，要求教师对教材有较强的驾驭能力。内在联系的教学对综合运用训练的依赖性比较大，也是实现学生能力培养的重要途径。

二、教材的处理

教材内容具体处理，是可观察、可体验到的问题。它表现出了教师的领悟、经验和技巧。

教材内容在整体上与学生的认识水平与特点相一致，但具体到不同学校的一个班级的学生来说，就会呈现差距。这种差距就是教师课堂的教学任务。弥合差距，首先要把两端了解清楚，用教师的经验说法就是吃透"教材"，吃透"学生"。教师是教材与学生两者的中介，只有调控准确，才能使弥合的教学目标得以实现。

这种弥合的另一个重要方面是讲授的内容，教材体系与内容是依赖于教师的讲授而传递的，教师是传达和控制这一机构的本源。讲授本身的科学性、逻辑性、启发性是弥合两者的强大引力。

三、教材的精选

教师不可全部均衡地转述教材内容，那么教师在传输之前就要精选。所谓精选是使重点突出，难点和疑点突出，学生有所收获。精选教材应该做到：

（1）精选材料能引导学生有兴趣地学习和探索，能激发学生追求知识的欲望，满足对知识"懂"的需要，"会"的愿望和实现学习中的一种成就感。要不断使他们了解学科的社会作用，使他们看到自己的进步和提高，以增强学好物理的信心。

（2）精选教材要促使学生认真听讲，注意观察和体会。精选教材首先要抓住基础知识的基本技能，培养学生把所有的知识应用于实际，也可以把教学内容以问题形式提给学生，使他们联想到解决问题所要学的知识，从而促使学生认认真真地阅读课本和听课，以保证学生对基本知识的把握。

（3）精选教材要有利于学生运用智力，积极思维。教师的教学不能一概说清讲透，以免学生减少对智力的运用。所以，精选含有设疑之意，向学生提出一些问题，提出方向，让学生探讨，还可以指定材料，让学生去领悟。

（4）精选教材要包含解决问题的思路和方法。要使学生学会运用所学的知识去解决实际中存在的问题。要教会学生思考，了解和掌握一些思考方法。

（5）精选教材要有利于培养学生观察、实验调查以及实事求是的科学态度。要充分注意给学生勤动手、多观察的机会，要养成根据数据求结论，按照事实摆情况的实事求是的态度。

[本章小结]

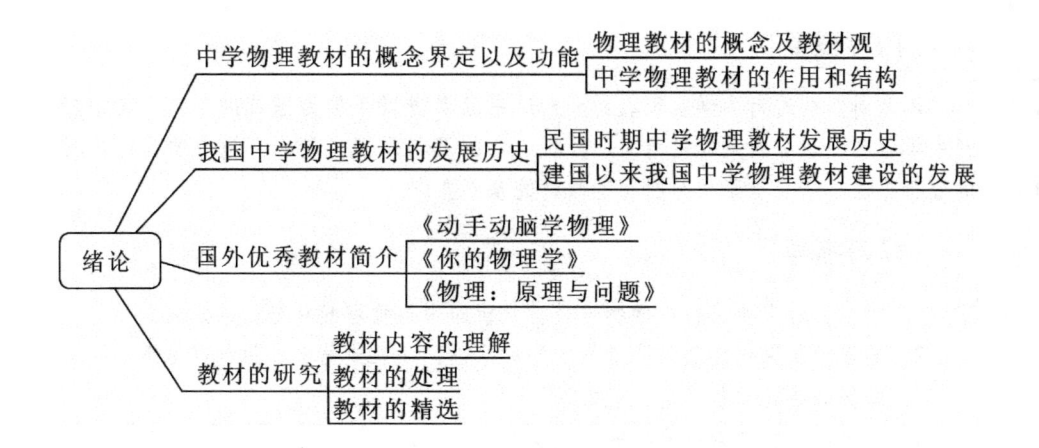

```
                            ┌─ 中学物理教材的概念界定以及功能 ─┬─ 物理教材的概念及教材观
                            │                              └─ 中学物理教材的作用和结构
                            │
                            ├─ 我国中学物理教材的发展历史 ─┬─ 民国时期中学物理教材发展历史
                            │                            └─ 建国以来我国中学物理教材建设的发展
              绪论 ─────────┤
                            │                        ┌─ 《动手动脑学物理》
                            ├─ 国外优秀教材简介 ─────┼─ 《你的物理学》
                            │                        └─ 《物理：原理与问题》
                            │
                            │                  ┌─ 教材内容的理解
                            └─ 教材的研究 ─────┼─ 教材的处理
                                               └─ 教材的精选
```

[思考与练习]

1. 简述中学物理教材的概念及其功能。
2. 请简要说明你的教材观。
3. 什么叫中学物理教材的结构和作用？请说说你的看法。
4. 简单叙述我国物理教材的发展历史。
5. 你阅读过哪些国外物理教材，对其有什么印象？
6. 请你从图书馆或者网络上找一些国外的物理教材，并与我国物理教材作比较。

第二章　如何进行中学物理教材分析

[内容提要]

本章对怎样进行中学物理教材分析这一活动进行了较为系统的介绍。其中包括中学物理教材分析的重要意义、分析的依据及其原则、具体实施中学物理教材的分析方法、一般步骤及分析物理教材的基本要求。

[学习指导]

1. 明白为什么要进行中学物理教材分析即中学物理教材分析的意义。
2. 要重点加深理解教材分析的依据和原则，并且能结合实际加以运用。
3. 掌握分析物理教材的一般方法。
4. 掌握中学物理教材分析的一般步骤。
5. 掌握中学物理教材分析的基本要求。

第一节　分析中学物理教材的意义

一、通过对物理教材的分析，使得教师可以顺利地完成备课过程中知识形式的转化过程

教育部在 2001 和 2003 年就颁布了我国初中、高中《物理课程标准》。为了达到新标准所规定的"知识与技能、过程与方法、情感态度与价值观"的三维教学目标，教师的教学工作较之以前更为繁杂，同时对教师的要求亦将变得更高，另一方面，知识内容相对变浅了，但是技巧要求却更加丰富。在这样的情况下，教师必须付出更多的工作时间和工作精力在课前的备课工作上。我们知道，教师讲好一堂课的关键就在于备课，只有备好课，才能保证教学质量和一堂课的有效、顺利进行。而教材分析则是备好课的前提。因此，不经过对教材的二次加工和对教材的分析与研究，就很难谈得上上好一堂课了。

具体来讲，在实际中学物理教学的过程中，我们总是需要把书本上的知识转化成学生的知识和技能。于是如何才能完成这一过程就成了每位一线物理教师和物理教学研究专家都十分关注的重要问题。而对中学物理教材的分析恰恰就是其中一个重要的途径。我们可以通过教材的分析，从根本上把握和完成知识形式的转化。这个过程可以通过"书本上的语言—教师教学用的语言—学生自己的语言"的转化模式来完成。这样，就实现了将书本上所讲述的语言和知识，经过物理教师结合实际教学情况进行创造性劳动而转化为教学语言。这样的教学语言通俗易懂，将有时很难理解而又晦涩的物理知识以一种新的方式呈现在学生面前。而学生在老师营造的物理学习环境中可以轻松地将书本上的知识语言以及老师加工后的教学语言转化为他们自己的学习语言。这一系列的过程便使得书本上贮存的知识经过加工变成传输状态的知识，接着又把传输状态的知识变成学生头脑中的贮存知识和技能，学生不但能从这个过程中体验到学习物理学的乐趣，同时还能从中体验科学的形成过程，如此教学必然会渗透情感态度与价值观的教育。

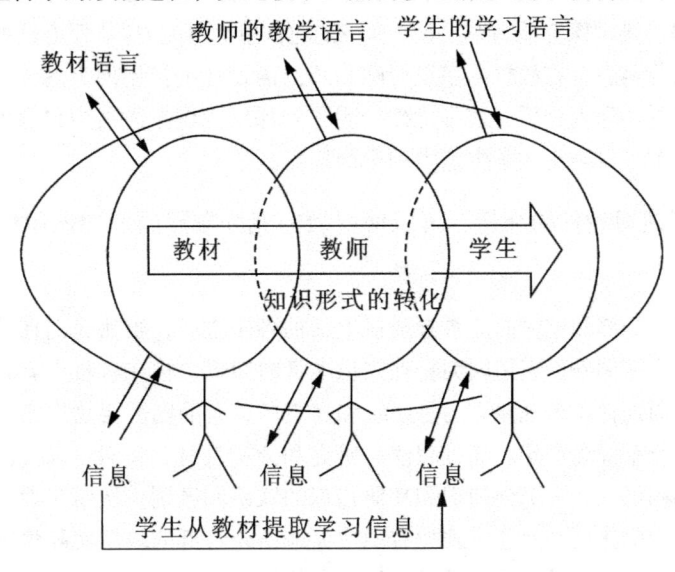

图 2-1 知识形式的转化过程

二、通过对教材的分析，可以挖掘出书本上知识的隐含价值

教材上的知识一般都是简洁明了、条理清楚、详略得当的。再加上物理学属于一门自然学科，课本上的知识多是人们在以往的生产、生活和科学研究中逐渐积累起来的，对学生来说纯属间接性知识。这其中，有不少知识很抽象，难于被学生所理解和接受。这就需要我们的物理教师从中挖掘出隐藏在知识中的那些被忽略的教育价值。尤其是对那些"不思则没有，细思则深远，远思则宽广"的知识，包括一些教材上的小字部分、注释，甚至一些习题、STS、思考题以及插图等。这些内容就渗透了知识与技能、过程与方法、情感态度与价值观等方面。我

们在进行教材分析的过程中,对物理知识的隐含价值的分析是一项很有意义的工作:一方面可以增加学生学习物理科学的兴趣;另一方面,可以促进学生对物理知识的理解和运用。古人云:"非常之观常在于险远。"所以教师在教材分析过程中,研究和挖掘隐含知识这一创造性的劳动不能不说是为学生学习物理开辟了一条新的途径。

新课程的着眼点不仅仅局限在简单知识的传承上,而更多地在于培养学生的科学素养,这一点彻底改变了过去教材强调学科本位的观念。教师在分析物理教材的时候,也应该与时俱进,把握这一理念。其实,物理教学过程既是知识的传承过程,也是探究能力以及科学精神、价值观、文化素养的培养过程。通过初中物理的学习,要使得学生具备"初步的科学探究能力",而高中物理课程则更要求学生"提高科学探究能力",并"有一定的自主学习能力"。而上述的这些情感和能力的培养是隐含在教材的字里行间和巧妙的设计编排层面上的。物理教师只有通过对教材的深入分析,才可能彻底明了和深层次挖掘教材中包含的思想、方法和能力要求,以利于对学生能力的全面提高。

三、通过对教材的分析,可以使得教师充分掌握局部知识和整体知识之间的联系

可以说,局部和整体的关系渗透在生活的各个方面,当然我们在分析物理教材的时候也不能例外。正是因为物理知识本身的知识结构在教材中有着很强的逻辑规律性,而这种逻辑规律有的是系统和连贯的,有的则需要物理教师重新对其教育价值进行审视和贯穿。通过阅读、研究和分析教材,我们可以找出物理教材中的知识结构框架、一部分知识和其他知识的联系和区别,从而明确各个知识点在物理教材中的作用和地位,才能有的放矢地结合自身的教学实际情况进行教学设计和实践。另外在教师分析教材、找出整体知识和局部知识的过程中,可以很清楚地认识到哪些部分是难点,哪些部分是重点以及哪些部分是学生容易混淆的,哪些部分符合学生实际学习心理。我们说老师要想教给学生"一杯水",那么老师必须储备"一桶水"才行,因为只有教师自己先把教材中局部知识和整体知识搞清楚,才能把它呈现给学生,让学生的学习事半功倍。明确了各部分之间的区别和联系,学生才能在自己头脑中建构合理、正确的物理学知识体系和框架。

很多刚走上物理教学岗位的年轻教师,讲课只是照本宣科,完全按照课本上的内容来进行教学。书上怎么写的,就原原本本地怎么讲,甚至有的成为所谓的"录音机",将课本上的文字完全朗读了一遍。造成这种现象的原因很大程度是教师没有对教材进行分析,对教材中所讲的内容,没有从教材整体中认识,进行全

方位、多角度的分析研究，以真正掌握教材中相关内容包含的具体知识，没有认识到它在整个教材结构中的地位，没有认识到与其他内容之间的联系，而分析教材对提高教学质量恰恰是十分重要的。如果不认真分析教材，就谈不上把握教材中概念、规律的本质及它们之间的联系、教材中的重点、所隐含的能力与情感因素。

四、通过对教材的分析，可以设计教学过程，选择教与学的方法

常有人说"教无定法"，即我们在实际教学的过程中，没有固定的教学模式和方法，教师必须根据自己教学的实际情况和学生学习的实际效果来确定某一堂课甚至某一阶段的教学形式和方法。这给广大的物理教师提供了充分自由发挥、体现自创性的空间，但是这样的自由是有一定约束的。这个约束表现在无论教师采用哪一种教学方法和模式都必须符合所选用的中学物理教材上的知识目标和能力要求。只有根据《课程标准》的要求，在深入钻研和分析教材的基础上，才可能对教学过程进行合理有效的设计和实践，在不断摸索和总结中确定适合本班学生的最优化的教与学的方法，为更高效地完成教学任务提供一定保证。正是在教材的分析和研究过程中，教师将书上贮存的知识状态变成可传递的性质，这种转化正是基于教材的内容、结构和重点，根据学生的认识发展规律，找出难点和关键知识点，选择正确的教学方法来完成的。所以选择和设计教与学的方法必须建立在对教材仔细分析的基础上。有关教学形式和方法的问题我们将在后面章节进行详细的阐述和说明，以便能让广大物理教师借鉴和采用，来提高自己的教学水平和学生的学习能力。这一过程如图2-2所示。

五、分析教材有利于提高物理教师的业务素质

要想成为一名合格的中学物理教师，必须有过硬的基本功并且掌握一定的物理教学技能，要有熟练使用教学语言、驾驭一节课顺利进行的能力。而这一切的基石就落在物理教材的分析和使用上。可以说分析教材是一个教师的最基本和最重要的一项基本功，也是教师教学素养的重要表现。在分析教材的过程中，教师在潜移默化中会拓宽自己的视野、增长专业知识、提高教学修养。而且教材的分析本身就是一个具有一定创造性的劳动，在这个过程中，教师的业务素质将不断提高和升华，对相关的教育理论的理解也将逐步加深。在当前教育改革的大潮中，如何能将教师的教学素养、基本功和业务素质得到有效提高也一直是普遍关注的一个问题。毫无疑问，教材的分析和研究就为物理教师提升教学水平、增长知识储备、提高工作效率提供了一个广阔的平台。

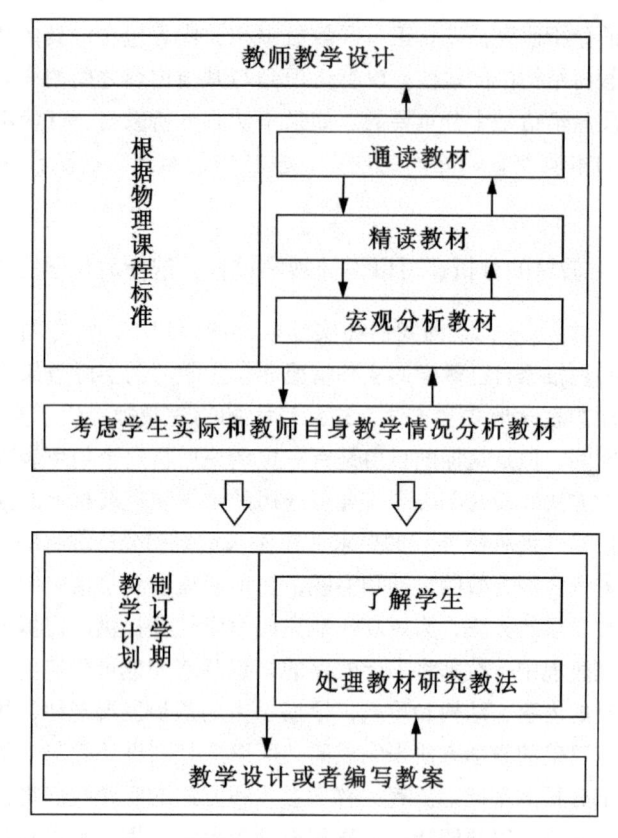

图 2-2　教师教学设计过程

六、分析教材是选择教材的需要

　　我国以前的物理教材，基本上是全国统一编写的。但是因为我国地域宽广，人口分布众多，自然环境十分复杂，经济、社会和文化发展相对不平衡，一套教材不能满足各个地方的教学目标和需要，因此从实际出发，为有效地提高教育质量，我国的中学物理教材在统一基本要求、统一审定的前提下逐步实现多样化。比如为九年制义务教育编写的物理教材，全国就有 7 套，还有少数的实验教材和综合理科教材。而为适应高中的多种办学模式，也会有多种不同的教材陆续出版。比如内蒙古地区是我国最早成立的民族自治地区，形成了自己独特的草原文化和地域文化。在物理教学中，应该适当结合这些元素，联系生活实际来开展富有多层次、立体化的教学。所以在教材的选择和利用上也值得广大老师进行深入探讨。近年来，不少地方也开发出一些具有民族特色的地方教材，这方面内容将在后面章节进行详细介绍。我们提倡在全国各地，都应该结合本地区已有的、丰富的教学资源和环境，想方设法创设有利于学生学习物理的环境，开发当地的教学资源。

教师应该根据教学对象、培养目标、教学要求、教学条件以及教师本人特点等诸多方面的因素来选用最合适的某一种教材。当然，在教学中也应该同时参考其他教材，从而开阔视野、相互借鉴、取长补短、丰富教学内容和教学手段、结合不同教材对同一内容的编排策略和方法来指导自己的教学实际。

为此，就要对各种教材进行分析、研究和对比，弄清它们各自的编写目的、使用对象、程度分量、结构体系和特色，以便于选择和使用。随着我国对外开放的进程，国际交流活动日渐频繁、范围不断扩大，我们的视野也要逐步扩大到对国外教材的分析、研究上，前面章节中我们也对一些国外物理教材进行了介绍，我们可以参阅这些教材拓宽教学思路和手段，提高教学水平。

第二节　中学物理教材分析的依据

本章的重点就是中学物理教材分析的依据，因为只有深入理解和掌握了教材分析的依据，才能很好地进行教材分析。并且后面小节里讲到的有关教材分析的方法、步骤和要求都是建立在对分析教材的依据深入理解的基础上来进行论述的。

一、分析教材的直接依据——《中学物理课程标准》

分析教材的直接依据是《中学物理课程标准》（以下简称《标准》）。《标准》是根据国家物理课程设置的理念和要求来编制的。它是国家对学生接受一定教育阶段之后的结果所做的具体描述，也是国家教育质量在特定教育阶段应该达到的具体指标，具有法律规定的性质。它们从整体上掌握着我们进行教材分析的走向，也从根本上体现了物理学科的特点和被分析教材的自身特点等诸多因素，包含了各种具体的教学目标和要求，它们是编写教材和指导教学的依据，也是评价教学和考试命题的依据。《标准》包括四大部分：第一部分是课程性质、课程基本理念及课程的设计思路。这部分明确了中学物理课程的课程性质；明确了在课程目标、课程结构、课程内容、课程实施及课程评价等方面的基本精神；说明了中学物理课程的设计思路。第二部分是课程目标。这部分提出了中学物理课程总的课程目标和知识与技能、过程与方法、情感态度与价值观等具体目标。第三部分是内容标准。这部分规定了中学物理课程中对学生科学探究和实验的要求及对中学物理知识的基本内容和活动建议等，具体地规定了教学内容的课题、学生实验、演示实验等项目，并对某些课题的要求作了说明或限定。第四部分是实施建议。这部分从教学、评价、教科书编写、课程资源利用与开发等四个方面阐述了教学和评价中应注意的原则问题以及教科书编写及课程资源开发等的要点。钻研课程标准首先要吃透课程标准的精神，并能联系教学实际来分析教材和设计教学过程。课程标准规定的教学内容以及所要求达到的程度，教师应当准确理解。特别是在新课改实行的一纲多本的情况下，准确理解和掌握课程标准更为重要。这样才能对不同教材进行分析比较，以便在使用中做到筛选取舍，达到物理教学目的的要求。

因此，教师在分析教材的时候首先要深入理解和体会标准的精神，联系教学实际确定分析教材和设计教学过程。对其中明确的基本理念、目标、内容标准及其实施建议，教师应该有深刻的把握，并以此为直接依据进行分析教材和组织教材的活动。尤其在当前一纲多本的情况下，教师更应该能够对标准中规定的教学内容以及所要求达到的程度很熟悉，而且应该摆脱过去一些老师过于拘泥于个人经验，只看到教学中的具体问题不抓住分析教材和进行教学的大问题这种"只见树木不见森林"的不良教学习惯。充分对各种版本教材内容进行分析和比较，以便在教学中做到筛选取舍，达到物理教学的三维目标的要求。

二、依据物理学科的知识体系分析教材

在人类长期的科学研究和实践过程中，对自然界本质的认识不断更新和加深，逐渐形成了科学体系。所谓物理学的知识体系即学科体系，就是物理学按其自身发展所形成的知识内容体系和逻辑程序。作为人类文明的重要组成部分，物理学已经成为自然科学最基础的学科。从整个物理学的知识体系来看，可以分为两大部分。一部分是经典物理，它是由力学、热学、电磁学、光学和原子物理学等部分所组成的知识体系。另一部分是近代物理，它是以相对论和量子力学为基础的知识系统，其中充满了丰富的物理思想和哲学思维方法论，对热门的思想、观点、意志都有着重要的影响。认识这个知识体系，在分析教材时，才能看清教材的知识结构和体系，才能把各部分具体内容放在物理学知识体系中来理解和认识，并且确定其教学目标和方法。我们知道，中学物理教材所涉及的内容，是整个物理学知识大厦中最为基础的一部分，在这一背景下认识它们各自的地位和作用，才能从知识方面居高临下"一览众山小"，深刻地理解知识的内容，做到深入浅出，才能以发展的观点掌握好知识，充分避免教学中的绝对化和片面性。在整个物理学科的体系中，各部分的知识内容都是融会贯通的，彼此之间都有着千丝万缕的联系，因此，进行教材分析时，既要明确各部分具体内容所处的位置，

又要兼顾各个分支和不同层次的物理知识。就力学来说，其在中学物理中占有十分重要的地位。可以说，力学是整个物理学的基础，人们对物理学的认识很大程度上都是从力学开始的。它所涉及的一些基本概念（如力、质量、能量、功等）和基本规律（如牛顿三大运动定律、动量守恒定律等）都是物理学中最为重要和基础的知识。而这些内容所涉及的研究问题的方法、运用到实验的思想，以及基本的测量也为其他的物理知识的学习打下了基础。虽然力学是一门古老的学科，但是它在社会主义建设和科学领域乃至每个人的日常生活和学习过程中都有很重要的应用。它也为以后学习进一步的理论如相对论力学、量子力学，直至整个近代物理和其他现代科学技术埋下伏笔。因此，在各版物理教材中，把经典力学作为一个重点内容，讨论也较为系统和完整，对学生的要求也相对较高，其已经成为物理学习的敲门砖。

三、依据学生的认知心理结构特点、思维特点、接受水平

我们知道，教学过程从本质上来说是一种有组织的认识过程。学生在这里是认识的主体。在教学过程中，教材和教师提供的信息作用于学生原有的认知结构，如果发生了联系，就产生同化和顺应的过程。这样，学生会将知识信息纳入到自己原有的认知结构中。按照皮亚杰的认知发展阶段理论，中学生正处于由具体运算阶段向形式运算阶段的过渡时期，正是基于这一点，教材分析必须符合学生年龄阶段的认知结构特点。对教材的处理，多数采用螺旋式渐升的方法，企图"一步到位"的教学方法反而会阻碍学生的思维发展和对知识的理解。我们发现，同一知识内容，在初中和高中都会涉及。但是在具体知识的讲法和要求上，就需根据初中、高中学生的不同思维特点，来分析教材。如初中和高中都会在描述运动过程中讲到速度这一基本概念，初中只限于速度在数值上等于单位时间内通过的路程，没有考虑其方向性。但是在高中，引入了速率的概念，把速度变成了位移与时间的比值，说明了速度的方向性，在此基础上引入了瞬时速度的概念。正所谓要符合学生学习和老师教育教学的一切活动都要着眼于学生的全面发展，并落实在学生学习的效果和效率上。因此在教学中要充分地认识和把握学生学习物理的心理规律。只有充分把握学生在认识过程中的智力和非智力因素的影响，才能把教学活动落实到学生身上。因而分析学生学习物理的接受水平、心理特点和思维规律是分析教材的另一个重要依据。

一般来说，初中学生学习的特点是学习兴趣的范围较以前大大扩展了，这为我们培养学生学习物理的兴趣提供了良好的心理条件和可能性，但学生在这一阶段的兴趣一般还仅限于直接兴趣的水平上。八年级的学生往往表现为对物理只有

直接兴趣,他们只满足被新奇的物理现象所吸引,希望看到鲜明、生动、不平常的物理现象和物理实验,而未产生全面的探索这些物理现象背后原因的需要。九年级的学生对物理开始表现出更富有操作性的兴趣,他们要求通过自己的活动对物理现象施加影响,但往往忽视对现象本质的认识。中学物理教学过程中,往往会出现学生觉得物理难学的情况,究其原因除了物理学科自身特点的原因外,更重要的是学生在学习物理的过程中出现了思维上的障碍和某种心理倾向的干扰。物理学是以概念、规律为基础而形成的完整体系,物理学的思考要严格以概念和逻辑关系做依据来进行分析、判断、推理,但学生还没有形成这种逻辑思维的习惯。教师应该注意到学生在学习物理之前,已经接触到了大量的生活中的物理现象,这也很容易养成一种把已经有所认识的现象作为出发点,想当然地看问题的习惯。他们常常用事物的现象代替本质,用外部联系代替内在联系,在现象和本质发生矛盾的时候,相信现象而怀疑物理理论的正确性。此外,心理倾向和思维习惯的干扰也是造成学生思维障碍的重要原因。如隐蔽因素的忽视或干扰,由于改变问题的方式造成思维的混乱,习惯思维的定势影响,不善于寻找替换方案,抓不住关键的中间环节,用数学方法代替物理概念等,都是造成学习困难的重要原因。不重视这些因素的分析,就难以保证取得良好的教学效果。分析学生学习物理的心理因素和思维规律,也是分析教材特别是酝酿教学设计过程的重要依据。

四、依据物理教材的编写原则

(一) 科学性与思想性相统一的原则

科学性,包括知识本身的科学性和教学的科学性。对知识的科学性要求,是一本教材的最基本要求。因为教材在一定程度上不同于科研论文和研究报告,教材面向的主体是学生。不科学的知识,甚至是错误的理论知识会给学生带来长期难以纠正的深远影响,也直接阻碍学生的能力以及正确的情感、态度、价值观的形成。因此,教材阐述物理概念和规律,应当有充分的理论依据和事实依据,并且在此基础上能有正确的逻辑推理过程。这就包括学生感知与观察的现象和实验事实,甚至以前学生在生活中对某些现象的观察和已经形成的知识结构。而逻辑推理是运用正确的逻辑思维方法以及数学方法得出相关的结论。另外,教材在编写的时候,也要充分考虑学生的年龄特点和心理特征,对教材的内容、语言、论证方法甚至插图的设计都要认真筛选。

需要指出的是,此处的知识科学性不是单纯追求严谨缜密,而是相对的。因为课程标准对具体不同阶段的要求不一样,如对深度和严格程度有很大不同。因此，我们在分析教材的时候，要认识到这种相对科学性是没有完整、严密地解释相关理论，但其本身也是正确无误的。例如初中学过欧姆定律，这一阶段的学习没有更为完整、更为系统地揭示欧姆定律的本质，在计算上也是要求较高中相对低一些。

新课程背景下，我们更加重视三维目标的达成。而物理教材的思想性就是要求教材体现出对学生的思想教育。不仅仅包括辩证唯物主义世界观和方法论的教育、爱国主义教育、科学态度教育、品德教育和审美教育，更应该能通过教材为学生体验科学探究过程、感悟科学研究的严谨态度、了解科学研究方法提供空间。这些内容没有耗费大量笔墨，而是通过整体教材的设计和编排以及语言的巧妙运用来达到的，并通过渗透、启发、引导、喻示等表现手法来实现的。

因此，我们在分析教材的时候，要从这两者相结合的原则来分析和研究，从整体上把握和体会课程标准所传递的理念。

（二）理论与实践相结合的原则

理论与实践相结合，就是要把物理知识与物理实验、生活实践和社会实践相结合。把物理知识与物理实验、生活实践和社会实践结合起来，把观察到的感性知识与物理学的理性认识相结合起来，把系统的物理知识与提高学生分析和解决实际问题的能力结合起来。《高中物理课程标准》指出，"实验室的课程资源不仅限于实验室的现有设备，学生身边的物品和器具也是重要的实验室资源。"不光是实验室的课程资源，其实整个物理学习的过程都应该和生活的各个方面发生紧密的联系。

物理学科和其他自然学科一样，属于科学教育中的一部分。科学教育不单纯是"说的"，也不只是"读的"，而主要应当是"做到"。因此，物理教材要有相应的观察和实验的内容。在阐述概念和规律的时候必须通过对有关物理现象的观察、测量、实验，获取大量资料，然后再进行分析，概括得出结论。对已建立的物理结论，又应该将其广泛地与现代生活、生产和社会相联系。物理教材联系生活和社会实际的具体素材，应是学生熟悉的，或者能够理解的，同时应尽量使用适合本地区的、新颖的实例，或能反映我国生产技术新成就的实例。为了直观，便于学生接受，需注意配合插图、照片。此外，适当选摘报纸、杂志上的文章和报导，可以增加教材和社会的关联性。

（三）启发性与趣味性相结合的原则

启发性，是指教材的表述能引发学生的探求欲望和积极思维。趣味性，是指教材能引起学生的兴趣。启发性和趣味性相结合，才能吸引学生。在阅读教材的基础上，进一步钻研教材，从而通过探索的思维，感受更高层次的乐趣，培养学生的思维能力。

物理教材的启发性和趣味性，首先表现在选材上。引入物理概念的实例，建立物理规律的事实，物理知识的运用，物理学发展历史等，都应努力选择典型性强、比较新颖或亲切的内容。典型，才易产生和形成启发。新颖、亲切，才易激发兴趣。教材的内容编排还应该使学生能获得成就感。有成果的学习，不但能使学生感到精神上的满足，进一步激发其学习兴趣，而且能鼓励学生去探索。

启发性不仅表现在体系的编排、内容的选择与语言的叙述上，而且还可以通过插图、习题、章后小节等方式表现。而趣味性，不仅表现于语言、插图，还可以通过版面、习题类型的生动与多样化来体现。物理实验，也是能增强启发、增加兴趣的有效手段。特别是那些内容典型，立意明确，操作简单，仪器简便易找，现象鲜明、明显的实验，能在启发与趣味两个方面同时获得好的效果。此外，语言的精辟凝练、通俗准确，也是形成启发和兴趣的必需条件。

（四）可教性原则

教材的可教性，是指广大教师使用教材时，能够顺利地贯彻教材的编写意图，实现课程标准规定的物理教学目的与要求。

一本物理教材，是否具有可教性的关键，不仅取决于能否处理好物理知识结构和学生认知结构的关系，还取决于教材的综合水平与教师的教学能力基础是否基本适应。

应该指出的是，教材的可教性和一本教材究竟是否可教，是相关而又不同的概念。一本教材是否可教和教师的具体教学方法关系甚密。但是编写教材不能只看到少部分教学水平高的教师，而是要根据广大教师的教学能力基础，即大部分教师都能顺利贯彻教材意图，才能说明教材具有可教性。也就是说，可教是局部实践的概念；可教性，是社会大规模实践的概念。

要落实教材的可教性，编写教材时不能只考虑书面上的逻辑，还要考虑教学实践。所以，物理教材必须经过试教成功，才能进入大规模推广。试教，是确保教材具有可教性的有效办法。

（五）内容与形式相统一的原则

形式，是指教材为表述内容而采取的表现格式。任何事物的内容都必须借助一定的形式表现。因此，选择最能按预想目的表达某一内容的形式，与确定最能发挥该形式功能的内容，就是内容与形式的统一。

物理教材的形式，包括目录、节内标题、图标照片、习题、章后总结、字体字形、版面设计以及插图、语言的风格等许多方面。每一方面，都还有许多不同的形式。例如，总结有语言叙述、列表叙述、列表填空等。每一方面的每一细节，都可能影响到内容的表达。

物理教材的形式，不仅应该突出所表达的内容，而且应该注意视觉效果，例如，内容表达应醒目、清晰、简明、活泼、趣味，便于学生阅读，便于学生理解等等。特别是有关实验的插图，更必须明确易懂。

五、依据物理课程资源的开发和利用来分析中学物理教材

有效的物理教学离不开教学资源的支撑和保证。物理教学资源是指中学物理教学过程中能够用于实现教学目标的各种条件的总称，包括学校、家庭、社会中所有可利用的、有助于提高学生素质的人力、物力与自然资源。物理教师就成为教学资源开发的最为基本的力量。在分析教材的时候，我们应该时刻保持一个清醒的头脑，从教学资源的开发和利用的角度进行分析。我们倡导不受某一种教科书的束缚，吸收和利用有利于学生发展的课程资源。教师应该根据本校特点和学生的需求，精选课程资源，充实物理课程的教学内容。我们应该组织社会力量编写某些适合学生特点的教学材料，包括教学辅导书、学生用的同步练习册等，并指导选择、利用这些资源，以便能达到结合相应的教材分析和利用现有的和有待深入开发的教学资源。在分析教材的时候，教师应该能注意到教科书并不能够适合每一个地区、每一个班级、每一个学生的实际情况，因此，应该主动根据当地实际和当地环境，来创设物理学习的环境，吸取能够促进学生发展的教学资源，这里的教学资源包括文本类资源、实物类资源等各类校内、校外来自于学生身边的资源。

物理教学中要重视物理实验。因为物理科学本身就是在观察和实验的基础上发展起来的。在中学物理教学过程中更要重视物理实验的运用和作用，充分发挥实验的教学功能，主动联系生活现象，使得课本上的物理能变成生活中的物理，这对培养中学生学习物理的兴趣是十分重要的。初中学生思维认识过程的特点是：学生正处在形象思维开始向抽象思维过渡和转化的阶段，初中阶段后期还开始出现思维的独立性和批判性，模仿已经不能引起他们的兴趣了。因此，初中物理教学要充分重视由形象思维开始，教学需要形象、具体材料的支持，重视展现物理图景，重视学习表现的作用，营造学习物理的实验和实际生活环境。同时，又要不失时机地、适时地向抽象思维过渡，重视进行因果逻辑思维的训练。在物理教学中，适当加入一些自己动手设计和操作的实验来验证和探究物理学规律亦是非常重要的方面。所以在分析中学物理教材的过程中如何进行实验资源的开发和利用也成了一个重要的依据。既要有课本上的专业厂家生产的仪器来进行的物理实验，又要利用身边的材料来进行物理实验教学，而且如果在利用身边材料进

行物理教学的过程中能让学生主动参与到其中的话,那么将会有非常好的教学效果。在这里,我们推荐教师可以利用"非常规"物理实验教学的形式,其在一定程度上会弥补教师因为缺乏物理实验教学资源而形成的实验教学空白。因为"非常规"物理实验主张用身边易得的材料、身边的玩具、学生的文具,甚至是自己的身体器官来进行设计和开展物理实验教学,这也是实验资源开发和利用的一种重要途径。在物理教学中要求学生主动参与到实验的设计和实施中,而不是简单地停留在教师进行的演示实验上。此外,还强调根据本地区实际来开发符合当地地方特色的实验课程,这更给广大物理教师提供了丰富的实验教学资源和自由发挥创造性的空间,使得教师形成鲜明的个性。在分析中学物理教材的过程中,我们应该深入挖掘物理教材中的生活小实验以及学生的体感实验、课后小实验,并且结合"非常规"物理实验和生活实践来进行物理实验的教学活动。用丰富的、有趣的、带有极高教育价值的实验来营造一个学习物理的环境,这对学生长远发展有着十分重要的促进作用。这些设想和创意的出发点自然就落在教材的分析和研究上了,因此它也成为我们进行教材分析的重要依据。

总之,我们要深入把握上述这些物理教材分析的依据,看看要分析的教材是否能做到科学性和思想性相结合、理论和实际相结合、激发兴趣和启发思考相结合、内容和形式相结合。

第三节 物理教材分析的原则

上一节讲到教材分析的依据,我们在分析教材的时候,要在心中时刻想到分析教材的原则。它是我们提高教材分析质量的重要保证。

一、目的性原则

进行教材分析的目的,就是为了充分发挥物理知识的基本功能和物理学科所具有的基本特点,从而最大限度地驾驭教材,为完成中学物理教学的三维目标而服务。它是物理教师进行教材分析的出发点,对整个分析过程起着方向盘的作用。为此,教材分析的内容,应该结合物理学科自身的特点,着重分析教学内容的基本功能,把着眼点放在使学生掌握知识、提高能力、形成品格上,以便学生获得充分的、全面的发展。

二、适应性原则

教材分析必须适应学生身心发展的特征,也就是充分考虑到学生的年龄特征和心理承受能力，以便教与学相互适应，从而保证更好地发挥教师的主导作用和学生的主体作用。如果不遵循适应性原则，对知识的基本功能提出过高或过低的要求，必将使得教学效果适得其反。

三、转化性原则

教材中的物理知识是一种处于贮存状态的知识。教材分析就是要把这种贮存状态的知识活化，使其转化为传输状态的知识，以便通过教学过程，进一步转化为学生的认知结构，并且最终转化为认识和改造世界的物质力量。特别是知识的能力价值和教育价值，其突出特点是隐蔽性和伸缩性。教材分析就是要把这种隐蔽的、不思则无的功能，转化为现实的、具体的内容，使其在教学过程中能够更好地发挥培养优秀人才的作用。

四、整体性原则

教材分析就是要采用结构方法，从整体上把握教材结构，把握知识的内在联系，从而分清主次，确定知识的重点和难点，并从知识结构的相对稳定中，把握住知识的发展，为整个教学过程中的每一节课，设计一个彼此相互呼应的、优化的教学实施整体方案，同时还要求教材分析按照系统科学的整体原则去进行分析。

教材分析的这四个原则，是不可分割的整体。目标性原则是灵魂，对整个分析过程起着决定性作用。整个教学过程是一个完整的转化工程，教材分析是转化的开始，适应是为了转化，转化又是为了更好地适应。而整体性原则乃是教材分析的总效果，是实现前三个原则的保证，教材分析则要发挥其整体功能。

五、与学生相结合的原则

我们分析教材是为了更好地进行教学，而教学面向的主体是学生，所以在分析教材的时候一个重要原则就是要与分析学生相结合。（1）要分析学生年龄、生理和心理发展状况。前面也说过，由于早期教育状况的差别、所处地区文化特点不一样、初高中学生具有青少年特有的一些心理等因素，在分析教材时要给予充分注意。（2）了解学生的知识基础。物理本身具有学科综合性，所以常常要借用其他相关学科的知识基础，如数学、化学、语文、外语等。分析教材的结构编排及要求是否与之相适应，教学时也应该考虑这些因素。（3）要分析学生已经具有的能力基础。能力的培养和知识的学习一样，是一个逐步提高的过程，在量变积累到一定程度时才会发生质的飞跃。教学就像让学生摘苹果一样，如果苹果在树上的位置太高，那么学生怎么跳也够不着，时间长了他们便会失去兴趣；相反，如果树太低，他们轻易就能拿到，那同样也激发不了他们的兴趣。因此，在分析教材时，应充分考虑学生已具有的能力基础。

第四节 分析教材的方法

一、从整体上分析教材

（一）整体分析

整体分析，就是从教材整体分析，了解教材的整体结构及其特点，编写指导思想和原则，对一个学期、一个学年、一个学段以及相邻的学段的教材进行全面分析。按照《标准》精神，分析教材的编写意图，明确物理教学的任务、总目标及分目标，把握教材的基本特点和实施原则及要求。现在我们国家实行的是"一标多本"，即一个《标准》配合多种中学物理教材，所以我们不管是分析哪一种教材，都应该能从整体上把握和分析教材的整体面貌。而要想从整体上把握和分析教材，就需要找到一个最直接的依据，前面讲到教材的编写都是按照《标准》的精神，也就是分析教材的直接依据。所以我们在整体上对物理教材进行分析的时候首先要把《标准》上的内容搞清楚。建立在对《标准》的理解和熟悉上的教材分析可以说从整体上把握了教材的经脉，为以后进行具体分析打好了基础。

比如人民教育出版社高中物理教材，除全体高中学生必须学习的必修外，其余每一册（选修）内容的侧重点是完全不同的。教师只有从总体上把握住每册教材的内容与要求，才能认识到局部内容在整体中所处的地位，认识该部分内容在知识、能力、情感等方面与其他内容之间的联系，搞清楚教材内容是怎样循序渐进地加以组织的，教材是如何按特点和内容分布的等。也只有从整体上把握了教材，才能根据学生的兴趣爱好、发展需求选择合适的教材，真正做到因材施教。

（二）分析教材的知识结构体系

教材的体系结构与学科体系结构不同，二者是有较大区别的，教材体系结构受物理学科体系结构制约，要符合学生的接受水平，按循序渐进的原则来安排。古代有《庖丁解牛》的故事，说的是一个屠夫刀法非常纯熟，表现在他宰牛的时候，刀直接在牛的骨头之间的间隔中游动，而没有碰到骨头。这个故事说明这个屠夫已经把牛骨头的整体骨架都深深印入他的大脑中了，对于牛的每一块骨骼都十分了解，刀从来都碰不到牛的骨骼。在中学物理教材分析的过程中，我们可以把教材的知识结构体系比作是牛的骨骼。我们广大物理教师都要有争当"屠夫"

的精神。就是要把所选用教材的知识结构体系都能了然于胸，在分析解剖教材的时候能够做到将课本上的知识框架都浮现在教师的大脑中。只有这样才能深刻把握知识的重点和难点，在教学中事半功倍。同时也能把整个知识结构清晰地呈现在学生眼前。

（三）整体分析教材的时候，还应该注意分析教材的编写意图和特点

教材的编写意图是指教材的编写者根据《标准》的要求，编写教材时的具体指导思想，即教材是给什么人读的，教学目的、要求是什么，按什么理论体系组织教学内容，试图体现什么风格特色等等。它决定教材的总方向，并决定教材的内容选择、体系安排，甚至语言特色、图文形式。抓住了它，就是抓住了根本。由此出发分析教材，才能从总体上把握教材，对教材的分析才能全面、深入，对教材的选择才能符合需要，对教材的处理才能准确得当。

鉴于我国地域辽阔，各地区地理位置和文化风俗不一样，所以我国的现行教材呈现多样化的形式。有的是为大多数学校和学生使用的，从观察、实验入手，注重对这些方面的能力的培养；有的是重在提高，注重培养创造性思维能力，但是对学生要求也相应较高；有的是融合了信息技术在物理学上的应用；有的是为农村学生编写的，有的是为沿海科技发达地区使用的，分别有明显的地方特色。在选择和使用教材时，首先要考虑教材的对象和编写意图。

二、从局部上分析教材

（一）要以教材的整体为背景来分析物理教材各部分的特点

从整体上把握教材，做到胸中有全局。就教材本身说，认识教材的知识结构和体系安排，明确教材内部各部分之间的逻辑关系，弄清知识的源与流、因与果，也就是弄清楚知识的来龙去脉；弄清知识的主干和枝叶、核心和扩展，也就是明确教材的重点和关键；要明确教材如何按循序渐进的原则编排，步步深入地展开教学内容。从教材外部说，要注意教材的纵向链接，即注意小学与初中、初中与高中，以及高中与大学有关课程的衔接等等；还要注意教材与其他学科的横向联系，学生学习物理需要其他学科必要的知识准备或配合，如数学工具、化学知识、语文和外语知识等。同时，物理课程的某些内容，也为其他学科做必要的准备。我们分析局部的时候不单单是为了分析教材上具体的局部，而是应该在整体结构层次全部明了的基础上再深入把握局部的知识部分。在分析教材时，应该搞清楚局部知识在教材整体当中所处的地位、作用、特点，也就是要知道局部知识和整体知识的关系。这样才能在整体教材分析的基础上，分析各个知识点或知识块与其他知识点之间的联系，分析各知识点在教材中的地位，对其他知识的学

习有什么好处。分析其对学生技能的培养、方法的掌握、科学价值观的形成有什么好处。把这些问题搞清楚，才算是局部分析的第一步。

另外，我们在以教材整体为背景分析物理教材各部分特点的时候，还应该着重以某一单元或者某一章的知识为背景来考查具体知识点的教育价值，而不是都以整个教材作为背景。在日本进行教材分析、编写教案、进行教学设计的时候都是以单元和整个一章为主要参考背景进行的。所以我们应该借鉴其优点，既要把握整体，又要抓住局部，可以说"两手抓，两手都要硬"。

（二）分析物理知识的价值

分析物理知识的价值包括要分析理论价值、应用价值、教育功能、能力价值四个方面。理论价值是指物理概念、规律的理论价值。物理概念的理论价值包括内涵、外延、作用和特点等，物理规律的理论价值包括实质、物理意义、适合条件和范围。应用价值是指物理知识转化为处理各种问题的能力。具体表现为用物理知识来分析解释生活中的一些物理现象，分析解决实际生产、生活中的有关问题。教育功能是指物理教育为政治、经济、社会发展服务的功能，也有为人的发展服务的功能，即物理教育有为社会发展服务，与人的个性全面发展服务统一的功能。物理教学过程中的教育功能应有助于学生正确的情感态度与价值观的建立，可以说是践行"从生活走向物理，从物理走向社会"的重要表现。能力价值则是指物理知识本身所含有的对人的能力发展有重要作用的因素。物理知识的能力价值包括基本物理能力和一般能力。搞清楚这些因素就相当于对教材进行了较为细致的分析。

（三）整体和局部

整体和局部是相对的、分层次的。整个中学教材是整体，初中、高中则是局部；高中教材是整体，力学、热学、光学、电和磁每个大部分则是局部；力学作为整体，各章就是局部；对一章来说也有整体与局部的关系等等。运用整体与局部结合的分析方法，对于各层次都适用，应当逐层深入，按照教材结构进行分析直到每一节、每一个概念和规律。它们本身及它们在整体中的作用都弄清楚了，对整体的认识和把握也就更深入一步。实际上就是经过这样的分析和认识，才能形成对教材整体结构的认识。

三、把知识、方法、能力的分析结合起来

物理学的理论知识体系、物理学的思想和方法是物理学发展中的灵魂，物理教学效果的好坏，也在很大程度上取决于是否使得学生学到了物理学的思想和方法。而能力是在掌握知识和运用一定方法的基础上发展起来的，它又影响和制约

着知识的掌握和方法的运用。能力一旦形成，就具有了开发新知识，创造新方法的本领。可见，在教学中，不仅要传授具体的学科知识，还伴随有方法的传播和能力的培养。而这些在一本好的教材中必然有所体现，并能做到三者的有机结合。

简单说来，物理学不仅是具有实验性、理论性并应用广泛的一门基础科学，也是一门带有方法论性质的科学，物理学的发展过程贯穿着科学方法论与物理思想的发展。任何物理学内容，无不具有实验基础、物理学的思维方法和数学表述这三个基本因素，也正是这三者的完美结合，物理学才能与其他自然科学和技术一起，发展成为推动人类社会前进的巨大生产力。同时，在物理知识的结构中也包含了方法和能力的因素，教学中，离开了方法的传递和能力的培养，知识传递最终也将落空，但方法和能力并不能在知识教学中自然获得，必须有意为之。因而，在分析教材时，应注意使知识、方法、能力的分析相结合，注意挖掘教材中所包含的方法和能力因素，并在处理教材和进行教学时充分体现出来。

比如，在对某一概念和规律引入时，注意教材如何从物理实验或事实基础上进行归纳总结，如何展开对观察能力、动手实验能力、运用数学工具能力的培养，注意在教材结构中是否融入了对问题分析和思考的正确方法，又是如何体现的等等。

再比如，在物理学中常用的一些分析、研究问题的方法，如实验归纳法、理想模型法、假设—推理—论证法等，在教材结构中是如何渗透和体现的，如何选取最恰当的内容和时机进行介绍和训练等，都需要在分析教材的时候给予充分的注意。

分析价值的目的是为设计教学的三维目标服务的，可以说教学目标是教材分析的体现。包括：（1）理论价值。包括物理概念、规律、实验、习题、应用等内容，其理论价值各不相同。（2）能力价值。指教材内容在培养学生能力方面所发挥的作用。（3）应用价值。指物理知识的实际应用。（4）教育价值。指情感、态度和价值观方面的教育素材。

分析其他教学资源的价值。一是分析教材中提供的教学资源栏目，如科学世界、物理在线、走向社会、家庭实验等；二是新开发的教学资源，如 STS、本土化问题研究等。

四、结合教材的目标要求来分析教材

在物理教材分析中，根据物理课程标准和物理教学大纲的要求，结合学生实际，要把教材目标分为知识与技能目标、过程与方法目标、情感态度与价值观目标。

知识与技能要求的确定，即是对知识的理论价值和应用价值的要求以及能够运用操作它们的技能。中学物理知识大体可分为三类：一类是重点知识，一类是重要知识，一类是一般知识。那么，划分这三类知识的主要依据是什么呢？

首先，要考虑具体知识在整个物理学中所占的地位。一般来说重点知识应该是物理学中那些主干的、关系全局的、有生命力而活跃的知识。从大的方面来看，力、能、场、波等概念在整个物理学中都占有重要的地位，因而由这些重点所派生的概念，如浮力、功和功率等，在具体章节中往往也处在重要地位。从某种角度来看，最基本的概念和规律往往形成重点，如力学部分中力的概念、惯性和惯性定律、密度、液体压强公式、阿基米德定律等就是重点。

其次，编写者要看知识应用的广泛程度。有些物理知识，在整个物理学的知识体系中虽不处于重要地位，如直流电的知识，但它们有较高的应用价值，跟日常生活和生产实际联系十分密切，考虑到这类知识对学生毕业后参加社会主义现代化建设有较大作用，因此，有时也可以划分为重点知识。

再次，要看学生的知识基础。物理教学需要在学生具有一定的数学水平和准备知识的基础上进行。在这一点上，物理教学比某些学科更为突出地依赖一些数学工具和准备知识的积累。因此在确定知识的分类上也要考虑这个因素。如原子物理学在整个物理学中占有重要的地位，但由于它研究的是物质的微观属性，深入学习需要较多的基础知识，中学生不具备这些基础知识，因而中学阶段无法深入展开，只能做些简单的定性介绍。如动能和势能的概念本身就是物理学中的很重要的基本概念，但初中不可能展开，因而只做初步介绍。

对于不同类别的知识在教学中应有不同的要求。凡属重点知识都应该达到牢固掌握、熟练运用的程度。所谓掌握，应当包括领会和巩固两个环节。教师即使把知识都教给了学生，但这些知识并不一定能成为学生的，必须经过学生自己领会、思维加工，才能被其自身理解和消化。但仅有领会这个过程还不够，因为随着时间的推移，知识还可能得而复失，因而必须经过巩固的环节。巩固就是要针对人的遗忘规律，不断地对知识进行强化，向遗忘作斗争。只有经过了领会和巩固这两个环节才可以达到掌握的程度。知识的运用体现了知识的应用价值。在应用知识的过程中，一方面要用知识来分析和解决问题，另一方面通过应用也使得知识得到深化和强化。重要知识有的也要达到掌握的程度。它和重点知识相比存在着程度上和定量要求上的差别，有的只要求领会或理解。重要知识和重点知识在教学处理中要统筹安排、互相配合。一般知识具有扩大知识面或者为重点知识提供背景的作用，它要求学生了解或知道，一般没有定量的要求，也不强调知识的系统性与完整性。

物理教学不仅要让学生获得牢固的基础知识，更要培养和促进他们能力的发展，因此要求教师要认真地分析教材中知识的能力价值。所谓知识的能力价值就是指知识本身所含有的对人的能力发展有促进作用的因素。要分析知识的能力价值，首先必须认识知识的能力价值的特殊属性。知识的能力价值具有隐蔽性，它凝聚在知识中，因而掌握了知识，不一定就发挥了知识的能力价值。知识的能力价值没有一定的范围，不像知识本身那样有一定的内涵和外延，但知识的能力价值却是可以发现的，而且它还具有结构性和等级性，即它有自己独特的结构，这个结构往往带有方法论的意义。相同的知识内容，由于不同的结构，其能力价值就不同，这种不同常常表现为不同的类别和不同的级别。

　　知识能力价值的发挥，主要在于挖掘。如对初中力学中力的概念，如果教学中注意力仅仅放在知识上，只着眼于如何使学生知道力的概念，则不能很好地培养能力。其实，在力的知识的教学中可以挖掘出不少发展学生能力的因素，但这种因素表面上是看不出来的，常常要和教学过程相结合才能发挥作用。比如在讲授力的概念时，先举出一些实例，如两个学生相距较近相互推、提起重物，手握握力计、拉弹簧测力计等，并从这些推、提、压、拉产生力的不同动作中找出它们的共同特点来，即都必须有物体，而且单独一个物体不会产生力，力是物体对物体的作用。这样通过力的概念的学习，就会逐步培养学生从物理现象和物理实验中分析、归纳事物的共同特征的能力。如果教学中让学生运用力的概念来分析、解释生活现象和自然现象，就可以使学生逐步学会运用物理概念来分析各种具体现象的能力。在注意发挥知识的能力价值时候，除对知识本身的能力因素深入挖掘外，更要注意提供知识转化为能力的条件。因为能力是一种个性的心理特征，是在动态中形成的，因而教学中要特别重视知识的形成过程和知识的运用环节。如在实验课中，如果不是让学生做实验，而是由教师讲实验，或者给学生提供详细的实验手册，只让学生按空填数，毫不动脑，这样就不能提供使知识转化为能力的条件。把培养能力的过程简单地变成传授知识的过程，这显然是不可能培养学生能力的。如何通过物理教学向学生进行思想、情感、态度、价值观教育，这是我们分析教材时的另一项重要任务，也是物理教学的另一个重要功能。对于这一点首先要提高教师的自觉性，认识到它是物理教学自身的一项要求，也是每个教师义不容辞的责任。在物理教学中向学生进行辩证唯物主义教育是思想教育的重要内容，进行辩证唯物主义教育，就是要用辩证唯物主义的观点和方法来讲述物理知识，使学生在理解知识的同时受到教育。辩证唯物主义教育主要应该体现在：在教学中渗透世界是物质的，物质是不断发展变化的，这种变化是有规律的等观点。爱国主义思想的教育也可以很好地在物理教学中体现。这种教育应该从教材的实际出发，反映我们中华民族不论是古代还是现代都对人类科学的发展做出了贡献，以增强我们的民族自信心和自豪感。凡是把科学献给祖国的人，不论是中国人还是外国人，他们把科学奉献给自己祖国的现身精神都应该成为爱国主义教育的内容。教师还要注意在物理教学中培养学生相信科学和热爱科学的精神，培养学会尊重事实、实事求是的科学态度和良好的学习习惯，这对他们今后的学习和一生的事业都是至关重要的。将诸如上面所论述的有关情感、态度、价值观的教育融入和渗透到物理教学中的方法，也成为中学物理教材分析方法的一个重要组成部分。

五、探究认知法

当前，基础教育课程改革正在不断深入发展，教育的改革强调转变学生的学习方式，突出科学探究。许多一线教师为此付出了巨大的努力，取得了一定的成果，但也发现了许多问题，笔者认为主要是：（1）自主探究激发了学生的主动性和积极性，虽然课堂活跃起来了，但对知识的掌握并未达到预定的目标。（2）强调探究学习，如何看待教师在以前教学中积累起来的经验？学生原有的知识起什么作用？学生怎样学习系统的知识？这两个问题是如何处理探究和建构的关系问题。笔者认为，强调科学探究，不是不要建构知识，而是要把这二者有机地统一起来。从知识产生的本质来看，科学探究和知识的建构是一个统一体的两个侧面，课程标准中强调的科学探究是知识建构过程中外显性的可操作的侧面，同时应伴随着内隐性的思维活动过程，即学生认知结构的发展和建构。

什么是探究？从广义上来看，探究是人们在遇到有兴趣的问题时自发产生的一种探求其答案和伴随而来的一系列思维和行为方式。探究是由好奇心和求知欲引发的，是由内在动机驱动的。

探究始于感兴趣的问题而终于问题的解决，探究过程既是求知的过程，又是创新和实践的过程。因此，各学科的课程改革都注重探究性学习，实质上就是注重学生学习的内在动机，注重学生的创新意识和实践能力。当前的课程改革强调科学探究，将促进科学探究的理解和培养学生的科学探究能力作为课程目标之一。什么是科学探究呢？科学除了具有上述探究的一般特征外，还具有其他特征，那就是科学家群体在长期探索的过程中所形成的有效的认识和实践方式。

其中最重要的是科学思维方式，即我们通常的科学思想方法。当代科学哲学认为，科学有固定的模式，有一些可辨别的要素，即提出科学问题，建立假设，搜集证据，提出模型，评估与交流等。在物理课程标准中，对科学探究提出了两方面的要求：一方面，根据探究要素提出了对学生科学探究的要求；另一方面，将学生的科学探究作为较为科学的学习方式，试图改变传统的教学模式。这两种要求都涉及不同领域的技能、方法论、观念等多方面、多层次的问题和不固定的模式。因此，在实际教学中绝对不能将要素程式化，不能将探究教学模式化，但也不能对学生的探究过程放任自流。这就需要采用多种教学方式将探究与知识的建构统一起来。书上的科学知识代表着科学家群体对自然现象和规律已经达成的共识，学生看书则是与科学家们的交流过程，如果学生最终接受了科学的认识，学到的知识就是群体建构的结果。这种对学习的解释得到了大量国内外科学教育研究成果的支持。研究表明，学生学习科学知识的过程不是将现有的知识灌输进学生头脑中的过程，而是在原有认识的基础上自主建构知识的过程，学生的原有认识和认知冲突在建构过程中起着十分重要的作用。长期以来，在我国科学教育领域中教学的指导思想是"启发式"。"启发式"教学的出发点是学生的原有状态，"不愤不启，不悱不发"，"愤"和"悱"描述的就是学生思维中存在的认知冲突，要求教师根据学生的状态进行教学。我国的科学教师在"启发式"教学思想的指导下，创造和积累了丰富的教学实践经验，这些经验之所以成功，就在于注重引导学生自主建构知识。如果我们深入考察和比较启发式教学的成功案例，就会发现其共同特征是符合学生认知规律的知识建构过程。而我们传统教学中存在的问题是对科学探究的忽视，科学过程在教学中缺乏应有的地位，偏离了使学生科学素养全面发展的教育目标。新一轮基础教育课程改革提出了完整的三维目标体系，三维目标的发展过程应当是统一的。因此，在教学实践中将科学探究过程与知识的建构有机结合起来，是当前物理课程改革中迫切需要解决的一个关键问题。

六、教材结构法

物理教学中的结构分析法是用结构观点来分析中学物理教材的方法。包括分析教学目标、教材内容、教法，运用这种方法分析教材不仅可使学生了解物理学科的特点和知识结构，也可使学生轻松地、融会贯通地掌握物理学科中的基本知识，提高分析问题、解决问题的能力，同时使学生获得好的学习，从而提高教学质量。结构分析的目的不仅要剖析教材总体布局和章节基本内容的配置情况，还要根据教学目标与学生认知水平安排教学过程与教法。

七、栏目分析法

新教材给我们提供了许多栏目，可以让教师自行选择教学内容，也可让学生选择学习内容。具体有：阅读指导、想想议议、探究、想想做做、动手动脑学物理、科学世界、演示、小资料、STS、我还想知道、问题与联系、思考与讨论、科学足迹、探索者、科学漫步、课外读物、网站、课题研究、大家做、实验广角镜等栏目。这些栏目都有各自的特点，在教材分析过程中应该充分重视这些栏目的重要意义，我们将在后面章节进行讨论。

八、列表分析法

在对教材分析时，有时难免要将上面的依据、方法、原则都照顾到，所以教师可以采用编制量表的方法来分析教材。教师在分析教材的时候将量表上的空白处填写分析的内容，这样，就保证了分析教材的顺利进行，而且严格按照前面所讲的内容。

但是编写这样的量表，需要我们对一般的教材首先进行分析和研究，来确定一张量表。这样在以后的使用中，就可以将其反复使用和扩展。它和下面所讲的图示法要结合使用。但是应该指出的是，利用列表分析法进行教材的分析和研究的过程中，难免阻碍了教师的创造性，因为表上已经将所需分析的内容全部列出，教师思维上受到定势阻碍，不能将思路拓展，往往会限制教师的一些教学灵感。

另外，在利用列表分析法的时候，我们要注意对不同类型的内容选择不同的量表，比如在概念、规律、探究性实验、演示性实验、学生实验等教学的过程中，就使用了不同的量表。教师可以自己设计，也可以参考本书第四章列出的量表来进行教材分析。

九、利用知识可视化图示来分析教材

知识可视化是在科学计算可视化、数据可视化、信息可视化基础上发展起来的新兴研究领域，应用视觉表征手段，促进群体知识的传播和创新。

已有的知识可视化方法有：概念图（Concept Map）、思维导图（Mind Map）、认知地图（Cognitive Map）、语义网络（Semantic Networks）、思维地图（Thinking Map）等。

利用知识可视化图示来进行教材分析的最大优点就是能够迅速帮助广大教师把握和领悟教材编写的意图和整体框架。而且在此基础上，可以最大限度地细化分析教材的过程，教师可以在某些教材的细节上进行扩展和深入探讨，甚至在分析教材的时候可以把分析教材的图示变成上课的流程图，放在教案的前面或者后面从而大大提高教师的工作效率。另外，教师可以利用自己分析教材得到的图示与其他教师进行比对、参照、互相取长补短、交流心得和体会。在整个过程中，教师还可以对教材进行创造性的分析，结合头脑风暴法来进行分析和研究。关于这方面的内容，我们将在下一章进行详细的介绍和说明。

在利用上述图示进行教材分析的时候，教师没有必要而且也不需要把每种图示的区别和联系都搞清楚，而是要将其融会贯通，甚至自己设计一些图示造型来进行分析教材，从而形成自己的独特风格。将其放在教师所写的教案中，不仅能提高工作效率，还可以给教案增添几分美观。将这些平时分析教材所画出的图示进行积累也将会成为教师丰富自我的教学经验和心得。

十、解释结构模型法（简称 ISM 分析法）

这种方法是用于分析和揭示复杂关系结构的有效方法，它可将系统中各要素之间的复杂、零乱关系分解成清晰的多级递进的结构形式。当我们分析的各级教学目标不具有简单的分类学特征，或者其中的概念从属关系不太明确，也不属于某个操作过程或某个问题求解过程时，要想通过上面所述的几种方法直接求出各级教学目标之间的形成关系是很困难的，这时就要使用 ISM 分析法。

这种分析过程（包括生成目标层次分类表和求出目标形成关系图）由于步骤明确、可操作性强，很容易转换成计算机的算法，用某种程序设计语言去实现，从而使教学目标分析的效率得以提高。有兴趣的读者可以结合后面内容进行深入研究。

第五节　中学物理教材分析的一般步骤

在中学物理教材分析的时候，我们建议大家用从整体到局部的方式来分析。具体包括四个步骤，即"泛读—通读—细读—精读"的过程。

一、分析教材之前广泛阅读有关材料，明确课程的地位和任务

这里所谓的"泛读"是指在进行物理教材分析时，阅读物理课程标准、教学参考书，阅读化学、数学、大学物理等有关教材及有关期刊等。要通过这些资料的阅读，明确中学物理课程在整个中学教育中的地位和任务，明确物理知识在各个教学阶段"螺旋式"上升的情况，明确物理课与其他教学科目之间的联系。

通过"泛读"教师深入了解了课程标准，就能使教材分析既遵循教材又不局限和拘泥于教材，全面深入地领会教材的编写意图，落实中学物理教学的各项任务。通过"泛读"教师可以了解低一级和高一级物理教材的内容，就能为本阶段的物理教学选择一个恰当的起点和切入点，实现将本阶段内容与前一阶段和后一

阶段教学内容的顺利衔接。通过"泛读"教师了解了化学、数学等相关学科的内容和进度安排，就可以更好地确定物理教学的重点和难点，合理地安排物理教学内容的次序，选择合适的物理习题。尤其是一些物理知识和习题的学习和计算都要建立在数学工具的运用上，教师必须了解学生所处的数学学习水平才能更好地有的放矢。

在进行任何一项学习活动的时候，都要进行适当的准备工作，其中一个重要的内容是进行相关知识的储备和收集。因此，在进行中学物理教材的分析之前，教师也应该"泛读"相关材料，进行一些知识的储备，并且明确课程的地位和任务。这一过程不必专门花费太多的备课时间，而应该渗透到教师工作、学习、生活的各个方面，甚至在休息的时候，在看报纸和与同事聊天的时候进行。我们这里想向大家推荐参阅的书籍有：（1）物理课程标准、教学参考书；（2）大学物理、初（高）中物理教材；（3）化学、数学等教材及有关期刊（诸如《中学生数理化》和《物理教师》）等。

二、通篇浏览整个教材，对教材有一个整体认识

所谓"通读"是指中学物理教师阅读所教全部初中或高中物理教材。在这一过程中，它不要求对教材的每一个细节都进行研究，而是通过对全部教材的阅读，了解整个教材的基本内容、知识体系、结构特点以及各部分知识之间的内在联系和逻辑关系，并且搞清楚教材内容是怎样循序渐进地加以组织和编排的，并结合课程标准的精神，分析教材的编写意图、内容选取、程度要求、风格特点等。掌握这些信息，对教师指导教学是十分必要的。如前面章节的知识涉及后面的知识的时候，我们就可以将后面章节的知识简单介绍和引入，让有兴趣的同学进行翻阅，从而激发学生的学习兴趣。

另外，当今课本基本上都是图文并茂。我们在通读整个教材的过程中，可以充分挖掘教材上图片和示意图的作用。具体做法是阅读过程中，并不是将每个字句都通通浏览，而是直接阅读和浏览书本上的各个示意图、简图和文本框中概念的叙述。考虑到我们物理科学本身在很大程度上是一门数字、公式和图形相结合的学科，这样一些习题也配有示意图。在实际教学中，我们常发现一些有多年教学经验的老师在进行备课过程中，总是看到图形就知道其基本的题意。所以，我们在进行中学物理教材分析的过程中，也应该能够培养自己通过看图和识图来把握教材基本意图的能力。同时，这一能力也可以用到教学中，充分把握图形的能力可以将教师教学和学生学习的效率提高很多。

在清楚教材内容，了解课标要求的基础上，弄清楚教材中五个方面的问题：

(1) 全教材的意图。
(2) 全教材内容的大体安排顺序及特点。
(3) 各部分教材内容的地位及作用。
(4) 教材内容的知识结构体系。
(5) 各部分教材内容的知识类别。

三、仔细阅读每一部分教材，进行整体分析

"细读"是在通读的基础上，对物理教材中的某一具体部分（通常指一部教材或联系比较密切的两三章教材）进行深入和有效的研究，从整体上对该部分教材进行分析。通过分析要搞清楚以下几个方面的问题：（1）该部分教材中知识的逻辑结构是什么样的，这些内容是如何进行连接和贯穿的；（2）该部分教材中的重点知识和难点知识都有哪些内容以及能力培养因素有哪些；（3）该部分教材知识在生活、生产、科学技术、社会中有哪些重要的实际应用，并能举出几个实际案例；（4）该部分教材中包含了哪些让学生体会科学方法和科学研究过程的因素；（5）该部分教材渗透了哪些思想教育、情感、态度和价值观的因素；（6）该部分教材的地位和作用是什么。

在"细读"的时候，我们建议大家结合物理学史上发生的一些重要事件和相关的趣事进行备课。因为通过"细读"这一部分的知识，我们可以大体上把握这一部分所涉及的物理学史发展的时期和特点。在实际教学的过程中，我们可以通过物理学史的相关知识来增强学生学习物理的兴趣和欲望。这方面知识可以通过平时多积累物理学家的人物传记、科学思想发展历史、科学家的逸闻趣事等相关内容来扩展。

仔细阅读全章教材，对全章教材进行分析，划分若干单元，在了解各单元知识结构特点的基础上，对全章教材进行综合分析，搞清全章教材内容的特点及知识结构体系；明确本章的基本知识和基本实验；找出本章的重点、难点知识；搞清楚本章教材在整个物理教材中的地位及作用。

四、精读品味每一节教材，进行具体分析

所谓"精读"是在"细读"的基础上，对物理教材中的某一节进行深入钻研，分析每一段，研究每一句，斟酌每一词与每一字，细致、具体地分析教材。精读时应做到以下几点：（1）透彻理解该节教材中的全部知识，深入了解该节教材所述内容的背景材料，要站在大学物理的高度理解教材知识，要能解答该节教材中的疑难问题；（2）弄清本节教材在整篇教材或整个物理教材中的地位，课程

标准对与其相关内容的具体标准是什么；(3) 找出本节教材中所蕴涵的学习心理特点，学生学习时易犯的错误及其原因、难点的成因及其突破方法；(4) 分析本节教材的教学特点和讲清知识的关键，选择合适的教学策略、方法，设计教学过程，进一步考虑如何通过知识教学培养学生能力和对其进行思想教育等。

在"精读"的过程中，我们需要综合考虑各种教学模式和方法。对于如何根据教材分析进行教学模式和方法选择，我们将在第六章进行专门的阐述和说明，在这里我们还应该强调在"精读"的过程中，教师头脑里还应该时刻有一种理念，就是如何根据课本上的内容和编排设计思想来开发出一些具体生动的实验。这些实验不一定是由专门厂家生产的专业实验器具，而应该是广大物理教师因地制宜结合本地区和学生实际的生活环境来自行开发和设计的实验。而且在这一过程中，应该考虑让学生自己动手设计和进行一些实验，一方面培养学生的动手能力，另一方面加深他们对知识的理解和消化，使他们在不知不觉中锻炼自己的创造能力，这方面的知识可以参看"非常规"物理实验及其相关内容。

精读每节教材，参阅有关教学资料，做好对每节的分析研究，分析每一句话、每一段内容的基本含义，研究每一个概念和每一条规律的来龙去脉，分析教材中影响学生科学素质的因素。

五、总体检查，查漏补缺，借鉴他人长处

在上面的步骤结束之后，还应该对整个分析教材的过程进行总体检查，想想看自己是否有遗漏的地方。如果没有发现有什么遗漏的地方，那么就应该拿着自己的教材分析和其他教师的教材分析进行对比和研究，来借鉴人家的长处，弥补自己的短处。当然，这个教材分析可以由教师自己备份，以便在今后的备课过程中进行适当修改和完善，来达到积累教育资源的目的。

第六节　中学物理教材分析的基本要求

在对中学物理教材分析的时候，不是无拘无束的，而是有一定的基本要求，只有按照这些要求来进行，才能最大限度地保证中学物理教材分析的有效性和科学性。

一、依据《中学物理课程标准》的理念，分析教材的编写意图和教材的特点

根据《中学物理课程标准》的要求，例如初中物理教学，要以观察、实验为

基础，分析一些简单的、基本的物理现象，初步掌握一些物理概念和规律，并了解这些知识的应用。初中学生开始学习物理，要特别注意培养学生学习物理的兴趣和养成良好的学习习惯。我们对中学物理教材进行整体分析，要把握住这些前提，并且将这些要求作为教学研究和教学设计实施的背景。这样，我们才能够对教材分析得全面深入，在教学处理中才能够符合初中物理教学的要求。现行初中物理教材是按照大纲的要求编写的，了解教材的编写意图和特点，有助于我们从整体上把握教材，更好地发挥教材的优点，克服教材的缺点和不足，有助于我们以整体为背景来分析和处理各部分教材。有些教师只重视教材中个别讲法如何，不重视了解教材的编写意图和特点，结果往往是"只见树木不见森林"，思路不开阔，讲起课来照本宣科，教材的优点不能发挥，教材的缺点不能弥补，因而教学质量得不到提高。

二、分析和挖掘情感态度与价值观因素

新课程背景下，物理教学的重要任务就是对学生的情感、态度、价值观等方面进行全面培养。利用物理教学进行马克思主义唯物论和辩证法的教育是其中一项重要内容。物理学研究的是关于物质结构、物质相互作用和物质运动的最基本、最普遍的规律，物理学的规律是在自然界中普遍起作用的规律。恩格斯说："世界的真正的统一性是在于它的物质性，而这其中物质性不是魔术师的三两句话所能证明的。"中学物理教材生动地证实了恩格斯这个著名论断。大至宇宙星系、天体运行，小到分子、原子、稍纵即逝的微观基本粒子，从力学、热学、电磁学到光学、原子物理、量子物理等各个部分内容，以及新的星系和新的超微观粒子的不断发现，无不证实自然界统一于物质。我们给学生讲授的正是各层次结构上的物质和物质的多种形式的运动及其规律性。用物理教材中的丰富内容来阐明马克思主义唯物论，有益于学生确立正确的自然观和世界观，培养他们热爱科学、求实严谨的作风。

进行爱国主义教育也是一项重要内容。我国是文明古国，勤劳智慧的人民创造了灿烂辉煌的文化，涌现了无数可歌可泣的爱国志士。中国的四大发明、张衡的浑天地动仪、李时珍的《本草纲目》、祖冲之的圆周率、先秦兵马俑等科技文化珍品在世界上光彩夺目。新中国的诞生，像磁石一般，吸引着海外许多炎黄子孙归国，他们排除种种干扰，历尽艰辛，全力以赴报效祖国，他们的爱国壮举、思乡情怀催人泪下。航空工程和空气动力专家钱学森从1950年起就要求回国报效新生的祖国，但是美国当局百般阻挠和迫害，没收他的书籍，诬蔑他是"间谍"，对他审讯、监禁，并将他关押到一个岛上，对他进行惨无人道的折磨和迫害，仅

半个月，他体重就减轻了30磅。后来虽被科学界知名人士保释，但他的办公室、住宅、信件、电话等都受到严密检查。这样被整整迫害了五年多，他没有屈服，终于在1955年获准回国。当接到可以离境的通知时，他激动得热泪盈眶。华裔物理学家丁肇中力排美国政府的阻挠，登上诺贝尔授奖台，用汉语做了一次激动人心的演讲，2000多名来宾为之震撼。这是1901年诺贝尔奖问世以来，500多名获奖者中第一次用汉语在这里演讲，他在这科学圣殿抒发了中华民族子孙的民族自豪感。同样，《墨经》早在2400多年前就较为详细地记述了光学现象，讲述了本影和半影，解释了小孔成像的原因，讲述了反射现象，介绍了平面镜、凹面镜与凸面镜成像规律等，在世界光学史上占有十分重要的地位。墨家比阿基米德早200多年就知道了等臂杠杆的平衡条件。

结合教材和科学家的爱国情怀以及我国科技文化的辉煌成就，向学生进行生动具体的爱国主义和民族气节的教育，无疑将震撼学生的心灵，培养学生的道德情操。

又如在高中《物理·选修3-3》第24页的"能量守恒定律的建立"中，英国物理学家焦耳在极其困难的条件下经过40多年的实验研究，先后做了400多次实验，才测定了热功当量的值，为能的转化和守恒定律建立提供了坚实的实验基础。《义务教育课程标准实验教科书物理·九年级全一册》中第十二章"运动和力"，伽利略面对亚里士多德的绝对权威和在国内受迫害的危险，通过对抛体自由落体力学的研究，勇敢地否定了亚里士多德传统的物体运动观，全面奠定了动力学的基础。伽利略还通过实验研究发现了惯性定律，为经典力学的建立打下了坚实的基础。这些都是很好的德育素材。

一个学生良好意志、品质的形成，需要社会、家庭、学校诸多方面的教育和训练，而物理教学则是形成良好意志品格的十分重要的环节。物理教材中所阐述的自然科学原理都是自然科学家优秀意志品格的结晶。经常介绍这些科学家为了获取成功，为了追求自然奥秘，而表现出来的优秀的个性心理品格，对学生将起到潜移默化、优化心理素质的良好作用。坚忍不拔、刻苦勤奋是所有科学家的共同优点，是事业成功的保证。正如高中《物理·选修1-2》第45页叙述，居里夫人用10年时间，不分寒暑，不分昼夜，不停地处理30吨铀矿渣，终于得到0.1克镭；法拉第历时10年，经过几百次实验，终于发现电磁感应现象。

勇于创新、善于创新是科学家不断获得成功的关键。正如高中《物理·选修3-4》第十五章中所说，爱因斯坦敢于突破牛顿"绝对时空观"的框框，导致相对论的诞生。库仑扭称实验利用相同的小球相接处而电荷平分的原理，巧妙地解决了电荷与库仑力相互关系的问题。伽利略的理想斜面实验与大小石头自由落体运动的绝妙分析方法，被爱因斯坦称为"是人类思想史上最伟大的成就之一，而且标志着物理学的真正开端"。相反，普朗克提出的量子假说，突破了经典物理思想的束缚，开拓了现代物理理论的绝对权威，但是他妥协了，他力图修改自己的假说，使之不至越传统理论的框架。他为之苦恼了15年，最终还是放弃了自己的新假说，这成为科学史上的一个悲剧。

三、分析教材的知识结构、体系和深广度

教材体系或教材的知识结构与物理学科体系有所不同，它不仅受学科体系所制约，而且要符合学生的接受水平，按照循序渐进的教学原则来安排。同一内容和程度的知识，可以有不同的安排，即不同的教材体系。要从整体上把握教材，必须清楚地认识教材的体系或知识结构，明确各部分知识的逻辑关系，明确教材是怎样按照循序渐进的原则来编排的，教材内容是怎样一步一步来展开的。把握住教材的知识结构，才能更好地分析各部分教材，才能对教学提出更高的要求，即根据教学实际和自己的经验，重新组织教材体系，进行教学改革，提高教学质量。现行初高中教材是按照力学、热学、电学、光学、原子物理的次序来安排的，但这并不是中学物理教材唯一可行的体系。特别是初中，由于内容浅显，较少受学科体系制约，根据循序渐进的教学原则，可以考虑不同的安排。

在教材的结构上，通常有两种组织方法：一种是直线式，即把整个初高中教材组织成一条在逻辑上前后联系的"直线"，前后教材基本上不重复；另一种是螺旋式，即教材内容在初高中不同教学阶段逐步扩大范围，加深程度。现行中学物理教材是按照螺旋式结构编写的，因而学生对物理知识的学习在初高中有个反复过程。针对中学生的特点，这样做有一定的优越性。但同时要注意初高中教材之间的联系和衔接，避免不必要的重复。考虑到学生初中毕业后并不都升入高中，有一部分人要直接参加工农业生产，因而现行初高中教材各自形成了一个比较完整的体系。分析初中教材，既要分析教材本身的知识结构，又要注意初高中教材的联系，以及小学自然课的知识准备，这样，我们才能更好地认识初中教材，在教学中给予正确的处理。

初中物理教材主要是对一些简单的物理现象和过程作定性的研究，只对某些基本的、重要的物理定律如阿基米德定律、液体的压强、热平衡方程、欧姆定律等作适当的定量计算。分析教材，一定要注意分析和掌握教材的深广度。讲深讲透是有条件的，不能片面地一味追求深、广、全，而任意加深教材。这样做，学生不能很好消化，加重了学生负担，不利于学好知识。

四、要以整体为背景，分析各部分教材的特点

教材是一节一节编的，课是一堂一堂讲的，因此在分析教材的时候，往往易于把着眼点放在对局部、具体问题的分析上，而忽视对教材整体的把握，这样就难于看到知识的背景和发展变化，难于看到各部分知识的联系。所以在分析教材时要特别强调从整体和局部两方面入手，使其互为背景，真正掌握知识的来龙去脉，明确各部分教材的特点、地位、作用。

如初中物理教材中，力的概念是整个教材的重点。但若不是把力放在整个初中物理教学这个大的背景下去分析，而只限于一章一节的范围里，孤立地进行分析，就不可能很好地认识这部分教材的重要性，也不可能恰当地掌握这部分教材的要求。如果从教材整体来分析，就不难看出力的概念贯穿于整个初中物理教材始终，它关系到运动和力，压力和压强，浮力，简单机械，功和能。这样一来就会使我们增强对这部分教学的认识，看到教材的发展和联系，认识到力的概念在中学物理教学中是逐步扩展和加深的。处理教材时才能掌握住分寸，而不是试图毕其功于一役，想一次完成对力的概念的教学要求。

掌握了整个的知识结构，再深入钻研每部分教材，能更好地掌握教材的要求和发展。为了看清知识的整体结构，常常用结构图表的形式来表示教材的知识结构。

五、要明确教材的目的要求，分析教材的重点与难点

在前四个方面分析的基础上，从全面和局部的不同角度把握了教材的地位和作用，就便于确定教材的重点。教材重点的确定主要是由教材本身的性质和功能决定的。考虑到中学物理教学的基本任务是要学生系统地掌握物理学基础知识，因此一般地说教材的重点都是基本物理概念、基本物理规律和物理学基本研究方法（包括基本实验原理与方法）。

教学难点则是根据教材的特点和学生学习物理的思维规律和特点决定的。确定教学难点一定要从学生实际出发，重视对学生学习心理的分析，重视思维障碍的表现与成因。重点并不一定都是难点，难点从知识的重要性角度看也不一定都是重点。确定二者的依据不同，因而处理方法也不相同。关于重点和难点，在本书后面将要展开讲解。

六、要在分析教材的基础上，酝酿设计合理的教学过程和确定教学方法

设计教学过程、确定教学方法是要根据教学中的多种因素来决定的。其中最

重要的是教学目的、教学内容、师生状况和教学条件与手段。对这些因素既要进行具体分析，又要注意各因素的相互配合，进行综合优化处理。可见只有在对教材进行深入分析的基础上设计的教学过程，确定的教学方法才是可行的、可靠的，这正是我们进行教材分析的意义所在。

七、通过分析教材的重点和难点来分析教材

重点知识是指"具有既广泛而又强有力的适用性知识"，是那些主干的、基本的、关系全局的、有生命力的、应用广泛的知识。难点知识是指学生已有的知识和新授知识之间衔接不上的地方，难点是相对的，它与学生、教材、教者有关。重点知识不一定是难点，难点知识不一定是重点，因其确定依据不同，导致处理方法的不尽相同。

（一）确定教学目标、教学重点难点的作用

教学目标、重点、难点正确与否，决定着教学过程的意义。若不正确，教学过程就失去了意义；若不明确，教学过程就失去了方向。在物理教学活动开始之前，首先要明确教学活动的方向和结果，即所要达到的质量标准。因此教学目标、重点、难点是教学活动的依据，是教学活动中所采取的教学方式方法的依据，也是教学活动的中心和方向。

可见教学目标、重点、难点，对教与学的双方都具有导向作用、激励作用和控制作用。

（二）物理教学目标、教学重点、难点的特点

物理教学中的教学目标与原来常用的教学目的是不完全相同的，而且存在很大差异。

教学目的是指通过物理教学使学生达成某一质量规格的总的规定。它指明了学生应在物理知识、能力和物理素质方面所要达到的水平。教学目的的确定主要依据教学大纲和教材要求。其着眼点是教师的教，因此它是一个一般性原则。

教学目标是指通过有计划的物理教学过程与学生活动所要实现的教学成果。它是制订物理教学计划、课程编制、教案设计以及评价教学效果的标准。教学目标的确定除依据教学大纲和教材要求外，更主要的是根据学生的实际水平。注意教师教的同时，更要着眼于学生这个主体。因此它更具体，深广度更明确，操作性更强。

可见，教学目标与教学目的比较起来具有：整体性——概括整个教材，教学理论与教学内容有机结合；合理性——根据当地或班级学生的实际水平而确定；可行性——经过师生的共同努力能够实现；明确性——掌握什么知识，发展什么

能力，达到什么水平目标明确；易操作性——目标明确具体，对教与学的双方及时调控，操作容易。

[思考与练习]

1. 简述物理教材分析的意义。
2. 物理教材分析的直接依据是什么？
3. 物理教材分析的原则有哪些，对其中一条原则进行举例论证。
4. 列表举出分析教材的方法有哪些，各自有什么特点？
5. 请用流程图来表示中学物理教材分析的一般步骤，体会流程图的优点。
6. 分析教材的基本要求有哪些？

[本章小结]

怎样进行中学物理教材分析
- 中学物理教材分析的基本要求
  - 依据《中学物理课程标准》的理念，分析教材的编写意图和教材的特点
  - 分析和挖掘情感态度价值观因素
  - 分析教材的知识结构、体系和深广度
  - 要以整体为背景，分析各部分教材的特点
  - 要明确教材的目的要求，分析教材的重点与难点
  - 要在分析教材的基础上，酝酿设计合理的教学过程和确定教学方法
  - 通过分析教材的重点和难点来分析教材
- 中学物理教材分析的一般步骤
  - 一、分析教材之前广泛阅读有关材料，明确课程的地位和任务
  - 二、通篇浏览整个教材，对教材有一个总体认识
  - 三、仔细阅读每一部分教材，进行整体分析
  - 四、细读品味每一节教材，进行具体分析
  - 五、总体检查，查漏补缺，借鉴他人长处
- 分析教材的方法
  - 从整体上分析教材
  - 从局部上分析教材
  - 把知识、方法、能力的分析结合起来
  - 结合教材的目标要求来分析教材
  - 探究认知法
  - 教材结构法
  - 列表分析法
  - 栏目分析法
  - 利用知识可视化图示来分析教材
  - ISM分析法
- 分析中学物理教材的意义
  - 通过物理教材的分析，使得教师可以顺利地完成备课过程中知识形式的转化过程
  - 通过教材的分析，可以挖掘出书本上知识的隐含价值
  - 通过教材的分析，可以使得教师充分掌握局部知识和整体知识之间的联系
  - 通过教材的分析，可以设计教学过程，选择教与学的方法
  - 分析教材有利于提高物理教师的业务素质
  - 分析教材是选择教材的需要
- 中学物理教材分析的依据
  - 分析教材的直接依据——《中学物理课程标准》
  - 依据物理学科的知识体系
  - 依据学生的认知心理结构特点、思维特点、接受水平
  - 依据物理教材的编写原则
  - 依据物理课程资源的开发和利用
- 中学物理教材分析的原则
  - 目的性原则
  - 适应性原则
  - 转化性原则
  - 整体性原则
  - 与学生相结合的原则

第三章　中学物理教材结构分析

[内容提要]

分析教材就要对教材中的各个栏目有所了解，知道其意义和特点，以便让教师能够从宏观上把握教材的整体风格，并对教材中每一个栏目所要传递的信息进行认真领会，并将这些信息转化成学生可以理解的内容，从而达到教学的目的。本章对人民教育出版社新版教材中涉及的栏目和特点进行一些分析，以便帮助广大教育工作者参考。

[学习指导]

1. 理解中学物理教材的体系。
2. 掌握中学物理教材的结构。
3. 了解中学物理教材中的实验栏目。
4. 了解中学物理教材中的开放性栏目。
5. 理解中学物理教材是如何体现物理思维方法的。

第一节　中学物理教材的体系和结构

教材作为一个包含教学基本内容的书面材料系统，对于安排教学过程以形成学生的认知结构、能力结构和品格结构，具有知识载体、教学指导和实用参考的作用。教材是课程结构的具体体现和深入展开，因此，教材的结构既与课程结构基本保持一致，又更为丰富多彩且有其自身的结构和特色。揭示一本教材的主要特色和基本结构，以便于对众多的教材进行比较或选择，便于学生消化掌握和教师安排教学，是有重要实际意义的问题。

一、几种不同的教材体系

同一课程结构，由于教学对象、时代背景以及编者的意图等因素的不同，可以有不同特色的教材结构。例如，我国九年制义务教育的初中物理课程，将逐步形成多种不同特色的教材。教材的不同特色主要表现在：（1）知识体系的总体设计与主干布局（通常称为教材体系）；（2）教材中各章节内容与方法之间内在联系（包括重点、难点安排）的具体方式（这是教材结构的主要部分）；（3）反映教学法意图的特殊阐述方式；（4）生动有趣的语言、插图及多种辅助材料的配备等其他方面。这些特色的形成，又往往体现了各种社会、时代或教育思想，故值得我们分析和思考。对比国内外不同特色的中学物理教材体系，大体可分为如下类型：

（一）以传统知识体系为主线或适当变化

大体是按物质运动形态从低级到高级，即以力、热、电、光、原子的次序排列，例如我国现行教材、传统的苏美等国的一些教材。传统教材注重知识的理论体系，与物理学的历史发展即与人类总体的认识次序大体统一，因而逻辑体系比较合理，得到广泛采用。如美国PSSC编写的物理学教材（1971年第3版）以培养科学人才、重视科学逻辑思维训练、加强现代科技内容为宗旨，也基本采用了这一体系。但这种体系与大学的教学逻辑体系近乎雷同，适于系统讲授，较少考虑中学生的年龄心理特点及主体地位，产生了不少的学习难点。另外，在内容上重视经典物理部分，较少涉及近代物理基础知识。因此近年来出现了冲破传统体系的种种努力。有的打破传统的物理学分科次序，例如法国的G. Allain等按光、电、热、力、粒子的次序排列物理教材；有的打破某些分科之间的界线，例如日本高中物理（选修）的教材中，将气体定律或分子运动论的内容纳入"力和运动"的课题。

（二）以能量为主线

用能量观点贯穿各种运动形态，例如匈牙利的马克思所编初中《物理》，第一学年讲能量，第二学年学电学；日本初中理科第一分野（物理化学部分），突出物质与能量的基本观点，其教材内容围绕着物质结构、物质变化、物理运动形态及化学变化中的能量问题展开。这类书籍主线比较明显，让学生在把握主线的同时学到物理知识及其相关应用。

（三）以实验为主线

其典型代表有英国著名的纳菲尔德系列（NPP）革新教材，以及汤·邓肯的《探索物理知识》，已有文化教育出版社1980年出版的中译本，共分五册。第一、二册围绕实验展开，第三、四、五册逐渐由半定量到严格定量计算。这类教材不完全按照知识的体系来编写，而是注重按学生的认识过程来组织学习。例如，教材第一学年的主题是分子、原子的物质结构与能量问题，通过安排小物体的测量、粗略的测量、分子的测定、弹簧及空气压强的测量等一系列实验来展开教学内容。通过实验引导学生观察思考，引出概念得出规律，突出实验的作用及科学方法与思维方法的训练，开设以学生为主体的物理环境，体现出有指导的探索式学习。这在英国取得了具有稳定影响的成果。

（四）以历史发展为主线，寻求历史与逻辑的统一

叙述物理学思想与概念的发展及物理学家的感人事迹，容易引起学习者的兴趣，但难以搭配较完整的物理概念和数学计算，因而迄今只有在高中物理及大学文科物理教材中出现，如以霍尔顿主编的《中学物理教程》（手册及学生读物各六本，这就是 IIPP《哈佛物理计划》）及大学文科教材名为《物理科学的概念与理论导论》（中译本上下册，已由高等教育出版社出版）目的是提高学生的一般文化科学素质。我国在现行的中学物理教材中，也越来越多地引用物理学史的材料来启迪学生思维。

除以上几种较明显的类型外，还可以见仁见智，形成不同的编写体系与结构，可以以能力为考虑问题的中心，也可以以问题为中心等等。英国、荷兰等国在 20 世纪 80 年代出现了以能源、环境保护、交通运输等科学、技术、社会性质专题为中心来展开物理知识的教材。

以上的概括比较粗略，随着国内外教育改革的开展，必将有更多的新教材体系出现。

二、掌握教材结构的重要意义

教材结构是教学内容中的骨干、纲领和精华，掌握教材的基本结构，就是掌握教材基本内容之间的联系，掌握重点及脉络。这不但有利于教师改进教学方法，也是事半功倍的学习捷径和学习的巧妙"策略"，学习者不需要吃透每一细节就可以通过丰富生动而又印象深刻的认知过程，较好和较快地形成自己的认知结构，在此基础上继续前进。

在教学中强调掌握物理教材结构，具体说来有以下几点好处：

（一）有助于理解

物理学科中经常反复遇到一些基本概念，这些基本概念正是物理这门学科结构中的基石或细胞。许多概念在孤立地理解时常常会是机械的或片面的，但当把它与其他概念联系起来特别是与整个学科的基本结构联系起来时，就增加了理解的深度、广度；而当把它具体运用于解决某些综合性问题时，就更进一步培养了灵活运用知识的能力。

（二）有助于记忆

学习者的认知过程就是要在头脑中将若干简化了的概念链条利用内在逻辑建立有序的结构图式。简化的表达方式有利于把详细占有了的资料加以强化，由短时记忆变为长时记忆，所以简化的表达具有"再生性"。同时，有序化的结构使一堆本来杂乱的事物组成了整体，各部分有机地结合在一起，这就大大增加了长

时记忆的容量，并且增加了同一概念在联想和运用中再现于记忆中的机会。因此，用简明数学公式表达的基本原理（如 $F=ma$），"不仅是现在用于理解现象的工具，而且也是将来用以回忆那些现象的工具"。因为它的简明性和逻辑性，是保持在记忆中最有力的方式之一。

（三）有利于迁移

迁移，就是基本原理在其他条件下的运用。理解了基本原理或结构，就能用来进一步了解其他事物，即用一种已学习过的模式去理解其他类似情况或某些特例。所以基本概念和原理正是迁移的基础，当迁移遇到障碍时，就构成了新知识的学习动力。

（四）有助于改进教学方法

恰当的学习可以造成大量的、普遍的迁移，使人学会怎样去学习。结构方法是一种"书越读越薄"的学习方法，在复习和总结中尤为有效。对教材结构进行研究，有利于掌握重点，通过知识讲授进行方法、能力方面的教育，还可以发现初高中物理学课程之间的异同和联系，发现"高级知识"与"初级知识"之间的差距与共性，从而改进教学的安排和方法。

当然，强调掌握结构的重要性不等于说在教学过程中可以忽视具体知识的教学、生动的物理环境的创造、实际技能的训练、非智力因素的作用等，不能说结构就是一切，正如不能说只要骨头，不要血肉一样，这一点值得注意。

三、大力开展教材研究和教材改革

近几年来，我国物理教学改革蓬勃开展，但在中学范围内，往往较多侧重在教学思想的讨论和教学方法的改革试验上，至于教学内容的改革和教材的建设，由于难度较大，涉及面较广，相比之下还不够深入。教学思想及与之相适应的教学方法的不断发展和改革，为教材改革创造了条件。国家教委关于中学实行"一个标准，多种教材"的决定，鼓励广大中学物理教学工作者进入教材研究和教材改革的领域，教材改革必须以教材研究为基础，有准备、有计划地进行。目前，已引起广泛注意的问题大体有以下几个方面：

（1）如何改革课程与教材的内容、体系和方法，以更加切合我国国情和普通教育总目标的实现，通过教学内容对学生进行知识与技能、过程与方法、情感和态度以及价值观方面的全面教育。

（2）如何从教材的基本结构着眼，符合学生认知结构和教学规律，并体现现代教学思想，处理好精选内容与扩大知识面，经典内容与近代发展等关系。

（3）如何根据学生的心理特点，使教材内容形式多样化（包括声像、网络多媒体手段），生动活泼地激发学生更大的兴趣。

（4）如何适应不同地区、类型的学校和教学对象，使在大体相同的课程结构下，编写出具有不同特色的教材。

（5）如何加强学生的主动探究活动，注意培养能力与开发智力等等。

总结我国教材发展的历史过程及借鉴国外物理教育改革的经验，对于研究上述问题具有重要的参考价值。例如，可参阅《初中物理教材分析与研究》（人民教育出版社，1988年版）、《中学物理教学的理论探索与改革实践》（高等教育出版社，1987年版）等。总之，多种教材的建设，意味着在中学教材领域中百花盛开的局面正在到来，这必将推动课程与教材研究在理论和实践中向前发展。

初中新教材把电学内容调整到了力学之前，许多老师有疑虑，核心问题是如何处理物理的逻辑顺序和学生的心理发展之间的关系问题。建立合理的初中物理教材体系，是提高初中物理教学质量的关键。要使抽象的物理内容为初中学生所接受，就不能完全按照物理的逻辑顺序来编排，而要适应学生的认知发展特点、认识规律设计教材的体系和结构。

以往初中物理教材多把力学放在电学之前，认为力学是学习物理的基础。而电学内容比较抽象，应该放在力学之后学习，也是考虑到学过力学后，学生对物理学的学习方法和研究方法有了大概的了解。但是"新课标"强调知识与技能的同时，特别倡导过程与方法的学习，并十分关注情感态度与价值观的培养，使培养目标走向多元化。我们看到"新课标"对电学内容的知识和技能的教学要求也相对有所降低。初中学生学习物理的思维特点是由具体形象思维逐步向抽象逻辑思维过渡，因此我们考虑初中阶段可以从学生兴趣、认识规律和探究的方法出发，不过分强调学科自身逻辑的体系和概念规律的严密性，先以声、光、热、电有趣的物理现象入手，激发学生学习物理的兴趣和愿望，尽可能多地联系生活实际，使学生充分感受到，这些知识跟自己的生活很贴近，而且在自己的实际学习、生活中很有用。提倡多动手，增加实践机会，经历与科学家和科研工作者进行科学探究时的相似过程，体验科学探究的乐趣，领悟科学的思想和精神。

新教材在电学中某些内容的处理上有很多考虑，许多概念从实用角度出发，例如特别对只有电路闭合时电路中才有电流进行了强调而在此基础上引入"电流"、"电路"等概念。此外，"探究串、并联电路中电流的规律"的设计，为了从过分强调知识的传承和积累向知识的探究过程转化，从学生被动接受知识向主动获取知识转化，培养科学探究能力，实事求是的科学态度和敢于创新的科学探索精神，而避免让学生背结论和概念的现象。

现代生活与电的联系已远远超过人们预期的想象，电磁学及其相关的电子技术和信息技术在上世纪90年代开始受到公众的瞩目。今天的物理教材有必要也有责任把电学知识作为提高全体学生的科学素质来处理。因此，我们不难理解，教材中将电学内容安排在力学部分内容之前的缘故了。

第二节　初高中物理教材的结构和特点

一、初中物理课程结构

为更好地提高对教学资源的利用以及实现有效学习，新课程改革将初中物理教材分成三册，即八年级上册、八年级下册和九年级全一册，如表3-1所示。

表3-1　初中物理教材结构

具体书目	主要内容
八年级上册	声、光现象、透镜、物态变化、电流和电路
八年级下册	电压、电阻、欧姆定律、电功率、电与磁、信息的传播
九年级全一册	物质世界、运动和力、力和机械、压强和浮力、功和机械能、热和能、能源的利用

二、高中物理课程结构

根据《物理课程标准》我们不难发现，为了让学生灵活选择自己想学习的课程，更好地提高教学资源的利用以及实现有效学习，本次新课程改革将通常要持续2~3年才能学完的科目内容分解组合为若干个相对完整的模块，根据具体教学实践和要求的不同，可以选择不同的模块，其中共包括12个模块，每个模块占2学分。这12个模块分别为：物理必修1、物理必修2；选修1-1、选修1-2；选修2-1、选修2-2、选修2-3；选修3-1、选修3-2、选修3-3、选修3-4、选修3-5。其中物理必修1和物理必修2为共同必修模块，其余皆为选修模块。共同必修模块物理1和物理2是为全体高中学生设计的课程，学生通过对物体运动规律、相互作用、能量等核心内容及相关实验的深入学习，进一步体会物理学的特点和研究方法，同时了解自己的兴趣和发展潜能，为后续课程的选择和学习作准备。共同必修模块的内容设计充分体现了物理课程的基础性，即基本的知识、基本技能、基本方法、基本的科学态度与科学精神。

按照高中物理教学的实际情况，学生完成共同必修模块的学习后，可获4学分，接着必须再选择学习一个模块，以便完成6个必修学分的学习任务，考虑到必修学分中尽量让学生学习物理主干知识，因此后来的这个必选模块只能在选修1-1，选修2-1，选修3-1中选择，因为这三个选修模块都与电磁学内容有关。高中物理课程的选择性不仅体现在选修学分中，而且还体现在必修学分中。可见在必修学分中也为学生有个性地发展提供了机会。完成必修学分的学习后，学生可以根据学习兴趣、发展潜能和今后的职业需求等选学有关内容以便满足进一步的学习需求。教师引导学生选择课程，以便循序渐进，为今后发展奠定基础。当然学生也可以跨系列选学相关模块，根据需要决定学习某系列模块的先后顺序等。

三、高中物理教材模块说明

表3-2　高中物理教材模块说明

模块内容	具体书录	主要特点
共同必修	物理1、物理2	全体高中学生的共同学习内容。在该模块中，学生通过学习运动、相互作用及运动规律、能量等物理学的核心内容，经历一些科学探究活动，初步了解物理学的特点和研究方法，体会物理学在生活和生产中的应用以及对社会发展的影响，同时为下一步选学模块作准备
选修系列1	选修1-1、选修1-2	本系列课程模块以物理学的核心内容为载体，侧重物理学与社会的相互关联和相互作用，突出物理学的人文特色，注重物理学与日常生活、社会科学以及人文学科的融合，强调物理学对人类文明的影响
选修系列2	选修2-1、选修2-2、选修2-3	本系列课程模块以物理学的核心内容为载体，侧重从技术应用的角度展示物理学，强调物理学与技术的结合，着重体现物理学的应用性、实践性
选修系列3	选修3-1、选修3-2、选修3-3、选修3-4、选修3-5	本系列课程模块侧重让学生较全面地学习物理学的基本内容，进一步了解物理学的思想和方法，较为深入地认识物理学在技术中的应用以及对经济、社会的影响

四、物理教材中实验的主要特点

（一）重点突出科学探究

探究实验的大量应用是本次新课程教材的主要特点之一。探究实验的步骤包括：

1. 提出问题

（1）能发现与物理学有关的问题。

（2）从物理学的角度较明确地表述这些问题。

2. 猜想与假设

（1）对解决问题的方式和问题的答案提出假设。

（2）对物理实验结果进行预测。

3. 制订计划与设计实验

（1）知道实验目的和已有条件，制订实验方案。

（2）尝试选择实验方法及所需要的装置与器材。

（3）考虑实验的变量及其控制方法。

4. 进行实验和收集数据

（1）用多种方式收集数据。

（2）按说明书进行实验操作，会使用基本的实验仪器。

（3）如实记录实验数据，知道重复收集实验数据的意义。

（4）具有安全操作的意识。

5. 分析与论证

（1）对实验数据进行分析处理。

（2）尝试根据实验现象和数据得出结论。

（3）对实验结果进行解释和描述。

6. 评估

（1）尝试分析假设与实验结果间的差异。

（2）注意探究活动过程中未解决的矛盾，发现新的问题。

（3）吸取经验教训，改进探究方案。

7. 交流与合作

（1）能写出实验探究报告。

（2）在合作中注意既坚持原则又尊重他人。

（3）有合作精神。

(二) 对科学探究及其要素的认识

1. 对科学探究的认识

（1）科学探究是一种学习方式，是学习目标，也是学习内容。从学生的角度来看，科学探究是一种学习方式，学生在科学探究活动中，通过经历与科学工作者进行科学探究时的相似过程，学习物理知识与技能，体验科学探究的乐趣，学习科学工作者的科学探究方法，领悟科学的思想和精神。

科学探究也是学生完成物理课程所必须达到的学习目标，《中学物理课程标准》对科学探究及物理实验能力提出了明确的要求。

科学探究的方法是一种程序性知识，学生对探究方法的掌握以及对各探究要素意义的认识，都有一个系统学习和不断加深理解的过程，它属于物理课中的重要教学内容，图3-1概括了实验探究的一般模式。

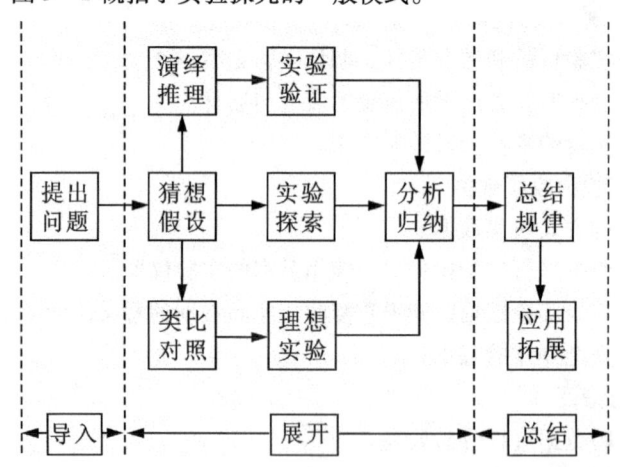

图3-1 实验探究的一般模式

也许有人会怀疑，有强大的数学工具，是否还需要通过实验学习物理知识。我们也知道20世纪70年代以后，理论物理学家们发展了许多新的纯理论结构，其中引人注目的有超弦、超对称、超引力等理论。这些理论包含着十分抽象的数学结构，但都和实验没有联系起来。这些理论的生命力如何呢？对此杨振宁曾做过颇为深刻、尖锐的评论。对于超弦理论，他说："我很难相信这个理论最后是对的。高能物理最基本的观念是场，是场论。场的观念是从法拉第开始，经过麦克斯韦到现在，经历无数周折，通过无数实验验证后提炼出来的一个总的想法，超弦则另起炉灶，把场的观念推广，没有经过与实验的答辩阶段。现在超弦方面的文章很多，但没有一篇真正与实验有什么联系。它很可能是一个空中楼阁。"

在这里，笔者要指出的是对于这些理论，我们先撇开其是否具有真实性和可靠性，单就理论与实践相结合方面，至少它们还是相对不够的，所以我们在进行中学物理教学的时候，还是应该重视探究的方法，通过实验的方式来引导学生正确理解和掌握所学物理知识。

（2）激发学生兴趣的实验。爱因斯坦有句名言"兴趣是最好的老师"。诱导是指诱发学生强烈的求知欲望和正确的学习动机，激发学生浓厚的学习兴趣和高涨的学习热情，使探求知识的认知活动变成学生的心理需求。比如引入大气压强概念时，做"瓶吞鸡蛋"实验，学生兴趣浓厚，又有亲身体验，自然而然地引入大气压教学。

我们提倡教师不要把学生"背"进来，"抱"进来，而是要"诱"进来。"君子之教，喻也。"变教为诱，变教为导。引导是指教师根据教材的知识特点和学生的认知水平，恰当地把教材划分为层层递进的若干问题层次，激发学生主动去探索、研究，发现结论，总结规律，从而使学生获取"真知"，形成正确的认知结构，变被动接受为主动获取，指导实现其学习活动由"跟师学"到"我善学"的转变。

2. 教学中对学生探究行为的设计是提高探究能力的关键

学生探究能力的提高不可能只通过理解和想象就能实现，学生必须亲身经历探究的过程，而且在这个过程中，学生要有相关的探究行为，因为某一方面的基本能力很大程度上是和相关的行为联系在一起的。因此，在课堂教学中，学生探究行为的设计是提高他们探究能力的关键。例如，要提高提出问题的能力，就要让学生去发现、去质疑、去对问题进行抽象和概括。要提高猜想与假设的能力，就要让学生去大胆假定、去解释，比如笔者曾经在教学研究过程中碰到学生提出问题说"耳机一个长一个短是不是因为设计者想让耳机传出的声音有时间差，能实现立体效果？"像这类问题就是学生在平时大胆想象、猜测的结果。要提高制订计划和设计实验的能力，就要让学生去优选实验方法、去选择实验器材、去分析和控制变量、去评价现有的方案。要提高分析和论证的能力，学生就需要去比较（分析）数据、去作因果分析、去形成结论。要提高评估能力，就要让学生去反思、发现新问题，去改进探究方案。要提高交流能力，就要让学生去构思表达的内容结构、去即兴表达、去倾听交流和评价交流。如果学生在探究过程中没有这些行为作为支持，相关探究能力的提高也将是一句空话。

3. 科学探究的行为应渗透在整个物理教学中

由于科学探究能力的提高是和相关行为联系在一起的，而这些行为在非科学探究活动的教学过程中也是可能存在的，因此，尽管学生参与科学探究活动是提高他们科学探究能力的重要途径，但其他的教学活动也让学生发生了这些行为，同样对学生在某一探究要素方面的能力发展具有非常积极的意义。例如在平时一些陈述性很强的教学过程中插入让学生质疑、假定、解释等活动，实际上就是在发展学生提出问题和猜想、假设的能力。在解答物理问题时引导学生自己进行因果分析、变量分析，自己进行数据处理，归纳结论，这些行为，都是和科学探究中制订计划、分析与论证等要素相吻合的，也有利于提高学生相关的能力。因此，除了科学探究之外，在物理教学的其他方式中渗透科学探究的行为，不仅是可能的，而且是必要的。

4. 学生的自主探究和教师的合理指导相结合

学生在科学探究中需要有自主性，学生自主性的体现就是具有独立的探究行为，如前文所说，学生的探究行为的发生是其探究能力发展的关键。同时，学生探究活动的开展也要得到教师的指导。这样一来，教师的指导和学生的自主性之间就构成了一对矛盾：学生要有自主性，教师就不宜过多指导；但教师不指导，探究有时就很难进行下去。

解决这一矛盾的方法就是具体分析和规划科学探究课题的过程目标。对于一个具体的探究课题，学生应该在哪个要素上下工夫，或者说，该探究课题的主要能力目标是哪个要素，对此，教师不仅要十分清楚，而且要进行规划。属于让学生产生独立探究行为的要素，应该充分发挥学生的自主性，让学生独立去完成。对于不属于本课题的过程目标，教师可以大胆指导，甚至可以通过陈述的办法顺利越过这一环节，让学生把主要精力放在教师事先设计需要强化的要素上。一个课题究竟需要强化哪一个要素，应该根据探究课题的特征、学生循序渐进的要求进行合理和全面规划，看起来一节课似乎只突出了某一两个要素，而实际上不同的课题分别突出了不同的要素，学生所得到的是深入和全面的发展。

（三）物理教材中对实验的基本要求

新版教材中除了上面所说重视探究实验以外，也具备了我国以前物理教材中对实验教学的一些基本优点，编者对新版物理教材中的实验能力要求进行了详细研究，并参考了一些指导用书，通过图 3-2 至图 3-6 表示。相关的论述可以参考有关资料。

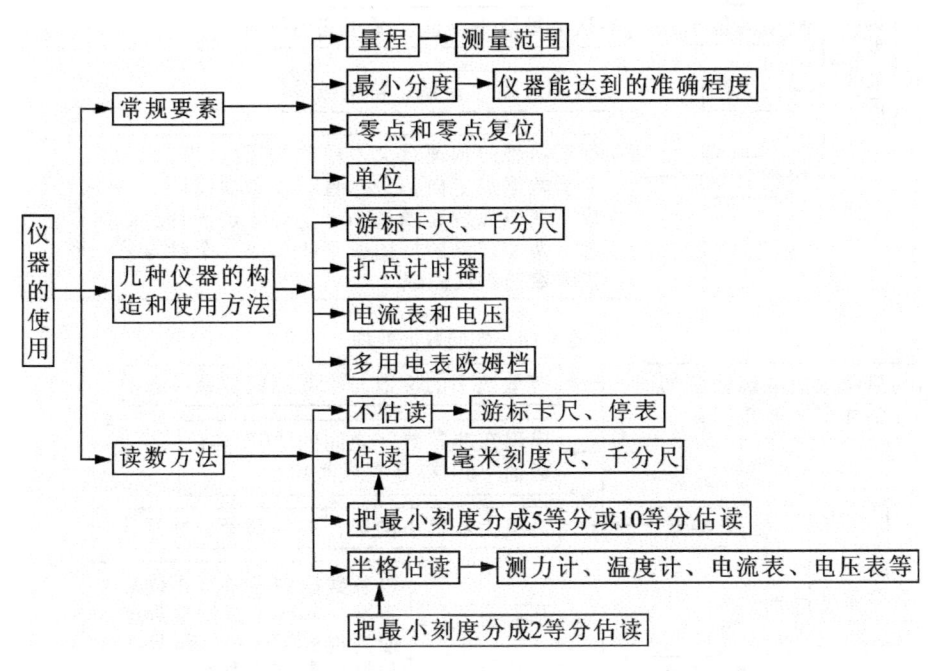

```
                              ┌─ 量程 ──── 测量范围
                              │
              ┌─ 常规要素 ────┼─ 最小分度 ── 仪器能达到的准确程度
              │               │
              │               ├─ 零点和零点复位
              │               │
              │               └─ 单位
              │
              │                         ┌─ 游标卡尺、千分尺
  仪            │                         │
  器   ────────┤  几种仪器的构         ├─ 打点计时器
  的            ├─ 造和使用方法 ───────┤
  使            │                         ├─ 电流表和电压
  用            │                         │
              │                         └─ 多用电表欧姆档
              │
              │               ┌─ 不估读 ──── 游标卡尺、停表
              │               │
              │               ├─ 估读 ────── 毫米刻度尺、千分尺
              └─ 读数方法 ────┤           ↑
                              │    把最小刻度分成5等分或10等分估读
                              │
                              └─ 半格估读 ── 测力计、温度计、电流表、电压表等
                                        ↑
                                 把最小刻度分成2等分估读
```

图 3-2 仪器的使用

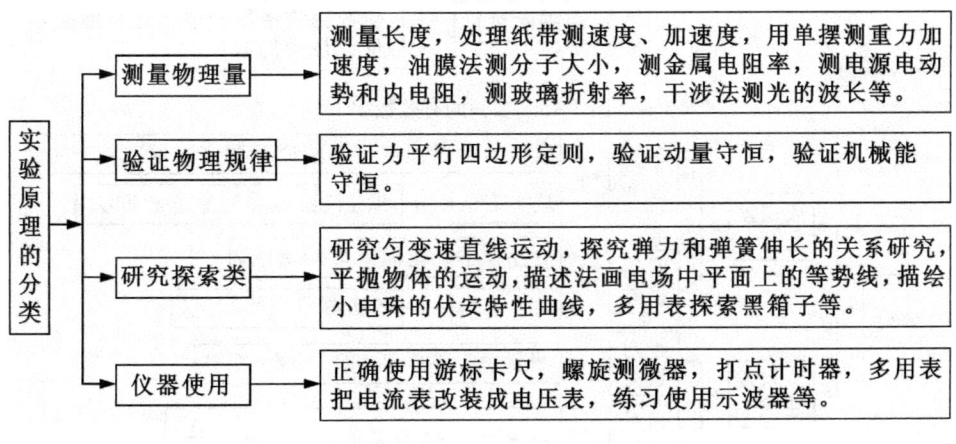

```
              ┌─ 测量物理量 ──┤ 测量长度,处理纸带测速度、加速度,用单摆测重力加
              │                速度,油膜法测分子大小,测金属电阻率,测电源电动
              │                势和内电阻,测玻璃折射率,干涉法测光的波长等。
              │
              │
  实            ├─ 验证物理规律 ┤ 验证力平行四边形定则,验证动量守恒,验证机械能
  验            │                守恒。
  原   ────────┤
  理            │
  的            │
  分            ├─ 研究探索类 ──┤ 研究匀变速直线运动,探究弹力和弹簧伸长的关系研究,
  类            │                平抛物体的运动,描述法画电场中平面上的等势线,描绘
              │                小电珠的伏安特性曲线,多用表探索黑箱子等。
              │
              │
              └─ 仪器使用 ────┤ 正确使用游标卡尺,螺旋测微器,打点计时器,多用表
                               把电流表改装成电压表,练习使用示波器等。
```

图 3-3 实验原理的分类

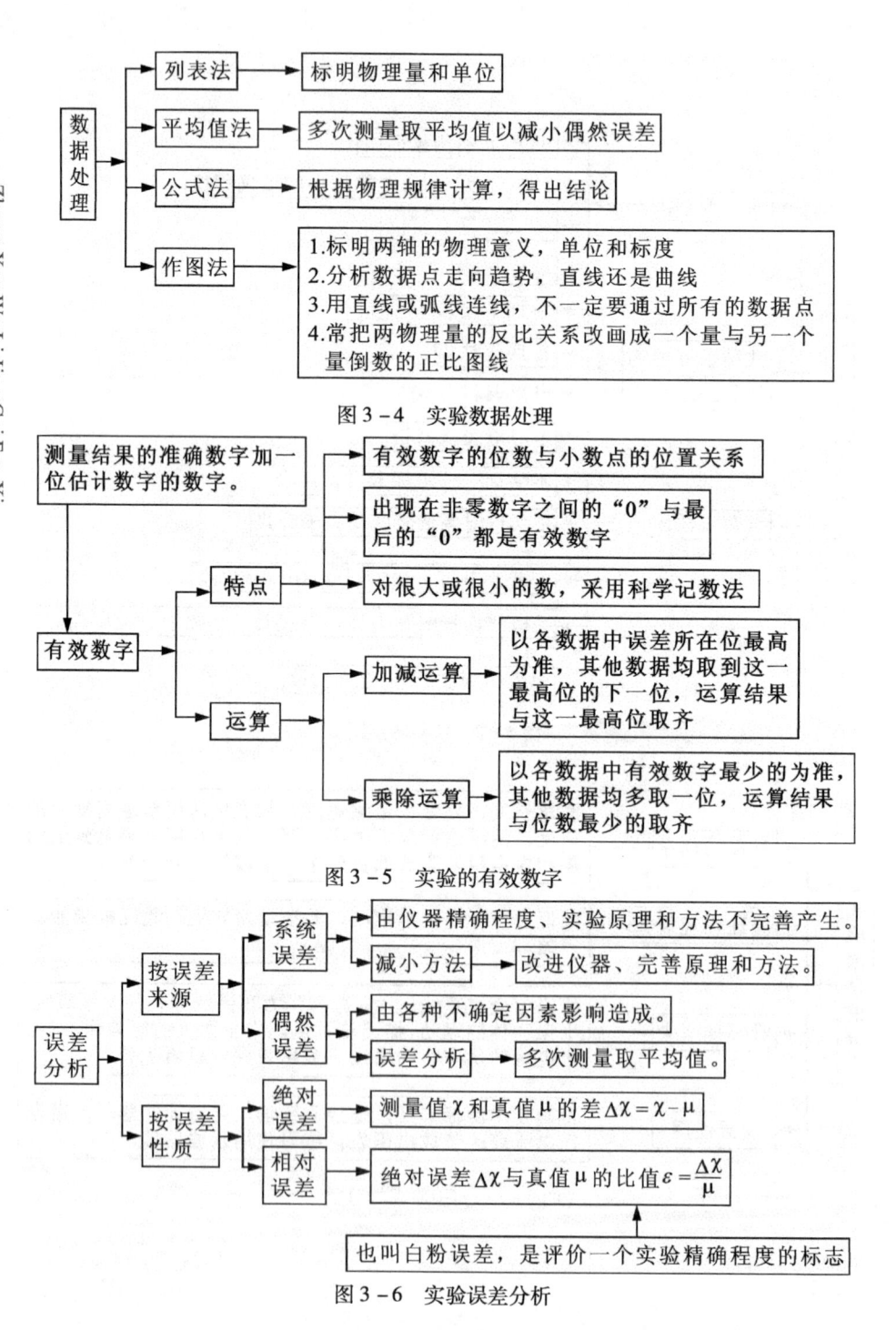

```
                    ┌─ 列表法 ──→ 标明物理量和单位
                    │
           ┌─数据─┼─ 平均值法 ──→ 多次测量取平均值以减小偶然误差
           │  处理 │
           │      ├─ 公式法 ──→ 根据物理规律计算，得出结论
           │      │
           │      └─ 作图法 ──→ 1. 标明两轴的物理意义，单位和标度
           │                    2. 分析数据点走向趋势，直线还是曲线
           │                    3. 用直线或弧线连线，不一定要通过所有的数据点
           │                    4. 常把两物理量的反比关系改画成一个量与另一个
           │                       量倒数的正比图线
```

图 3-4 实验数据处理

```
    测量结果的准确数字加一
    位估计数字的数字。
           │
           ↓          ┌─→ 有效数字的位数与小数点的位置关系
                      │
           ┌─ 特点 ──┼─→ 出现在非零数字之间的"0"与最
           │          │    后的"0"都是有效数字
   有效数字─┤          │
           │          └─→ 对很大或很小的数，采用科学记数法
           │
           │          ┌─ 加减运算 ──→ 以各数据中误差所在位最高
           │          │                为准，其他数据均取到这一
           └─ 运算 ──┤                最高位的下一位，运算结果
                      │                与这一最高位取齐
                      │
                      └─ 乘除运算 ──→ 以各数据中有效数字最少的为准，
                                      其他数据均多取一位，运算结果
                                      与位数最少的取齐
```

图 3-5 实验的有效数字

```
                ┌─ 系统 ──┬─→ 由仪器精确程度、实验原理和方法不完善产生。
                │  误差   │
                │         └─ 减小方法 ──→ 改进仪器、完善原理和方法。
        ┌─按误差─┤
        │ 来源   │  偶然   ┌─→ 由各种不确定因素影响造成。
        │        └─ 误差 ──┤
   误差─┤                  └─ 误差分析 ──→ 多次测量取平均值。
   分析 │
        │        ┌─ 绝对 ──→ 测量值 χ 和真值 μ 的差 Δχ = χ - μ
        │        │  误差
        └─按误差─┤
          性质   │  相对            绝对误差 Δχ 与真值 μ 的比值 $\varepsilon = \dfrac{\Delta\chi}{\mu}$
                 └─ 误差 ──→
                                ↑
                       也叫白粉误差，是评价一个实验精确程度的标志
```

图 3-6 实验误差分析

（四）物理教材中的实验贴近生活

在新版教材的许多实验中，很重视利用学生身边易得的材料来开展实验。因为新课标也强调"从生活走向物理，从物理走向社会"。而这种物理教学的生活化取向也在近年成为物理教育工作者的热捧对象。在教师的正确引导下，学生的感觉器官在与生活中易得的物品、器具、玩具，甚至交通设施的不断接触中理解、体会和运用物理知识，学生形成的物理概念、原理必然是立体的、全面的和记忆深刻的。

例如在初中物理教材八年级上册的17页，就有一个小实验，是通过人的牙齿来感受声音的传播。在这本书中特别指出声音通过头骨、颌骨也能传到听觉神经，引起听觉，即骨传导。历史上，贝多芬耳聋后，用牙咬住木棒的一段，另一端在钢琴上来听自己演奏的琴声。这里的实验建议可以用牙齿咬住音叉，用音叉震动来感受声音（图3-7），其实，我们可以通过咬住直尺、线绳等学生身边的材料来完成实验。

图3-7　骨传声

当然，类似于这样贴近学生生活又能激发学生学习兴趣的实验在新教材中不胜枚举。我们提倡利用生活化的材料来开展实验教学，这样可以激发学生的学习兴趣和培养能力；能够基于体验和感受，为知识意义的主动建构创设机会；能够创设源于生活的真实探究情境，为学生经历科学探究过程创造条件；有利于培养学生的科学情感。

·阅读材料·

扩展学习

"非常规"物理实验是指选择和利用环境中"非专门化"的物质手段，其包括学生熟悉的生活易得物品、材料、器具、交通工具、建筑设施、娱乐器材、人体或人体局部以及儿童玩具等不按固定方法或形式，人为控制条件、有目的实施的观察与探索物理规律的体现自创性、体验性、趣味性、简易性、生活化的物理实验教学活动。

——张伟，郭玉英，刘炳升. 非常规物理实验：有待深入开发的重要物理课程资源［J］. 物理教师，2005，26（9），47—50

所谓生态化物理教学，是指教师整体协调与组织教学系统内外诸多要素，主动开发潜在资源，充分利用创生资源，营造对学习者有意义的真实情境，组织有利于发展学习者主体性、独特性和社会性的活动，将学习者的学习与

> 个体发展置于开放性的、与其他成员、物理环境和社会环境不断互动的系统之中,从而促进学习者有效达成物理教学目标的过程。
>
> ——张伟,郭玉英. 基于情景学习理论的生态化物理教学初探[J] 课程·教材·教法,2006,26(5),59—63

第三节 初高中物理教材中的系列栏目特点及其分析

初高中物理教材中设有很多栏目,下面就一些具有代表性的栏目进行分析。

一、探究性实验

笔者认为对探究性实验的理解应该认识到,探究性实验绝不是单纯的技能训练性实验,也不是在学过相关知识之后,仅要求对规律做验证或将知识做实际应用的实验。它是在学生不知道相关知识,尤其是不知道各物理量之间有何关系的前提下,通过对问题的猜想与设计、设计实验、进行实验与收集数据、分析与论证、评估、交流与合作等实践来完成的。

探究实验作为新课程理念下的亮点在初中物理教材中出现了约37个,其中八年级上册有10个;八年级下册有10个;九年级全册有17个。这些探究性实验都充分考虑了学生的心理特点和能力特点。

表3-3将初中物理教材中的代表性的探究实验进行了罗列。

表3-3 初中物理教材中的部分探究性实验

册数	主题	关键词	页数
八年级上册	声音是怎样产生的	怎样	12页
	响度和什么因素有关	因素有关	21页
	反射的规律	规律	39页
	平面镜成像特点	特点	63页
	串联电路中各点的电流有什么关系	关系	113页
八年级下册	并联电路中电压的关系	关系	10页
	电阻并联的问题	问题	27页
	通电螺线管的磁场是什么样的	什么样	69页
	什么情况下磁可以生电	什么情况下	84页

续表

册数	主题	关键词	页数
九年级全册	如何使用刻度尺	如何	37页
	阻力对物理运动的影响	影响	45页
	二力平衡条件	条件	47页
	吹纸游戏	游戏	91页

从上面的表格中，我们不难发现：（1）从探究的广度上讲，并非所有的教学内容都适用于探究式学习。在实际教学中，探究式教学与传授式教学这两种教学方式都是必要的，而且常常相辅相成、结伴而行。不同的教学方式优势互补，有助于学生的学习，也有利于学生的发展。在探究式的课堂中就包含着多种教学形式。表3-3中的关键词表明初中物理探究性实验的内容比较多，但是其主要集中于找到一些简单规律或者是找到一些条件和因素的方面上。（2）就其深度上讲，是否每一个探究都一定要由学生独立完成呢？都一定要完整，要包括探究的各个要素？可以将其分为完整探究和部分探究。完整探究是指学生亲历的探究过程包含了科学探究的各个环节，反映了科学探究的各个特征。但在日常的课堂教学中，学生大量接触的是部分探究，即探究的部分环节。这些探究活动有的只是完整探究教学中的某一个问题的探究，有的只涉及问题的提出，有的是建立科学的假说，有的是设计实验方案，有的只是对信息的解读或问题的讨论。（3）我们可以从所罗列的关键词中发现新课程理念下对探究的形式也进行了各种尝试，其中就有以游戏的形式来进行探究活动。

通过上面的简要分析，编者试图从其中找到初中探究实验的一些特点，广大物理教师在分析教材的过程中，应该将这些探究实验的特点都了然于胸，便于教师结合本地区实际，进行有效的教学设计并实施教学。

二、开放性问题

（一）定义

生活中的各种问题，从不同角度、不同需要出发，面对不同人群，会得出不同答案，如节约能源与有效利用能源的问题。科学理论界一直存在"百花齐放，百家争鸣"的现象，即经常存在不同的观点。有些问题没有及时和实验事实建立联系，所以暂时没有定论，如超弦理论的正确性等问题。人们对不同问题的应对方法也不一样，造成"仁者见仁，智者见智"的结果，即对问题的处理方式和理解方式存在较大差异。如利用传感器和普通仪器来进行一些物理实验，都能达到实验目的，但是所采用的方法不尽相同，这些没有唯一正确答案和方式的课题，是开放性问题。

（二）开放性内容的特点

1. 选择性

新课标物理教材在注意共同基础性的同时，体现了差异性，为不同基础的学生进一步学习提供选择。如教材中的"说一说"、"做一做"、"科学漫步"、"STS"等栏目，学生可以根据自己的能力和兴趣，有选择地学习。如《物理·必修2》第12页的"说一说"中，用数码相机研究抛体运动，是一个简便可行的方法，有条件时不但可以说一说，还可以实际做一做。《物理·必修2》第9页"说一说"要求学生定性讨论炮弹在空气中运动的轨迹，目的也是拉近物理课程与实际的距离，学生可以自己去发挥，如果有兴趣，也可以查找其他书刊，并不做统一要求。

2. 时代性

教材强调物理内容与技术应用的相互关联，以点面结合的形式介绍技术的应用，并且着重介绍其在现代生活中的应用，以体现时代性。例如："科学漫步"栏目中的"全球卫星定位系统"、"黑洞"，"STS"栏目中的"速度与现代社会"、"航天事业改变着人类生活"，"做一做"栏目中的"借助传感器用计算机测速度"、"用计算机绘制 $v-t$ 图象"、"用传感器研究作用力与反作用力的关系"等，既有物理知识与高新技术发展相关联的内容，也有物理知识在日常用品方面的应用。这些都力图使学生了解物理知识和技术的关系，学习一些常用的物理技术，从而产生对科学技术的热爱。

3. 探究性

科学探究是人们由未知经过探索，到已知的一种过程。科学探究同时也是一种精神，在一定程度上可以说，人们对未知事物的探求精神是与生俱来的，科学教育应该保护并发扬青少年的探究精神。人教版物理必修模块从整体上是以探究的思路展开的，如《物理·必修1》第43页的"说一说"体现了科学探究中的猜想因素，即在已知事实与已有知识矛盾的情况下，猜想可能存在另一种力，并且可以推测这种力的某些特征；《物理·必修1》第32页的"做一做"是一个探究性实验，通过作图处理数据，用某条曲线"拟合"实验测得的点，从而得出规律，由于这个实验的点子较少，结论未必可靠，主要是体会方法；《物理·必修2》第25页的"说一说"目的是使学生在更广阔、更一般的背景下认识拱形桥上的运动，由于不要求定量分析，让学生想一想、说一说是有好处的。科学探究的活力在于每个具体的探究都与另一个不一样，它不是僵死的教条，无论是科学研究中的探究还是科学课程中的探究，都是如此。

4. 人文性

物理课的学习应该是在学习物理内容的同时关注物理与人类社会的关系，了解科学的文化价值。人教版物理必修模块教材体现了科学的文化内涵，"科学漫步"、"科学足迹"栏目整篇都将着眼点放在物理学与人类文明的关系上,这些都让学生在较高一层面上理解科学的意义,如必修2第46页的《时间和空间是什么?》,这篇科学漫步不打算讲清时间与空间的问题,只是提出问题,激励学生对未来的探索。教材还专门设有"STS"栏目,让学生更多地了解物理学的发展与社会发展的互动关系,它的目的同样在于情感态度与价值观的教育。

(三)开放性栏目举例

1. STS 栏目

科学、技术、社会(STS)教育是课程标准所强调的。为了使学生了解科学、技术与社会之间的联系,教材专门设置了 STS 栏目。教材还让学生关注并参加到与物理有关的社会问题的讨论中,培养学生的物理素养。例如,"手机与文明"、"温室效应"、"水的故事"、"汽车和能源"等都要求学生发表自己的看法。此外,教材还向学生展示了最新的一些与社会发展相关的科技成果,如"磁悬浮"、"三峡大坝与连通器"、"量子力学看社会"等内容,进一步开阔了学生的视野,也激发了学生学习物理的兴趣。

高中物理必修教材上一共有三个 STS 栏目,其分别是在必修1的17页、48页和必修2的43页。其内容是"速度与现代社会"、"伽利略一生看科学与社会"和"航天事业改变着人类生活"。可见,这些栏目都是与生活息息相关的事物,可以极大地激发学生的兴趣。

初中物理教材中的 STS 如表 3-4 所示。

表 3-4 初中物理教材中的 STS 栏目

册数	主题	页数
八年级上册	电冰箱	90 页
	水的故事	94 页
八年级下册	防止电池对环境的危害	14 页
	雷电	34 页
	磁记录	88 页
	电视给我们带来什么	106 页
	我国光缆通信发展	110 页
九年级全册	温室效应	129 页
	气候与热污染	133 页
	从火车到火箭	140 页
	石油危机与能源科学	149 页
	核电站与核废料处理	153 页
	灾害——失控的能量释放	162 页

从这张表我们看到，STS栏目中出现的内容往往都是与当今时代的各个新颖元素相互结合的产物，如能源、航空、磁记录等词汇都是当今社会受到普遍重视的内容。这里建议教师可以结合STS栏目对学生进行情感、态度和价值观等多方面的教育。

新教材中的"思考与讨论"、"说一说"、"想想议议"、"大家谈"栏目，主要在于展示学生在学习过程中的思维活动。

2. 想想议议

想想议议栏目在初中教材中一共出现过60多处，可见其在教材中的重要性，下面列举几个来分析一下此栏目的主要特点。

九年级全册第5页讲到一个有趣的思考问题，即如果把玻璃杯打碎了，碎片还是玻璃。经过多次分割，甚至成粉末，颗粒越分越小。如果不断地分割下去，有没有限度呢？这里就涉及无限的思想，还有物理原子等知识的问题。作为初中学生，可能还没有专门学习过极限的思想也没有学过原子和分子等概念（后面才学习分子的知识）。放在这个时候学生通过讨论和商议，充分地认识到物理带来的乐趣。

八年级下册第92页有一个"想想议议"栏目，说的是"古代人、近代人、现代人各用什么方法传递信息"，这个题目编写就十分巧妙。所在章的主题是"信息的传递"，而从古至今，传递信息的方法也不尽相同，但是其总体发展趋势是向着视觉显像化、听觉明显化、触觉感知化。例如，从视觉的角度上讲，经历了"狼烟烽火—烟火信号—摇旗—信号灯"的过程。在听觉上从靠人们大声喊话一直发展到贝尔发明有线电话，后来又发展到无线电话以及现在网络手段等信息传递方式。教师可以引导学生概括人们传递信息的方式及演变过程，这样做不但开阔了学生的视野，而且让学生感到物理世界的奇妙。

3. "说一说"、"做一做"和"大家谈"等

这类栏目不是要求每个学生必须要做的，而是可以根据实际情况选择使用。

比如八年级物理"温度计"一节教材说："我们把物体的冷热程度叫做温度。日常生活中，人们常常凭感觉判断物体的冷热，这种感觉绝对可靠吗？"看来教材的德育因素不是十分明显。但是我们讲授时发掘一下，找到德育的突破口，还是可以自然地融进德育素材的。如果我们先给学生补述一个小实验：先把两只手分别浸到一桶温水和一桶冷水里，过了一会儿，再把两手同时浸入一桶温水里，这时两手对温水冷热程度的感觉完全不一样。可见"感觉出来的大致了解"确实是"不够的"。物体的冷热程度根本不能依主观的"感觉"而要凭客观的量度，再说火炉内的冷热程度如何？显然是不能去"感觉"的。随即引出课题——测量

温度的仪器《温度计》，这样既自然又生动。

4. 演示

一个成功的演示实验，能起到千言万语说不清、一看事实即分明的作用，给学生留下深刻的表象。设计时应出奇、反常，以激起学生的悬念和联想。譬如，"一纸托杯水"引入大气压强；"煮"金鱼阐明水是热的不良导体，等等。要尽可能把教师演示变成学生动手做，这样摄入的形象生动、具体。譬如将钢笔帽立于桌上的纸条上，将纸条慢慢地抽去，钢笔帽倒下；将纸条迅速抽去，钢笔帽仍然直立不倒。然后诱导学生用动量定理解释（把形象思维与逻辑思维紧密结合）这种现象。

有的老师认为物理实验"讲起来重要，教起来次要，考起来不要"。有的老师认为演示实验不能先由教师做给学生看，再讲给学生听，使演示与讲解脱节。这种做法忽略了学生学习的主动性，把学生当作被动接受的"容器"，完全没有发挥出演示实验的作用，是不可取的。教师应在演示的同时引导学生观察，不断启发提问，让学生分析、讨论，充分调动学生的积极性，如让学生上前来读数或者动一动手。例如，在进行马德堡半球演示时，先让两个"大力士"上来拉，不能将两个半球拉开，打开活塞，让空气进入半球中，再让两个力气小的学生来拉，却很轻松地将两个半球分开了。两者对比，说明大气压不仅存在，而且还不小，这样会给学生留下深刻的印象。再如在"组成串联电路"实验中，有意识地让学生将电路中灯泡的左右两个接线柱用一根导线连接起来观察会出现什么现象并进行猜想，然后让学生进行探究，学生得出结论后会非常高兴，同时会真正理解体会到局部短路。这样做的效果比教师演示实验好得多。

教师演示实验，经过适当改进后，可由学生边学边实验。例如，研究影响电阻大小因素的实验，在备课时主要从以下两方面进行设置：（1）器材的选择。课本上以镍铬合金丝作为实验导体，我们将其换成HB型的铅笔芯。这样做可以解决农村中学实验器材的不足。（2）实验的方案。从如下两个方面引导学生：①寻找研究方法。教师提出问题——影响导体电阻的因素可能有哪些？并提示学生与车流、人流通过道路的现象相比较，学生经过猜想，归纳出三个主要因素后，继续提问，要弄清每一个因素与电阻的关系，如何设计实验？经过逐步引导，学生学会了"控制变量法"这一常用的研究物理问题的方法，由学生自己去领悟，比教师和

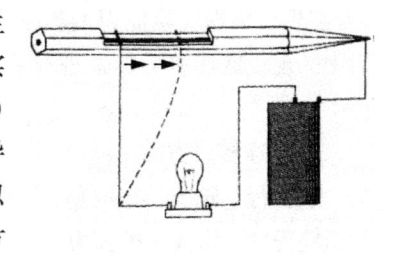

图3-8 研究影响电阻大小的因素

盘托出的印象会更深刻。②确定具体步骤。在实验器材上，教师又设置问题——只提供两支长短、粗细不同，其他均相同的 HB 型铅笔芯，如何研究导体的长度、横截面积对电阻的影响？

这时，学生的思维十分活跃，提出了诸如小刀削铅笔芯、移动鳄鱼夹改变接入电路的笔芯的长短等方法，最终学生自己肯定了一种简便易行的方法，即将两支铅笔芯分别串联、并联就可以明显地改变导体的长短和粗细了。经过如此处理，学生的兴趣十分浓厚，实验也就自然而然地收到了预期的效果。

有关实验方面的内容，笔者提倡大量运用生活中易得的材料和相关工具来进行设计和实施，有关这方面的研究，请参看"非常规"物理实验的相关知识。

5. 课题研究

课题研究是指学生在教师的指导下，从学习、生活中选择和确定研究课题，用类似科学家研究的方式，主动地获取知识、应用知识和解决问题的学习活动。因为是初次开设"课题研究"，可借鉴的经验不多，我们采取了以课外活动为主，以较长的时间，边开课、边总结、边改进的策略。教材中有一个课题研究是"自行车的物理知识"。

自行车（图 3-9）是我们日常生活中一种普遍的交通工具，常见的有普通载重自行车、轻便自行车、山地自行车、童车、赛车、电动自行车等。它结构简单，方便实用。高中物理新课标物理教材选修 2-2 书末的课题研究就要求以自行车为研究对象研究其蕴含的物理知识。这符合"非常规"物理实验提倡的教学理念，即利用生活中的现成器具和工具来进行物理学习。现在将自行车中蕴含的物理知识列举如下：

图 3-9　自行车

（1）摩擦力方面

①自行车轮胎、车把套、脚踏板以及刹车块处均刻有花纹，增大了与接触面的粗糙程度，增大了摩擦力。

②车轴处经常上一些润滑油，以减小接触面的粗糙程度，来减小摩擦力。

③所有车轴处均有滚珠，变滑动摩擦为滚动摩擦，来减小摩擦力，转动方便。

④刹车时，需要攥紧刹车把，以增大刹车块与车圈之间的压力，从而增大摩擦力。

⑤紧蹬自行车前进时，后轮受到的摩擦力方向向前，是自行车前进的动力，前轮受到的摩擦力方向向后，是自行车前进的阻力；自行车靠惯性前进时，前后

轮受到的摩擦力方向均向后,这两个力均是自行车前进的阻力。

(2) 压强方面

①一般情况下,充足气的自行车轮胎着地面积大约为 $S = 1.8 \times 9 \text{ cm} \times 4.8 \text{ cm} = 77.76 \text{ cm}^2$,当一普通的成年人骑自行车前进时,自行车对地面的压力大约为 $F =$(450 N + 150 N)= 600 N,可以计算出自行车对地面的压强为 7.7×10^4 Pa。

②在车轴拧螺母处加一个垫圈,来增大受力面积,以减小压强。

③自行车的脚踏板做得扁而平,来增大受力面积,以减小它对脚的压强。

④自行车的内胎要充够足量的气体,在气体的体积、温度一定时,气体的质量越大,压强越大。

⑤自行车的车座做得扁而平,来增大受力面积,以减小它对身体的压强。

(3) 轮轴方面

①自行车的车把相当于一个轮轴,车把相当于轮,前轴为轴,是一个省力杠杆,如图 3-10 所示。

②自行车的脚踏板与中轴也相当于一个轮轴,实质为一个省力杠杆。

③自行车的飞轮也相当于一个省力的轮轴。

(4) 杠杆方面

自行车的刹车把相当于一个省力杠杆。

图 3-10 车把

(5) 惯性方面

①当人骑自行车前进时,停止蹬自行车后,自行车仍然向前走,是由于它有惯性。

②当人骑自行车前进时,若遇到紧急情况,一般情况下要先捏紧后刹车,然后再捏紧前刹车,或者前后一起捏紧,这样做是为了防止人由于惯性而向前飞出去。

(6) 能量转化方面

①当人骑自行车下坡时,速度越来越快,是由于下坡时人和自行车的重力势能转化为人和自行车的动能。

②当人骑自行车上坡之前要紧蹬几下,目的是增大速度,来增大人和自行车的动能,这样上坡时动能转化为重力势能,能上得更高一些。

③自行车的车梯上挂有一个弹簧,在它弹起时,弹簧的弹性势能转化为动能,车梯自动弹起。

(7) 齿轮传动方面

如图 3-11 所示,设齿轮边缘的线速度为 v,齿轮的半径为 R,齿轮转动的

角速度为 ω，则有 v = ωR。

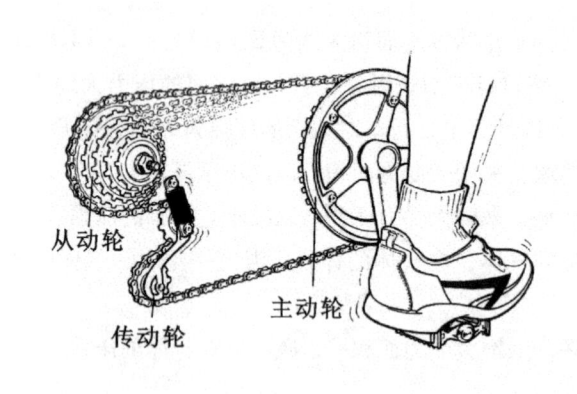

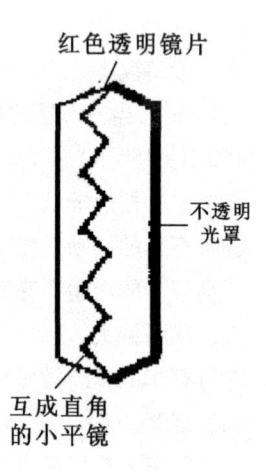

图 3-11 自行车驱动轮　　图 3-12 反射镜

(8) 热学知识

夏天自行车轮胎内的气体不能充得太足，是为了防止自行车爆胎。因为对于质量、体积一定的气体，当温度越高，压强越大，当压强达到一定程度时，若超过了轮胎的承受能力，就会发生爆胎的情况。

(9) 光学知识

在日常生活中，自行车的后面都装有一个反光镜，它的设计很巧妙，组成如图 3-12 所示。它是由三个相互垂直的平面镜组成一个立体直角，用其内表面作为反射面，这叫角反射器。当有光线从任意角度射向尾灯时，它都能把光"反向射回"，当光线射向反光镜时，会使后面的人很容易看到。在夜间，当汽车灯光照到它前方的自行车尾灯上时，无论入射方向如何，反射光都能反射到汽车上，其光强远大于一般的漫反射光，就如发光的红灯，足以让汽车的司机观察到。

(10) 电学知识

在有些自行车上装有小型的发电装置，它利用摩擦转动，就像我们在实验室中看到的手摇发电机一样，发出的电能供给车灯工作，起到一定的照明作用。

(11) 声学知识

自行车的金属车铃发声是由于铃盖在不停地振动，而汽笛发声是由于汽笛内的气体不断振动而引起的。

第四节 初高中物理教材中的其他栏目特点及其分析

一、双语教学

当今许多中学都开设了英汉双语课程，编者统计初中教材上出现130余个单词，而高中教材上有200左右个单词。这些单词为广大物理教师开展双语教学提供了必要的条件。

英汉双语教学的产生可以归纳为五个原因：①英语教学本身存在少、慢、差、费问题，许多人想以此模式改进英语的教学。②国际交往日益增多，单纯的生活英语已无法满足经贸、文体、旅游等各层面的多向需求。③社会对复合型人才的大量需要。④我国教育模式的多元探索，如20世纪60年代景山小学双语教学的探索。而现有的国际学校、双语学校则已经开始成为双语教学的孵化器和双语师资的培训基地。⑤世界各国双语教学的经验积累，加拿大、新加坡、印度等都进行了比较成功的双语教育，香港特别行政区更是提出了"三语两文"的目标。开展适合当地语言使用特点和语言使用发展需求的双语教育，已经成为国际学术界和教育界的共识。据国际双语教育研究中心1982年不完全统计，双语教育的研究文献已达两万多种。

上海、广东、辽宁等省市有组织、成梯次的双语教学试点充分说明，我国发达地区的英汉双语教学必须定位于"用英语讲授非英语学科的内容""英语只是教学语言和工具，讲授内容必须是相应的学科知识"。教材上出现的有关英汉双语教学的内容主要是以单词为主。编者对教材上出现的英汉双语内容进行了分析，发现有如下特点：

（1）单词都以名词的形式出现，如必修1中 mass point（质点）、path（路程）等词汇都是以具体物理概念的词汇展示为主。这些词汇构成了整个物理知识框架的基础。能够使得学生在平时看网页、报纸，甚至电器说明书的时候对一些关键词汇较为熟悉。另外，也是整个双语教学的基础。

（2）对一些常用的术语进行展示。比如在教材上出现 $v-t$ graph 即 $v-t$ 图象。这些都是习题中常用到的词汇。这类词语在一些习题册上也时常能见到，所以教材上出现使得学生不感到十分陌生。

（3）对其英语词汇的巩固也有重要作用。所以，通过物理双语单词的学习，对英语学习的巩固不但有重要意义，也给学生扩展了查阅英文物理学习资料的空间。

二、引入

新教材在课程主题引入方面做了许多努力，下面将编者所总结的教材中有关教学内容的引入绘制成表格，从中我们可以总结出一些特点。

表3-5 教材中的引入部分

书目	章节内容	引入事物	相互联系
八年级上	声现象	大象	大象用我们听不到的声音交流
	光现象	礼花	礼花漂亮的色彩
	透镜及其应用	天文望远镜	利用天文望远镜来观察太空
	物态变化	冰晶和雪花	自然界中的物态变化
	电流和电路	电器维修部	电子维修部里的电子器件
八年级下	电压 电阻	雷电	雷电的电压有多大
	欧姆定律	夜间彩灯	彩灯的灯光奇幻、神秘
	电功率	风车发电	风车发电的电能转化
	电与磁	极光	极光与电磁场的关系
	信息的传递	烽火传信息	人们传递信息的方式
九年级全一册	多彩的物质世界	许多物质	物质的构成
	运动和力	跳雪运动员	运动员的运动和力
	力和机械	杞人忧天	寓言中的物理知识
	压强和浮力	飞机飞行	飞机飞行的原理
	功和机械能	过山车	过山车的物理原理
	热和能	火	火给人类带来的变化
	能源和可持续发展	恒星的能量	恒星的能量变化
高中必修	运动的描述	各种运动	理性分析各种物体的运动
	匀变速直线运动	磁悬浮列车	磁悬浮列车的速度变化
	牛顿运动定律	运动和力	概括运动和力的关系
	曲线运动	运动的特点	各种运动的特点，总结规律
	万有引力	探索宇宙	人类探索宇宙的努力
	机械能守恒定律	机械能守恒	各种形式的能量相互转化

从上面的表格，我们可以看出初高中物理课程引入所运用的内容和呈现形式上有一定的区别，主要表现在初中的表达更多的是利用实物来进行叙述，而高中教材中加入了一些理性分析的因素。

三、图片

前苏联著名教育家乌申斯基说过"把画片带进教室，就是哑子也会说话了"，足见图片在教学中的重要作用。教材图片有着丰富多变的艺术形式和表现手法，它与一般的示意图和简化图相比，更加直观、形象、生动，对事物的物理特征的表现更加突出、鲜明。编者对教材中的插图进行了简单的分类，以期大家能合理利用图片进行教材分析。

新物理教材充分挖掘日常生活中的物理素材，关注社会热点和科技进展，使用了大量的彩色实物图片，不少插图采用了生活中学生喜闻乐见的照片、漫画、卡通等。编者初步统计，初高中物理教材中插图约有 800 多幅，不仅数量多，而且内容也相当丰富。其中的图表、照片和地图等插图形象地体现了某些过程或编者的意图。插图的说明包括图中的重要概念，图注指出了图中的关键，而图例则说明了图中各种符号的含义。教材行文适合学生的阅读能力，避免了学究气、成人化，提高了可读性，内容生动活泼、图文并茂，能激起学生学习物理的兴趣。学生乐于花一些时间仔细看插图和附带的文字信息，通过赏析一幅插图可以使学生从这些视觉元素中学到知识，进而理解物理规律。

（一）生活化

下面列举几幅教材中出现的图片：

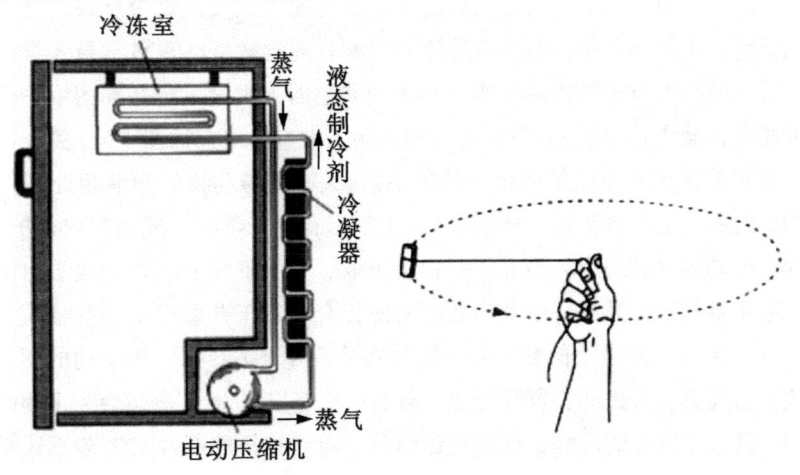

图 3-13　教材中的联系生活的图片

物理规律具有生活化的特点，它来源于生活又高于生活。教学中让学生在比较多的感性知识的基础上知道物理规律的来源，将物理知识应用于生产、生活的各个方面，使知识显得有血有肉，而不是干巴巴的条文和枯燥乏味的习题。新教材很好地做到了这一点，它在呈现方式上不追求叙述上的严格，淡化定量研究，强调"物理与生活"的关系，强调物理与实际生活、自然现象与社会的广泛联系，强调物理应贴近学生的生活，对培养学生的学习兴趣，促使学生积极参与教学活动，主动获取知识都有很大的帮助。教材中的插图大多来源于生活事例，重视生活中物理知识的实际运用。

（二）人文化

物理学既是一门严谨的自然科学，同时也富含优秀的人文主义精神和丰富的辩证唯物主义思想，可以让学生在学到自然科学知识的同时还可以受到良好的道德品质的熏陶。所以新教材中的插图强调物理与人类文化的广泛联系，注重"科学与人文"，体现人文主义。教材插图注重自然物理和人文物理的结合，突出了人文物理的内容，反映在图幅数量上人文物理的图片所占比重很大，集中反映了当代人类面临的资源、人口、环境、人与人等社会问题。同时教材注重科学与人类社会交往的过程，关心人与人的团结协作（如不同肤色的人大量出现在插图中，很多实验都涉及多人操作），关心弱势群体（如残疾人大量出现在插图中），关心民族融合（如各民族优秀文化成果出现在插图中），关心人与动物的和谐相处（如人与动物相处的照片也大量出现在插图中）。这些都有助于学生养成实事求是的作风、尊重他人劳动成果的态度，培养学生积极进取、坚忍不拔的精神，敢于向困难挑战并战胜困难的意志品质，使学生在未来的社会中善于并敢于承担对他人、对社会的责任，成为"健康"的社会人。教材列举了《天工开物》中生动的图片，代表了我国古代劳动人民的智慧和汗水。教材中也有以2008年奥运会为主题的霓虹灯彩图，通过霓虹灯的闪烁，体现奥运精神。看到这样的图片又怎会不让学生感到人与自然和谐相处的美好呢？

图3-14 教材中的联系历史生活的图片

（三）趣味化

兴趣是最好的老师，在整个物理教学的过程中，高中物理教学是青少年进入物理知识宝库的入门和启蒙，是培养学生学习物理兴趣，具有初步观察事物、分析问题、解决问题能力的关键。教学手段的趣味性能够在教学过程中不时地刺激学生的感官，活跃课堂气氛，使其在持续的兴趣中保持比较长久的注意力，对提高课堂效率起到举足轻重的作用，所以趣味活动已成为学生爱学、乐学、会学物理的"药引子"。

新教材的插图幽默、详细，文字生动，符合青少年的心理与生理特点，更显示出该教材科学可行、生动有趣的特点，使其成为一本学生爱不释手的通俗科学读物。教材中增加了许多学生实验并配有插图，插图实验的趣味性突出并加强了实验观察与操作中的趣味性，实验精心设计并且游戏化（如小魔术、趣味小游戏、小制作等）。插图描述语言也极具趣味性（整个教材内容的描述语言风趣生动），能够让学生在较为轻松的环境中接受知识、增加技能。该教材的插图中还创作和引用了卡通画等，这种表达方式与学生心理特点非常吻合。

图 3-15　教材中幽默、生动的图片

总之，插图不仅能帮助学生快速地掌握物理学知识，而且能激发学生热爱物理、喜欢物理的思想情感，培养学生良好的心理素质和审美意识，进而能陶冶学生的情操。

我国中学物理教材的改革正在逐步深入，教材多样化的格局已经形成，教材改革中的问题有待在实践中解决。随着素质教育的推行，高中物理教材的改革也将进入一个新的阶段。

四、物理学家

教材上出现许多物理学家，他们有的是通过栏目直接介绍出来的，而有的是在教材文章叙述过程中介绍出来的。编者对教材中出现的历史人物进行了大概统计：

高中《物理·必修1》中历史人物共有6位得到重点介绍：亚里士多德、普朗克、伽利略、牛顿、丁肇中、爱因斯坦。高中《物理·必修2》中有4位历史人物得到重点介绍：基尔霍夫、拉普拉斯、开普勒、劳厄。

其他册书上出现了富兰克林、爱迪生、奥斯特、安培、洛仑兹、法拉第、埃米利奥·赛格雷、麦克斯韦、赫兹、费曼、伦福德、克劳修斯、W.汤姆逊、霍布森、伦琴、贝克勒尔、居里夫人、瓦特、赛格瑞、特斯拉、李政道、王竹溪、罗杰·彭罗斯、约·惠勒、R.埃姆登、焦耳、冯瑞、达·芬奇、托马森·杨、德布罗意、密立根。

物理学史是研究物理学发展的学科，它是物理科学体系中重要的组成部分。物理学史教育是通过传授物理学史方面的知识，培养学生的科学意识、科学精神及科学方法等多方面品质的过程。在教学活动中我们深刻体会到，物理学史教育是中学物理教学中不可少的组成部分。尤其在全面推进素质教育，实施课程改革的今天，对发展中学生综合素质提出了更高的要求，物理学史的教育功能则更加明显。看到教材介绍中的一个个物理学家，我们都感到十分激动和兴奋。这些物理学家也成为我们结合物理学史进行物理教学的切合点，也为我们提供了现成的可以利用的资源。

五、栏目利用策略

（一）用好的思考讨论栏目，改变学生学习方式

新实验教材（人教版）为我国新一轮基础教育教学改革提供了良好的课程环境：它大大加强了物理与现实生活的紧密联系，使物理成为学生的经验、常识的提炼与升华；它采取"问题情境—物理模型—解释与应用"的叙述方式，使枯燥乏味的物理变得既有趣又有用；它以实现儿童的发展为宗旨，为他们提供大量的观察、猜想、思考、操作、验证、自主探索与合作交流的机会，去收获自信，感受自尊。我们高兴地看到，学生喜欢学这样的物理，教师也喜欢教它。

为了改变学生的学习方式，实验老师们正在努力探索新的教学策略。先进的教育理念要转化为教学实践，不能没有相应的教学策略。一种教学策略的优劣，要看它是否考虑到学生的个别差异，是否能使每个学生都得到充分的发展。教学研究的真谛，就在于寻找这样的教学策略。课堂也确实在发生着可喜的变化：一言堂变成了群言堂，多了动感、生气和活力，不时还有孩子的真知灼见，语惊四座，让人欣喜不已。但是，问题依然尖锐地摆在我们的面前：学生的个别差异该怎样得到关注？教学的个别化该如何得以加强？弱势学生群体的独立性、自主性的培养和发展，需要什么样的教育环境？如何才能实现"不同的人学习不同的物理"的课程目标？这些深层的、棘手的课题，我们还没有多少破解的良策。

（二）用好的合作机会，让学生学会合作研究

一个具有合作意识和能力的人，才能融入社会和辽阔的生活海洋，合作交流是学生学习物理的重要方式之一，许多教师都认识到了这一点，因此都非常注重培养学生们的合作意识。但对低年级的学生来说，合作学习在实际操作中确实有一定的难度。因为孩子们没有合作学习的习惯，学习经验少，与他人交往的能力弱，课堂上教师稍有疏忽，安排不当，调控不好，课堂便可能秩序混乱，非但合作学习的目的达不到，教学任务也无法完成，因此，有的教师急呼"我的学生不如某某班的好，不听话，不适合选择合作学习这种方式"，甚至有的课堂出现假合作学习的现象。虽然孩子们小，没有合作学习的经验，但是，并不代表他们不适应合作学习，恰恰需要的是教师引导他们去学会合作学习。

（三）用好的实验探究，培养学生的科学素质

如果一个人只具有科学知识，而不懂科学方法，没有科学思想，就不能说明他受过系统的科学教育。物理学教育要实施科学素质教育，必须从四个方面全面加以实施，其主要内容包括：科学知识、科学精神、科学方法、STS 的观念。编者认为只重传授物理知识和技术是片面的物理教育。全面的物理教育要求物理教学既传授知识和技术，又训练科学方法和思维，还培养科学精神和品德。怎样培养学生具有这些素质，结合中学物理教学的实际论述如下。

1. 尽可能按照科学方法论组织教学过程

科学方法就是认识和研究自然界所遵循的过程和手段，其主要包括五个步骤。

第一步是搜集事实。通过各种手段搜集丰富的事实。事实是有关事物的感性知识，是产生理论的根源，又是检验理论的唯一标准。所以搜集事实这一步非常重要。"鸟的翅膀无论多么完善，如果不依靠空气的支持，就不能使鸟体上升。事实就是科学家的空气，没有事实，你们就永远不能飞腾起来，没有事实，你们的'理论'就是枉费心机。"（巴甫洛夫）我们必须用物质的性质和反应的基本事实来充实学生的头脑，通过说服和教育使学生认识到基本化学事实的重要性，乐于和善于记住它们。

搜集事实的方法是观测和实验。所谓实验就是尽可能地排除外界的许多影响，突出主要因素，并且在能够细致地观察到各种现象之间相互关系的条件下，使某一事物（或过程）发生或重演。当搜集和积累足够的事实之后，科学方法的第二步是提出假说。假说就是用已有的事实材料和科学原理为依据，对于未知的事实（包括现象之间的规律性联系、事物的存在或原因、未来事件的出现）的假定性的解释。假说具有解释性，它能对已掌握的有关事实作出统一的解释。假说可以是一个概念（如原子、层子）、一个判断（如微观粒子具有波粒二象性）、一个理论体系（如道尔顿原子假说）等。假说是所要建立的理论的预制品。它的作

用是指导我们理解新情况，启发我们做新的实验，从而导致新的发现。

为了检验假说是否正确，需要对其进行验证，这就是科学方法的第三步：验证假说。即进一步搜集事实以检验其是否与假说符合，或由假说推演出结论再通过实验检验其是否符合。如果不符合，表示假说不真实，必须加以修正或废弃。如果符合，假说的真实性和可靠程度就增加一层或成立。

将反复验证为正确的假说上升为理论，这就是科学方法的第四步。理论是概念、原理的体系，是系统化了的理性认识，是事物的本质、规律的正确反映。从假说到理论虽只有一步之差，有时却要经历数十年甚至上百年。理论成立之后不是僵化一成不变的，它要随着新事实的发现而有新的发展，这就是科学方法的第五步：继续发展。

按照科学方法论组织的这个教学过程，有思考、推理和实验验证，学生不是被灌输者，他们或许没有原子结构是"从天上掉下来"的感觉，而在某种程度上是原子结构发现过程的参与者。这种教学模式可以应用到其他原子结构模型的推演上。

2. 开展丰富多彩、形式多样的阅读活动

课外阅读实践活动因其活动课的特征，在组织形式上相对课堂教学来说更加自由，更加多样，更具有开放性。通过适当的分类，可以帮助教师更好地把握课外阅读实践活动的特点，更好地组织学生开展阅读实践。根据活动的主题来说，可分为：

（1）个体自主型。这是学生根据自己的兴趣爱好和需要，个别进行的课外阅读活动，是学生课外阅读实践活动中最经常、最灵活、最方便、最自由的一种形式。

（2）小组合作型。这是物理课外阅读的基本组织形式，也可结合校外社区活动来进行。它是建立在一部分学生的共同兴趣、爱好和需求的基础上的有组织的活动形式，最适合开展合作、探究性的阅读。

（3）群体活动型。这是一种运用比较广泛的活动形式。它可以同时吸收大批学生，便于营造氛围，激发兴趣，使学生广泛受益。

（4）读书笔记的展评。为了养成学生踏实认真的读书习惯，巩固课外阅读的效果，教师可以采取"不动笔墨不读书"的方法，要求学生既读书又要动笔墨，可以在书上做小笔记，也可以写读书笔记，并把这些笔记展示给伙伴欣赏。

（5）进行阅读交流。阅读交流是同学间互相交流读书心得、介绍读书方法、推介新书的重要途径。在交流活动中，同学们在推荐的小主持人的主持下，各抒己见、滔滔不绝，以演讲、知识竞赛、总结表彰、手抄报、故事会等多种形式开展，同学间互相学习、共同进步，巩固了阅读效果。

以上所说到的阅读方式都只是其中一部分，具体还要依据孩子的爱好和兴趣来维系，对待孩子的阅读方式，无论作为教师还是家长都要宽容一些。

（四）培养学生良好的阅读习惯

习惯是经过反复训练养成的行为倾向，有了良好的阅读习惯，中学生才能自觉地参与到课外阅读活动之中，主动去发现、探索、获取。习惯的形成可以有两种途径：一种是强制性，这种方法的结果是习惯形成了，但同时学生的反抗心理也随之形成，这犹如一朵带刺的玫瑰花；另一种是暗示性的，这种既可以养成良好的习惯，又能提高学生的自觉性。其实，一个人一旦养成某一种习惯，将会长期影响他的其他行为的。所以，在阅读指导中培养学生良好的阅读习惯，将会使他受益无穷。良好的读书习惯有认真阅读、使用工具书的习惯、积极思考问题的习惯等。

总之，现今素质教育已成为改革和发展的潮流。随着应试教育向素质教育的转变，素质教育对学校教育也提出了更高的要求：学校教育如何在减轻学生课业负担的前提下，与课外教育有机地结合起来，使之形成全方位的教育体系。而开展物理课外阅读作为学生自我教育的一项重要内容，既是对学生自我能力的培养和全面提高素质的一个关键环节，也是对学校教育及物理学科的拓宽、延伸和补充。所以，在组织课外阅读时，教师要发挥主导作用，充分调动学生的积极性，激发学生的兴趣，努力营造出一个有利于学生阅读的环境，这对于学生今后的学习会有实际性的帮助。

（五）利用开放性栏目开展差异教学

1. "说一说"有利于巩固和深化理解知识，有利于拓宽知识面、激发探究欲望

如"运动的描述"一章中第17页的"说一说"，通过著名物理学家、诺贝尔奖获得者费恩曼讲过的一则笑话来引起学生的深入思考。"一位女士由于驾驶超速而被警察拦住。警察走过来对她说：'太太，您刚才的车速是60英里每小时！'（1英里＝1.609千米）。这位女士反驳说：'不可能的！我才开了7分钟，还不到一个小时，怎么可能走了60英里呢？''太太，我的意思是，如果您继续像刚才那样开车，在下一个小时里您将驶过60英里。''这也是不可能的，我只要再行驶10英里就到家了，根本不需要再开过60英里路程。'"问题是让同学们说一说这位女士对哪些概念没有搞清楚。

同学肯定通过思考进而得出这位女士对"瞬时速度"、"路程"和"将要走过的路程"这几个概念没有弄清。这个"说一说"的栏目让人眼前一亮、耳目一新。新教材中开放性栏目不同于让同学们简单地讨论发表意见，而是通过一些有趣的话题，让学生能够积极主动地思考进而得出相应的结论。正是在思考和酝酿的过程中，学生对知识有了更加深入的理解和巩固。在高中《物理·必修1》第35页的"说一说"中，对变速运动的图象提出问题："时间间隔相等，对应的速度变化量相等吗?"学生通过观察图象、思考问题会得出"时间间隔相等,对应的速度变化量不相等"的结论,再结合加速度的定义式进一步探究得出,这是一个变加速运动物体的速度图象,其加速度越来越大。学生接着会想:如果物体的加速度越来越小,其图象又该如何呢?这样引导学生自然地将匀加速和变加速运动作比较,既激发了学生对变加速运动的兴趣,又起到了促进学生主动思维,拓宽知识面、培养创新精神的功效,新教材中类似这样的例子还有很多。

教师可以抓住开放性栏目的这一特点对学生进行差异教学,让学生在学完知识的基础上让有能力而且有兴趣的同学继续思考,并在后面的课上"说一说"。一方面,锻炼学生的表达能力;另一方面,锻炼学生的思考和逻辑推理能力。

2. "做一做"从生活走向物理,从物理走向社会,实现现代信息技术与物理学科的整合

高中《物理·必修2》"功率"一节中的"做一做"是调查,除了查看身边的家用电器、周围各种机械外,还可以收集说明书、广告等,调查思路相当广泛。这种学习方式把我们的物理教学从课本、课堂、实验室扩展到了家庭生活,使物理走向社会,充分体现了新课程理念和目标。在实行差异教学的过程中,这类栏目可以广泛地让学生参与。只要有兴趣的同学,都可以从各方面收集信息和材料。

再如,《物理·必修1》第16页中的"做一做"栏目让学生设计方法,分别测量自行车在不同情况下行驶(如长距离和短距离)时的速度,测量蚊香燃烧的速度,对测量结果的可靠性作出评估。这个"做一做"栏目的设置为学生提供了广阔的空间,可以想到好多方法来测量速度,这对学生理解速度的物理意义和速率的概念有重要作用。一些概念的理解是需要结合具体的操作来促成的,速度这个概念光靠教师讲解定义和生活中的实例不能满足学生的求知欲望,它需要学生真正在动手过程中彻底理解其真正的含义。

在差异教学过程中,每个学生的思维过程和习惯都不尽相同,他们可能有许多测量速度的工具和策略,应让学生自己创设学习环境,按照自己的方式理解正确的内容。

3. 通过"科学漫步"和"科学足迹"找寻科学的思想方法,培养学生树立科学的情感、态度和价值观

《物理·必修1》中第11页"科学漫步"中的"全球卫星定位系统",部分学生很感兴趣,老师若适时鼓励他们查找资料,写一篇小论文,并给予交流的机会,将大大激发其对现代科学技术探究的欲望,增强其学好物理的自信心。这对差异教学过程中的多元化教学实施有重要的支撑作用。

再如《物理·必修2》中第48页介绍"牛顿的科学生涯"的相关内容。我们都知道在物理教学过程中融入物理学发展历史不仅有利于激发学生的学习兴趣,而且有利于让学生理解某些概念和规律的发展过程，让他们明白所学知识是建立在无数实验事实和严密逻辑推导的基础上的。

在差异教学过程中，笔者发现，一些学生对文科感兴趣而对纯理科的理解和一些计算问题不感兴趣。在教学中可以让这些学生大量去查阅相关"科学漫步"和"科学足迹"的资料，让他们交流和讨论，这对他们的学习会有一定促进作用。

4. 走进"STS"，充分领略科学、技术、社会发展的关系和人文精神

《物理·必修1》第17页"速度与现代社会"讲的是由于交通工具速度的提高，城市规模扩大了，战争观念更新了，不同文化的交融加快了，还借助协和式客机停飞一事，引导学生讨论"交通工具是不是越快越好"这样的问题，使学生感到物理学就在我们身边。

同样在《物理·必修1》第48页"STS"栏目中的"从伽利略的一生看科学与社会"让学生感受到"没有学术的民主和思想的自由，科学就不能繁荣"的观念。这样一来，就让学生真正感受到物理与社会、物理与生活、物理与技术和科学的相互关系。

在差异教学过程中，我们可以大量使用这些栏目，让学生参与到理解和学习的过程中。

第五节　中学物理教材中呈现的理念和思维方法

一、教材中呈现的教育理念

（一）教材中十分重视生活中的现象与经验

新教材一改传统教材知识间严密的逻辑顺序，尽力突破学科本位的课程观念，注重生活中的现象和经验，努力体现出要在生活中学习物理知识，"从生活走向物理，从物理走向社会"。教材不过分强调概念、规律的严密性，注意到学生的年龄特点和接受程度，注重了概念形成的阶段性和学生的可接受性。例如，新教材在安排透镜及其应用时，将生活中常用的照相机、投影仪、放大镜和眼睛作为学生认识透镜成像的生活基础，然后再让学生自我探究透镜（即凸透镜的成像规律），最后，又回到生活中，了解眼睛是如何看到物体，显微镜为何能看到很小的物体，望远镜为何能看到很远的物体。教材这样的安排有助于让学生产生学习物理的自信心，并且能增强其解决新问题的欲望。

（二）教材突出探究，加强了学生的自主学习

教材突出了学生的探究活动，把科学方法的学习和科学知识的学习放到同等重要的地位。教师可以引导学生从认识探究是科学研究的基本过程开始，到使学生亲自参与探究的部分环节中，再到全面掌握探究活动的整体环节。学生在参与

学习活动的过程中，不仅学习了知识本身，而且还掌握了科学探究的基本方法。教材从"声是怎样产生的"简单观察活动，到探究"水的沸腾"，再探究"串联电路各点的电流有什么关系"，逐步增加探究环节，使得学生在多次的活动过程中渐渐地养成自觉的探究意识，为其进一步的发展打下良好的基础。另外，丰富的学习方式，充满整套教材，除了课堂探究外，还有"想想做做"的实验形式，"想想议议"等讨论形式，"动手动脑学物理"的课外形式以及查资料写小论文等。通过种种自主学习过程，学生既体会到了探究科学世界的艰辛与快乐，又逐步培养了自己科学的情感、态度和价值观。

（三）教材内容既面向全体学生，又针对不同个体

新教材提供给学生最基础的物理知识与技能，确保全体学生的共同发展，特别是在处理许多物理概念时，淡化了精确而繁杂的定义描述，取而代之的是丰富的现象及其应用。如，对压强的处理，教材不去定义压强而只使用其概念；又如，只举生活中的例子，让学生了解有电流的电路两端就有电压，而不去精确定义到底什么叫电压。新教材通过展示生活、自然、社会中普遍存在的现象，进一步让学生了解物理学本身所涉及的研究范围。当然，除了面向全体，教材为不同个体也设计了不同内容，比如总结防雷电的原则，查阅隐形飞机的资料等。

（四）教材处处渗透着STS思想

科学、技术、社会教育是课程标准所强调的，为使学生了解科学、技术与社会之间的联系，教材专门设置了STS栏目，将STS思想渗透在全书中，教材还让学生关注并参加到与物理有关的社会问题的讨论中，培养学生的物理素养。比如，"电视给我们带来了什么"等要求学生发表自己的看法。此外，教材还向学生展示了最新的一些与社会经济发展相关的科技成果，如移动通信、磁悬浮列车、超导现象、制冷技术等，进一步开阔了学生的视野，也更加激发了其主动学习的兴趣。

（五）跨学科的综合性问题

除涉及物理学科知识之外，还需要具备其他学科（如化学、生物、地理学、天文学等）知识的问题。如"从电冰箱到臭氧层"这一课题，它涉及电冰箱工作原理，氟利昂的物理、化学性质，氟利昂中某些物质对臭氧层的破坏作用，臭氧层空间与人类生活环境的关系等知识，这些属于跨学科的综合性问题。

（六）科技前沿性问题

伴随物理学研究向着更广阔和更复杂的领域推进，物理学与其他学科的相互渗透，相互促进，以及众多学科的理论在技术上的广泛应用，形成了众多的科技前沿，像"温室效应"、"航天技术"等都属于科技前沿性问题。

（七）生活与社会实际问题

既与生活紧紧相关，又涉及社会经济可持续发展的物理问题不少，《中学物理课程标准》中诸如"分析农村房屋的各种新结构的力学特性及其经济性","分析我国近年来汽车尾气排放标准的变化","电磁波的应用对人类生活产生的正面和负面影响"等都是生活与社会的实际问题。

课题研究强调学生的自主性,但是教师实施有效的指导不容忽视。作为教师,应当思考的是如何帮助学生选择、确定课题,课题确定后,如何才能收集到相关的信息和资料,怎样指导才能使学生真正通过科学探究,获得发展。

二、教材中的物理思维方法

1. 物理模型

物理模型思维方法是指在学习物理的过程中,充分利用物理模型进行分析综合的思维方法。所谓模型,就是为便于专注本质,解决问题,把复杂的物理过程与研究对象取其枝干,归结为一些简单的模型进行研究。物理模型有两类:一类是把研究对象看作抽象的理想模型,这类模型有质点、理想气体、弹簧振子、单摆、点电荷、点光源等;另一类是把物理过程抽象为理想模型,此类模型有匀速直线运动、完全弹性碰撞、稳恒电流等。同一物体可以分成好几种物理模型,例如太阳,研究它与其他天体之间的引力时看作质点;研究其转动时看作缸体;研究其照射地球表面时,看作点光源。

对同一问题,选取不同的物理模型,会得到不同结论。选取模型的原则是,按照所给条件,尽可能简单。各类物理教材中,有时明确说明讨论的是哪一种模型,如质点、光线。但是多数场合不加说明,需要教师自己来思考。如在力学范围内,石头、小球、子弹等不言而喻作为质点。在转动部分,杠杆、飞轮等应看作刚体。

《物理·必修1》第10页讲道:"在物理学中,突出问题的主要方面,忽略次要因素,建立理想化的物理模型,并将其作为研究对象,是经常采用的一种科学研究方法,质点就是这种物理模型之一。"《物理·必修3-2》第41页也说明"理想变压器也是一个理想化模型"。

2. 物理演绎思维法

万有引力导出过程中,讲到了海王星的发现。19世纪40年代,法国天文学家研究天王星的观察资料时,发现它的位置与天文学计算的结果不一样。他就用万有引力定律这个一般规律,进行演绎推理,推测出这种偏离现象,是由于有一颗未知的行星在吸引着天王星。他把推算出未知行星的轨道和预测的位置告诉了柏林天文台。后来,德国天文学家加勒观察到这个行星,就是海王星。

3. 物理类比思维法

例如,在讲到单摆的时候,知道在摆角<5°条件下,摆长一定的单摆振动周

期与振幅和摆球质量无关，这叫做单摆振动的等时性，摆的等时性是伽利略通过类比的方法得出的结论。青年时代的伽利略，观察教堂里悬挂的油灯在摆动，发现吊灯的摆动幅度尽管越来越小，但每一次所摆的时间似乎是相等的。当时还没有钟表，伽利略就用他的脉搏跳动（一般是有规律的），他一面按着自己的脉搏，一面注视着吊灯的摆动，应用类比推理，观察的结果是正确的。

4. 等效原理思维法

高一物理中知道了匀速直线运动，但在讨论变速运动时，运动的快慢不均匀了。引入平均速度时，一个变速运动，在一段时间里，经历了一段位移，跟一个同样的时间通过相同位移的匀速直线运动效果相当，粗略地描述变速运动快慢，还是位移跟时间的比值。不过，这不叫速度而是平均速度。因此，在讨论平均速度时，一定要阐明哪一段时间，哪段距离才算数。换另一段距离，另一段时间，则就可能不是等效的。

5. 量纲验证思维法

事先选定几个物理量作为基本量。由基本量根据物理公式导出其他物理量的单位，叫做导出单位。国际上制定的一种通用的适合一切计量领域的单位量叫做国际单位制。在力学范围内，国际单位制规定长度、质量和时间为三个基本量，它们用 m、kg、s 作为基本单位。速度、加速度、力、动量、功都是导出量，它们的单位为 m/s、m/s^2、N、kg·m/s、J。

6. 数理结合思维法

关于匀变速直线运动，有三个基本公式：$v = v_0 + at$，$x = v_0 t + \frac{1}{2}at^2$，$v^2 - v_0^2 = 2ax$。如果掌握了三个公式推导的来龙去脉，就会清醒地认识到，这三个公式的前两个是实验得出的基本公式，而第三个公式是前两个推导出的。由此可知，三个公式中有五个物理量，所列出的独立的基本方程有两个。

在研究物理问题时，有时还应用近似处理思维法。例如，在空气中拿弹簧秤测量一个物体的重量时，一般认为，当物体静止不动的时候，弹簧秤的读数，在数值上等于物体的重量。这就用了近似处理的思维方法。因为，挂在弹簧秤下静止不动的物体受到三个力作用，处在平衡状态。一个是竖直向下的重力，另两个是竖直向上的弹力和空气的浮力。事实上，弹力比重力小，由于空气的浮力与弹力相比小得可以忽略不计，则弹力与重力近似相等。如果把悬挂的物体放到水中，情况就发生了变化，这时不对物体的浮力与弹力作比较，就不存在忽略不计。物体的重量等于弹力加上浮力，这样弹簧秤的读数就不等于物体的重量。

7. 隔离研讨思维法

研究漫反射时，应该用隔离法，即把细微的每一块镜面看作平面镜，由于隔断倾斜面不同，当入射光是一束平行光，经过反射后，则各个倾斜度都有，成为漫反射。又如，在变速直线运动中，整体的速度是变化的，从中隔离出一小段，且将这一小段取得很小很小，可以认为在这小段内速度是不变的，求其位移与时间的比值，即代表这一时刻的速度。通过这样隔离研讨思维，能较为深入地理解瞬时速度的概念。

8. 科学猜想思维法

把日常生活经验跟物理规律结合起来，进行科学猜想。例如，学习阿基米德定律时，联系到从井里打水。在水桶离开水面过程中，打水人会感到桶逐渐变重，可以推出浮力大小可能与物体浸入液体里的体积大小有关。还可以联系在河水中游泳和海水中游泳有何不同，猜想浮力大小可能和液体密度有关。观察探索性实验，获得定性的认识后，进行科学猜想。例如，初中物理做"研究液体的压强与深度的关系"探索实验时，首先获得液体内部同一深度，向各个方向的压强都相等，然后，认识到液体的内部压强随深度的增加而增大，进而进行科学猜想，液体的压强可能与深度有关。

9. 触类旁通思维法

建立明确的物理概念，理解基本物理规律。中学物理知识的主要组成部分是基本概念和基本规律。许多定律是有关概念之间的内在联系与相互制约依存关系的反映。然而不少概念，往往仅从一个侧面反映事物的个别属性，如平均速度、加速度、质量、力、电流、电阻等。而力学是要弄懂运动方程、牛顿定律，电学是要弄懂欧姆定律，这样才能全面深刻地涉及事物的本质。但是，概念不清，规律不明，生搬硬套，没有"触类"，更无"旁通"。故清概念、通规律是"触类旁通"的基本要求。全面认识问题，弄懂纵横关系；分析疑难问题，弄懂一般规律。

10. 比值法

高中《物理·必修1》第15页，我们用两个物理量（位移和时间）的比值定义了一个新的物理量（速度），它的物理意义与原来的两个物理量完全不同。在物理学中，常常用比值定义物理量，用来研究对象的某种新知，例如，物质的密度、运动速度、压强等。这个方法在其他领域也经常使用，例如，人均耕地面积、人均收入、货物的单价等。

11. 作图技巧

比如，教材在作曲线"拟合"坐标系中的点时，要注意"顺势"、"平滑"，如果有些点难以落在曲线上，应该使它们大致均匀地分布在曲线两侧，为了使拟合曲线能较好地反映客观规律，根据实验数据作出的点不能太少，至少要有五六个。

12. 理想实验

后人在用伽利略的器材重复他的实验时发现，铜球沿斜面滚下，如果斜面倾角超过 5 度就很难准确计时，伽利略把他的结论外推至 90 度是需要很大勇气的。后来他的外推被直接的实验证实了。

13. 实验误差分析

教材中提到"现在，科学研究人员做实验时都要对误差做定量的分析，以确认这些偏差与实验误差的关系。这样，下结论的把握就大多了"。的确，在物理教育和教学过程中，实验的误差分析是十分重要的内容。

14. 反证法

《物理·必修 3－1》第 19 页讨论等势面与电场线的关系时用到了反证法，反证法是科学研究中重要的逻辑方法，在日常生活中也常用到，请你试着举出一些例子。

15. 比喻

比如通过"地势"的高低来想象电势的高低。在物理教学中用类比法把抽象、乏味的物理知识形象化、趣味化，使很多看不见、摸不着的物理知识点或者原理，都与我们日常经历的熟悉的某些具体情境相似。比如，有位教师在教"影响电阻大小的因素"一节时是这样进行的：用同学们都很熟悉的"红军飞夺泸定桥"这个壮观的情境来类比导体的电阻；抛开敌人炮火的影响，哪些因素是阻碍红军过桥的难易因素呢？学生回答：桥越长，他们能够过桥的难度越大（跟长度成正比），桥越窄越难通过（跟横截面积成反比），还与铁索桥上是否垫上木板（材料、温度等因素）有关。此时老师趁学生正处在热烈讨论的七分钟轻松引入类比内容：用形象的桥对红军通过的难易因素类比抽象的导体对电流的阻碍作用因素。类比得出：导体对电流的阻碍作用跟导体的长度成正比，跟横截面积成反比，还跟导体的材料、温度有关系。这样同学们便轻松掌握了本节课程内容，而且印象深刻，把电阻这个看不见、摸不着的抽象乏味的东西形象化、趣味化，从而解决了学生不想学或者学不懂的难题。

日常生活中的那些司空见惯的现象，都可以从类比中形成表象。学习分子运动论时，学生对一瓶水和一瓶酒精混合后装不满两瓶的实验难以理解。只要问：一桶核桃和一桶大豆倒在一起，还是两桶吗？学生就会豁然开朗。有了表象，疑难也就迎刃而解了。

在"认识串联电路"一节里，老师可抓住关键词"串"字，在黑板上迅速画出一串珍珠链或水晶链，还风趣地询问同学们知道那是什么吗？此时同学们都开始讨论。老师马上把话题转到一串珍珠链的特点上：把各颗珍珠逐个顺次连接在一条线上。串联电路也一样：把各种用电器元件逐个顺次连在一条导线上，只有一条回路。如此，学生便轻松掌握了串联电路的特点。

又如，在"功"这一节里，字义上"功"指"功劳"、"贡献"的意思，老师可以创设《水浒》中的众将排名论英雄的情境，我们该从哪些方面判断英雄的排名呢？在同学们进行热烈讨论时，老师总结：有"贡献"的两个因素缺一不可，首先是要出力，其次是要有功效。类比物理中做功的两个必要因素：对物体要有力的作用，在力的作用下物体移动了距离（效果）。两个因素如果缺少一个便是：不劳无功（没有力也没有效果，$F=0$，$W=0$）或劳而无功（$s=0$，$W=0$）。

这样可以达到一箭双雕的效果，但是过分追求情境的创设而生搬硬套反而会弄巧成拙。

[本章小结]

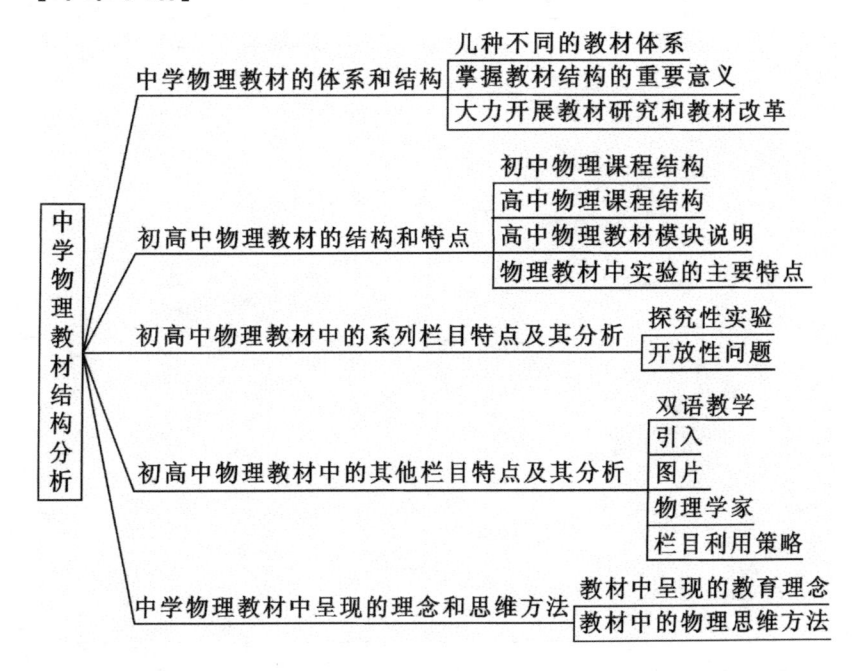

中学物理教材结构分析
- 中学物理教材的体系和结构
  - 几种不同的教材体系
  - 掌握教材结构的重要意义
  - 大力开展教材研究和教材改革
- 初高中物理教材的结构和特点
  - 初中物理课程结构
  - 高中物理课程结构
  - 高中物理教材模块说明
  - 物理教材中实验的主要特点
- 初高中物理教材中的系列栏目特点及其分析
  - 探究性实验
  - 开放性问题
- 初高中物理教材中的其他栏目特点及其分析
  - 双语教学
  - 引入
  - 图片
  - 物理学家
  - 栏目利用策略
- 中学物理教材中呈现的理念和思维方法
  - 教材中呈现的教育理念
  - 教材中的物理思维方法

[思考与练习]

1. 请你列举中学物理教材的几种不同体系。
2. 简述掌握物理教材结构的意义。
3. 用框图表示初高中物理教材的系统结构。

4. 简述新教材的基本特点。

5. 请你列表归纳中学物理教材有哪些栏目。

6. 对你感兴趣的栏目查阅相关资料，想想如何指导学生写一篇关于这个栏目的小论文。

7. 对比第一章中提到的国外物理教材，看看国内外物理教材在栏目设置上都有什么特点。

第四章 利用知识可视化图示分析中学物理教材

[内容提要]

本章对利用知识可视化图示来进行教材分析做了说明。首先对集中可视化图示进行了介绍，并介绍了其在教材分析中的一些运用。接着又说明了利用表格的可视化形式来进行教材分析的方法。最后介绍利用 ISM 方法来分析教材。

[学习指导]

1. 查阅相关资料，了解知识可视化图示的一般方法有哪些。
2. 学会运用图示的方法来分析教材。
3. 学会根据教材不同内容设计分析表格。
4. 简单了解 ISM 方法进行教材分析的过程和步骤，并尝试运用。

第一节 利用图示法分析中学物理教材

知识可视化是在科学计算可视化、数据可视化、信息可视化基础上发展起来的新兴研究领域，应用视觉表征手段，促进群体知识的传播和创新。在分析教材的时候，能够找到教材中所体现的种种信息是十分重要的。而知识可视化示图可以帮助教师在众多繁杂的教材信息中梳理头绪，找到相关的切入点。下面我们对利用知识可视化图示来进行教材分析进行一些尝试性的说明。

在分析之前我们应该指出的是，利用知识可视化图示进行教材分析的时候不能被下面介绍的几种可视化图示所束缚，而应该在平时的分析、备课以及教学过程中多多思考，将下面几种图示能合理有效地利用甚至将其有机结合起来，以达到目的。另外，还应该提倡的是教师应该形成自己的风格，而不是严格按照下面所叙述的方法来进行。

一、目前流行的几种知识可视化工具简单介绍

（一）概念图（Concept Map）

概念图是康奈尔大学的诺瓦克（J. D. Novak）博士根据奥苏贝尔的有意义学习

理论提出的一种教学技术。根据诺瓦克的定义，概念图是用来组织和表征知识的工具。它通过将某一主题的有关概念置于圆圈或方框之中，然后将相关的概念和命题用连线连接，连线上标明两个概念之间的意义关系。概念图是使用节点代表概念、连线表示概念之间的关系，由包含一个概念的节点及连接组成。连接被贴上标签并用箭头符号指示方向，被贴上标签的连接解释节点之间的关系，箭头描绘关系的方向，"概念—连接词—概念"这样一个三元组形成一个命题。另外，概念图是具有层次结构的，最高级的概念处在顶端，人们可以用合适的关联词来说明不同层次的概念之间的关系，并确定不同分支之间的横向联系。

概念图这种知识可视化方法最大的优点在于对知识的体系结构（概念及其概念之间的关系）一目了然地表达出来，还突出表现了知识体系的层次结构。

（二）思维导图（Mind Map）

思维导图最初是20世纪60年代英国人托尼·巴赞（Tony Buzan）创造的一种笔记方法。托尼·巴赞认为：传统的草拟和笔记方法有埋没关键词、不易记忆、浪费时间和不能有效刺激大脑四大不利之处。而简洁、高效和积极的个人参与对成功的笔记有至关重要的作用。在草拟和笔记的办法成效越来越小的情况下，需要一种可以不断增多回报的办法，这种办法就是思维导图。尽管思维导图的初始目的是为了改进笔记方法，它的作用和威力还是在日后的研究或应用中不断显现出来的，被广泛应用于个人、家庭、教育等方面。

托尼·巴赞认为思维导图是对发散性思维的表达，因此也是人类思维的自然功能。他认为思维导图是一种非常有用的图形技术，是打开大脑潜能的万能钥匙，可以应用于生活的各个方面，其改进后的学习能力和清晰的思维方式会改善人的行为表现。

（三）认知地图（Cognitive Map）

认知地图也被称为因果图，是由Ackerman Eden提出的，它将"想法"作为节点，并将其互相连接起来。想法不同于概念，它们大多是句子或段落。认知地图是以个体建构理论为基础的，其中的"想法"都是通过带箭头的连接线连起来，但连接线上没有连接词，连接线的隐含意思是"因果关系"或"导致"，且没有层次的限制。认知地图用来帮助人们规划工作，促进小组的决策。

（四）语义网络（Semantic Web）

在心理学中，语义网络被定义为词语或概念的语义或相关程度。然而，Fisher将其定义为节点和连接词组成的网络，有连接词但不严格限制在层次结构上。这样，语义网络更像概念图，而不像主流心理学和计算机科学中定义的那样。与概念图一样，语义网络以概念和有意义的、不受限的连接词为基础，形成基本的实例或命题。Fisher 认为语义网络可以被看成多维的，而非二维的。语义网络可以非常大，包含成百上千的相互关联的概念。由于它非常大，使用者在某一时间只能看到其中的一个部分，也就是与中心概念直接关联的概念。

（五）思维地图（Thinking Map）

思维地图是由 David Hyerle 博士 1988 年开发的帮助学习的语言。在这种语言中，教师和学生一共可以使用八种图，用以帮助阅读理解、写作过程问题解决、思维技巧提高等。

这八种图都是以基本的认知技巧为基础的，这些技巧包括比较和对比、排序、归类和因果推理。与木匠用的一套工具类似，学生在建构知识时要使用多个图以便于提高基本的阅读、写作、数学以及问题解决能力和高级思维能力。大量的研究和发表的论文既笼统地支持使用不同的视觉工具，也支持特定的思维地图。

这八种图分别是：括弧图（Brace Map）、桥接图（Bridge Map）、起泡图（Bubble Map）、圆圈图（Circle Map）、双起泡图（Double Bubble Map）、流程图（Flow Map）、复流程图（Multi-Flow Map）和树状图（Tree Map）。

二、可视化的引入背景和特点

（一）现代大脑研究

在每个人的大脑中，估计有一万亿个脑细胞。20 世纪 60 年代末期，加利福尼亚的罗杰·斯伯里教授公布了他对大脑进化最为完整的区域，即对大脑皮质进行调查的结果。他的发现说明，皮质的两边或者叫半脑之间的主要智力功能似有分开的倾向。右半脑主要有下列功能：节奏、空间意义、形态、想象、白日梦、色彩及维度。左半脑主要的功能似有不同，但也同样重要：词汇、逻辑、数字、顺序、线性感、分析和列单。发散性思维和知识可视化图示都考虑到这些因素。

（二）学习和记忆的心理学

1. 知识可视化图示的特点

可视化图示是放射性思维的表达，因此也是人类思维的自然功能。这是一种非常有用的图形技术，是打开大脑潜力的万用钥匙。图示可以应用于生活的各个方面，其改进的学习能力和清晰的思维方式会改善人的行为表现。知识可视化图示有四个基本特征：

（1）注意的焦点清晰地集中在中央图形上。

（2）主题的主干作为分枝从中央图形向四周放射。

（3）分枝由一个关键的图形或者产生联想的线条上面的关键词构成。不重要的话题也以分枝形式表现出来，浮在较高层次的分枝上。

（4）各分枝形成一个连接的节点结构。

2. 修饰知识可视化图示的方法

知识可视化图示还可以用色彩、图画、代码和多维度来加以修饰，增强效果，以便使其更有趣、更美、更有特点。这些东西反过来会增强创造性、记忆力，特别是有利于调用信息。思维导图帮助学生在大脑存储能力和大脑存储效果之间作一个分别，同时会显示出它的存储能力，也可以达到一定的存储效果。有效地存储数据会使人的记忆能力翻倍，它就像是摆放整齐和不整齐的五金仓库之间的差别，或者像是一座有索引系统的图书馆和一座无索引系统的图书馆之间的差别。

图形可以自动地吸引眼睛和大脑的注意力，可以得到无数的联想，并且是帮助记忆的一个有惊人效果的方法。

如果某个特别的词对于图示是绝对要处于中央地位时，这个词也可以通过增加层次感、多重色彩和吸引人的外形变成一个图形。

（1）使用联想。联想是改善记忆力和创造力的一个重要因素。它是人脑使用的另一个整合工具，目的是要让我们的生理体验产生意义，这是人脑记忆和理解的关键。

建立了中央图形和基本顺序思想后，联想的力量就可以让大脑进入任何话题的深层次。

如已经提到的一样，任何用于联想的方法都可以同样用作重点，反过来亦然。

在分枝模式的内外要进行连接时，可以使用箭头。箭头可自动地引导人的眼睛，把思维导图中的一个部分与另一个部分连接起来。它们可以是单向的，也可以是多头的，大小形式和维度都可以变化。它们给人的思想一种空间指导。

（2）使用各种色彩。色彩是加强记忆和提高创造力的最为有用的工具之一。为了编码或者在思维导图的特别区域里加上特别的颜色，可以专门选择一种颜色，这会使人更快地进入信息，会改善人对这个信息的记忆效果，并提高创造力的数目和范围。这样的颜色代码和符号可以一个人做，也可以在一个小组里进行。

（3）使用代码。代码会使人在思维导图的各个部分之间建立快速的联系，不管这几个部分在纸上看起来有多么远。代码可以是对号和错号、圆圈、三角形或者下划线，也许，它们还可以更精致一些，如思维导图。

代码也可以节省很多时间。例如，我们可以在自己的笔记中使用很简单的一组代码来代表人、项目、经常反复发生的一些事情或者经过。

代码可以通过简单地使用颜色、符号、形状或图形来巩固和强化层次和分类。它们还可以用来把一些资料来源与思维导图联系起来。

（4）清晰明白。模糊不清会妨碍感知力。如果在利用知识可视化图示进行教材分析过程中乱画线条，那只会阻碍而不会帮助记忆。线条彼此连上容易使思维清晰。线条可以变成箭头、曲线、圆圈、闭路环、椭圆形、三角形、多边形或者从大脑里随便想出的形状。

（5）形成个人风格。知识可视化图示应该反映出独特大脑里面非同一般的思想网络和思维模式。

为了真正形成个人的图示风格，我们应该遵循"1＋"原则，也就是说，我们所画的每一幅知识可视化图示，比上一次画的图形都应该更具有色彩一点，更有三维特征，更有想象力，更有联想意义上的逻辑，更加好看一些。另外，思维导图越具有个性，越容易记忆住它们所包含的信息。

细心的读者会发现，在上面的介绍过程中，笔者没有对每个图形进行举例，这是因为笔者希望大家不要拘泥于上面的图形。当然，读者应该根据个人爱好，有选择性地查阅相关资料。在后面章节中，我们将举出许多例子，用来启发大家利用知识可视化图示进行教材分析。

三、知识可视化图示在教学中的应用

我们推荐广大物理教师利用知识可视化图示法进行教材分析主要考虑到其有如下几个优点：

（1）教师在教学过程中要发挥自己的发散性思维，利用知识可视化图示法可以激发教师的发散性思维。

（2）向教师介绍新的教学工具，让教师在教学的各个方面都能有效地发挥自己的所长。

（3）可以向教师展示，每一个教师都可以控制思维过程的本质及发展，教师创造性思维的能力从理论上来说是没有限制的，从而给教师一种深刻的智力自由。

（4）给教师提供发散性思维的实际体验，同时，结合教师教学心理学可以极大地提高教师的教学兴趣。

一般进行分析教材的时候可能更多的是使用如下形式：

条目1：＿＿＿＿＿＿＿＿＿＿＿＿＿＿＿＿＿＿＿＿＿

条目2：_____
条目2.1：_____
条目2.2：_____

而利用知识可视化图示进行分析则为如下形式：

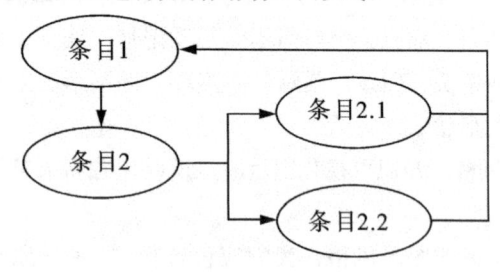

图4-1 知识可视化简图

通过上面的对比，我们可以发现知识可视化图示可以让教师对自己分析教材的过程一目了然，便于教师把握教材中的各种信息。

除了让学生熟悉思维导图的理论和实践外，教师还可以利用思维导图进行一系列实际活动，以使教学和学习变得更容易和更有趣。

笔者认为利用知识可视化图示进行教材分析有如下几个重要作用：

（一）分析教材体系结构

笔者根据初中物理教材的整体结构绘制了如图4-2所示，中间的圆圈是新课程下的一个亮点内容，即让学生进行探究，尤其是初中生。

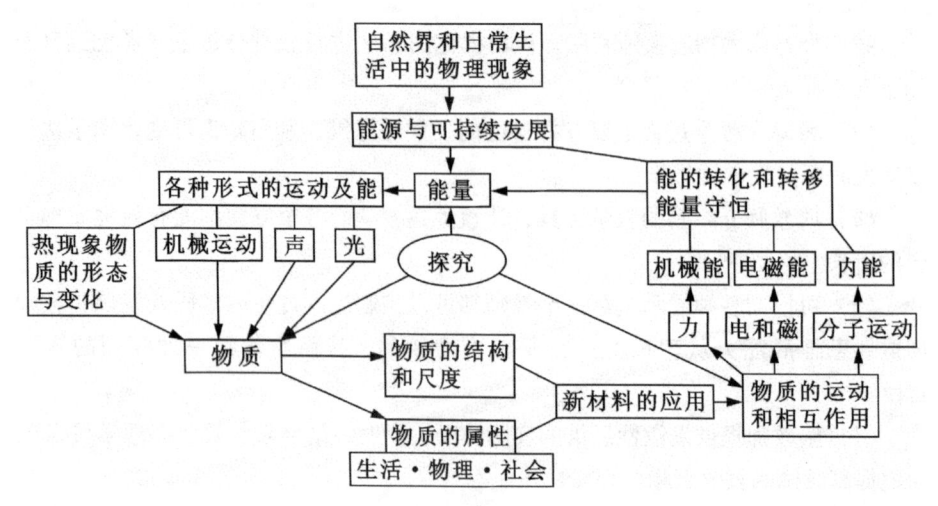

图4-2 初中物理教材体系

（二）分析课本知识结构

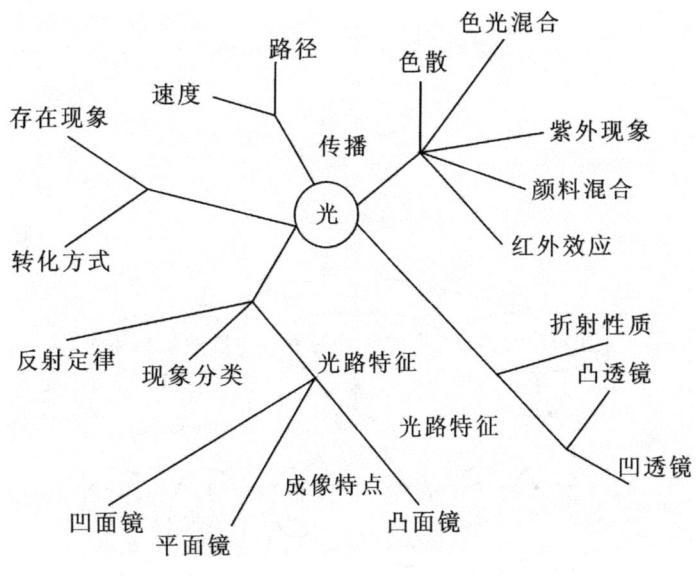

图4-3 物理光学部分知识结构

（三）分析知识部分结构

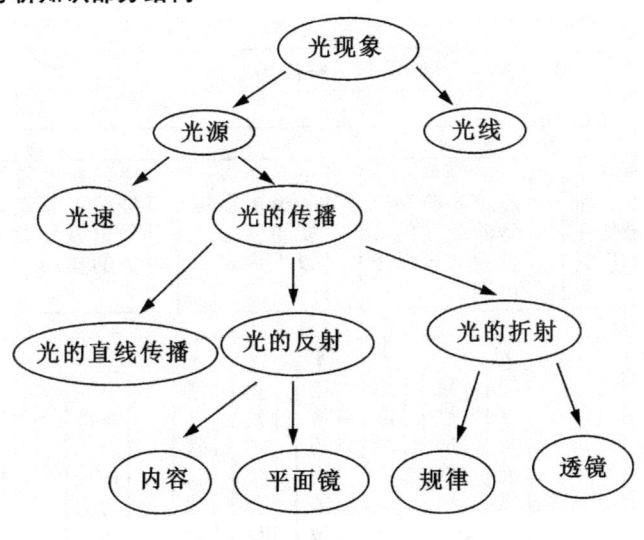

图4-4 物理光学部分知识

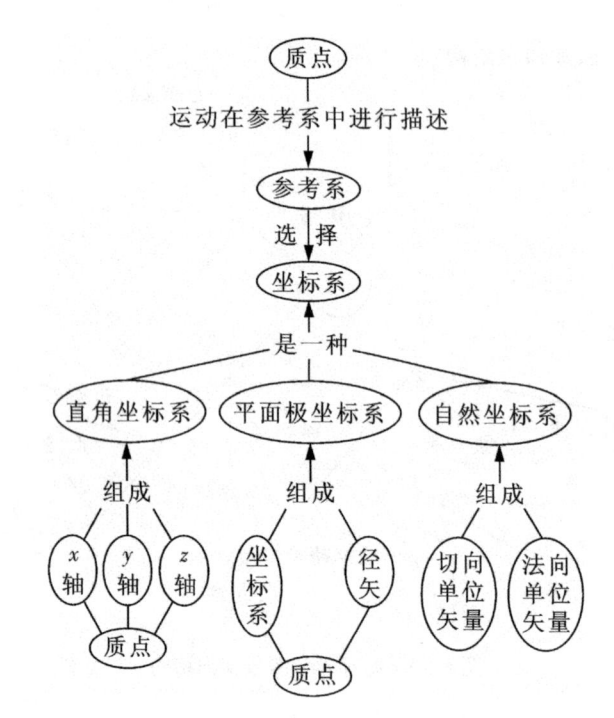

图 4-5　运动学部分知识结构

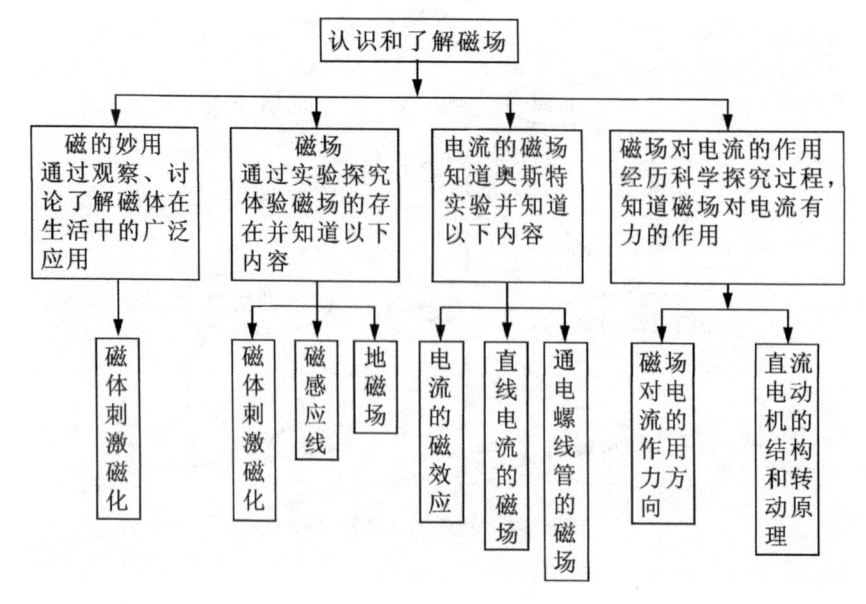

图 4-6　磁学部分知识结构

（四）进行教学设计

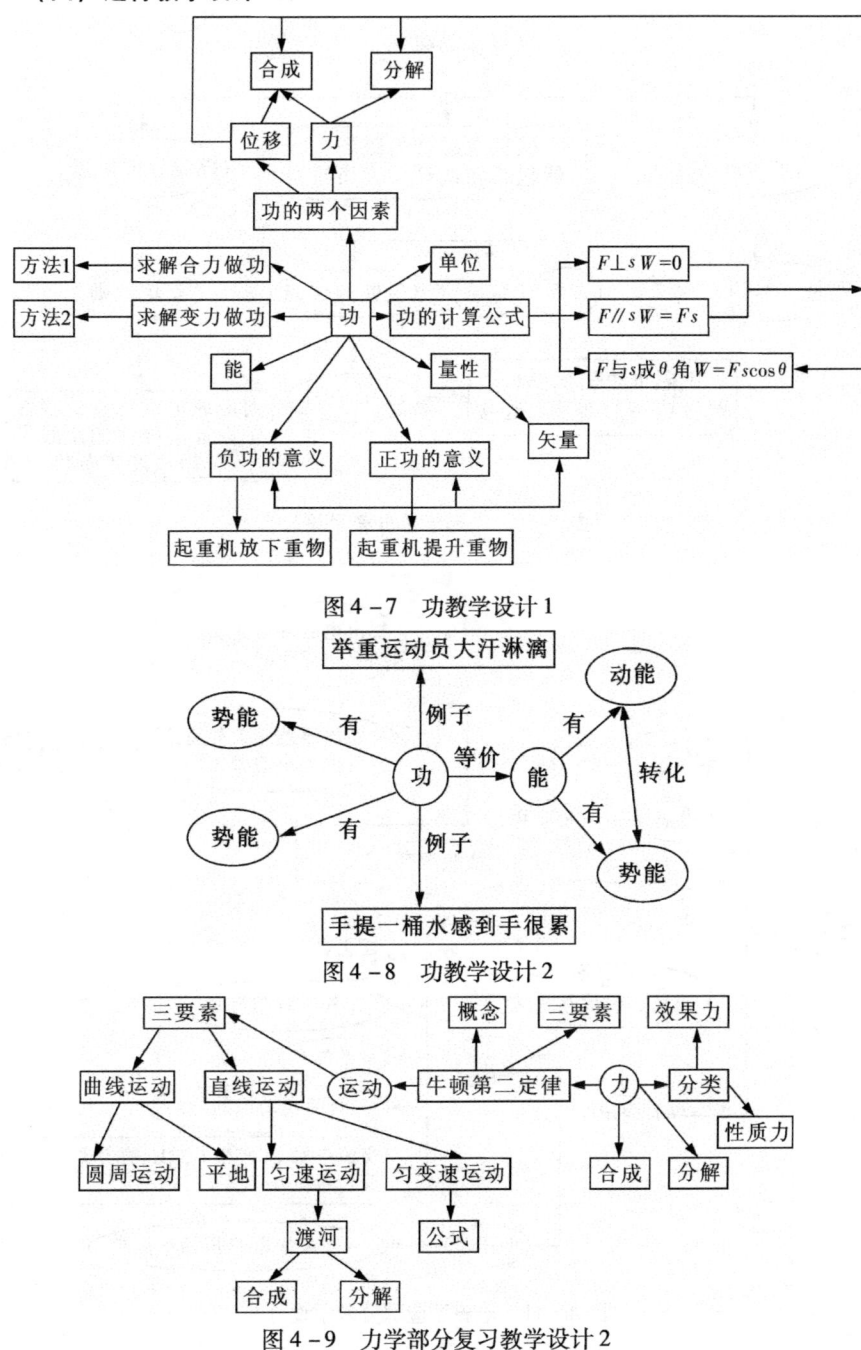

图 4-7　功教学设计 1

图 4-8　功教学设计 2

图 4-9　力学部分复习教学设计 2

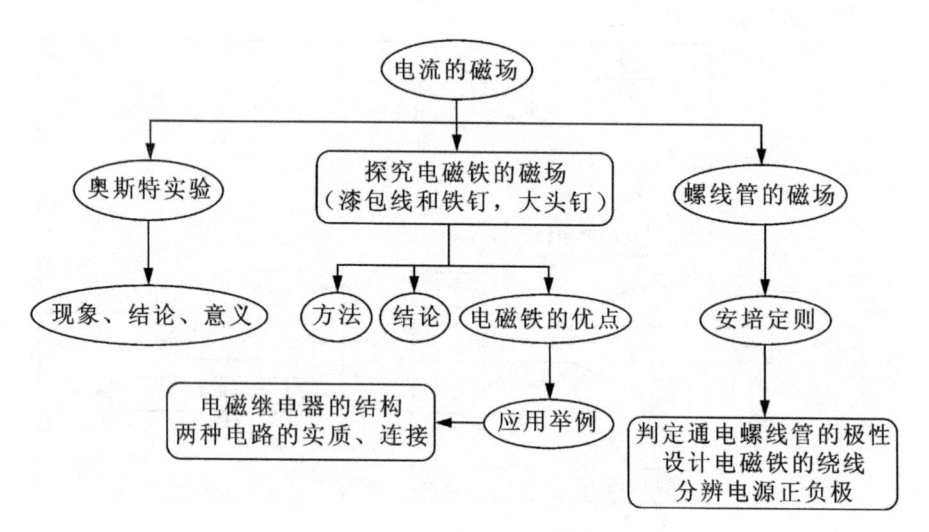

图 4-10　电磁学部分教学设计

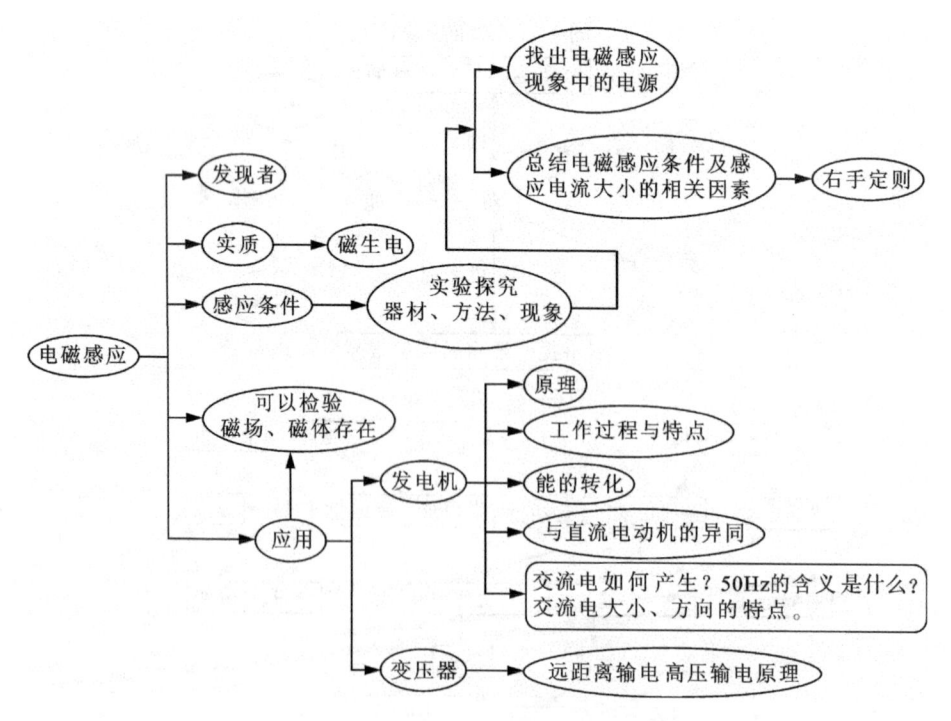

图 4-11　电磁感应部分教学设计

（五）分析教材，构思板书

下面列举几个可以在黑板上作为板书的图示，在这里需要注意的是，板书要以简洁明了为主要原则，一方面起到画龙点睛、呈现知识内容的作用；另一方面，不需要占用太多时间来在黑板上书写。

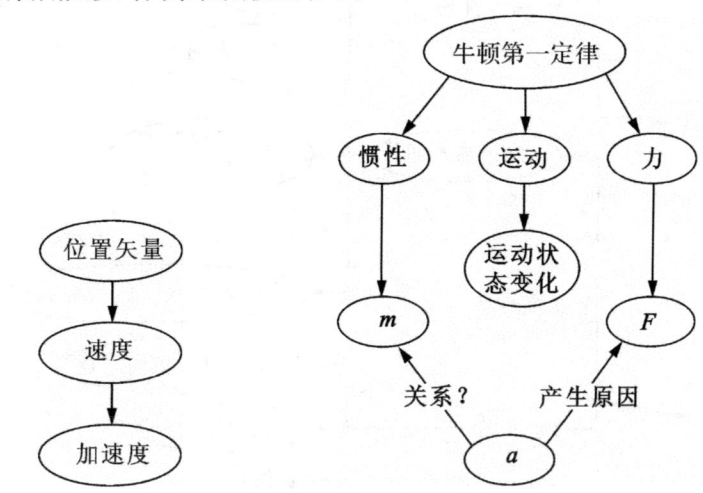

图 4-12　加速度概念板书　　图 4-13　牛顿第一定律板书

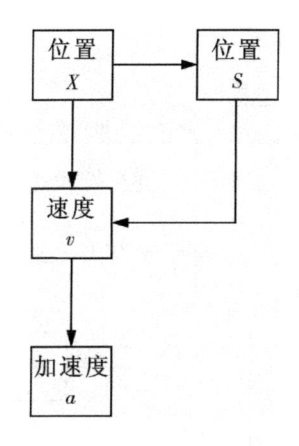

图 4-14　加速度概念板书设计

当然，如果在利用多媒体进行教学的时候，可以适当增加图示的复杂性，如图所示：

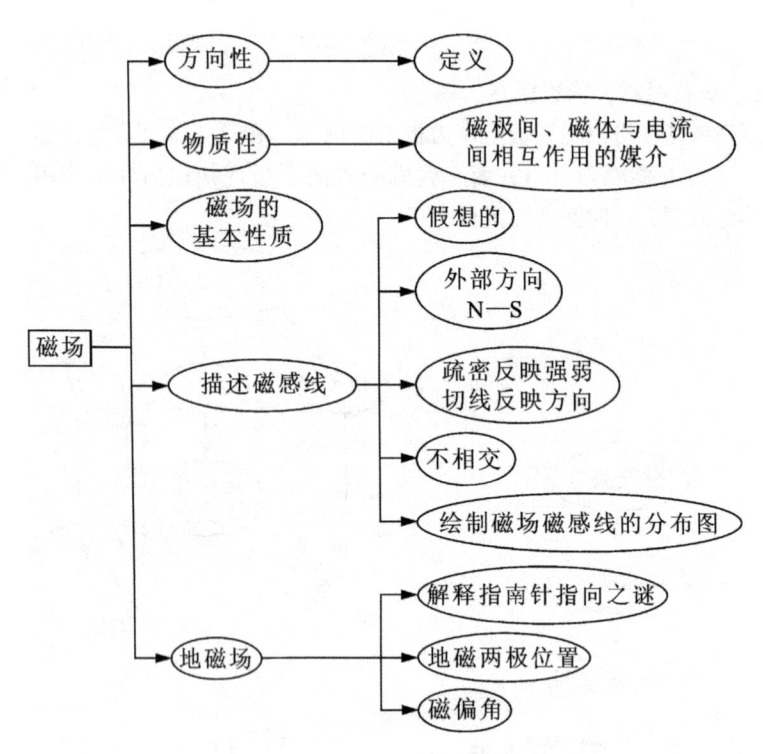

图 4-15 磁场板书设计

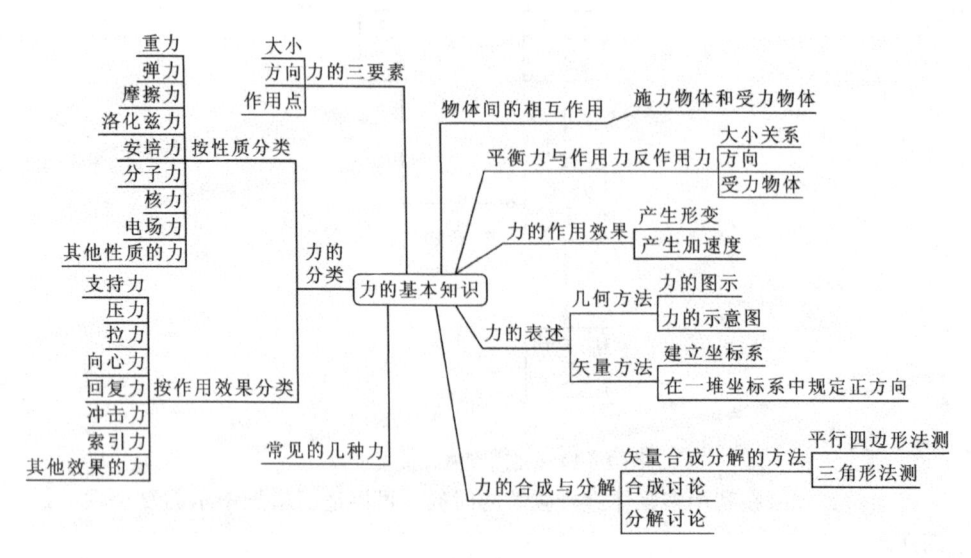

图 4-16 力学复习课板书设计

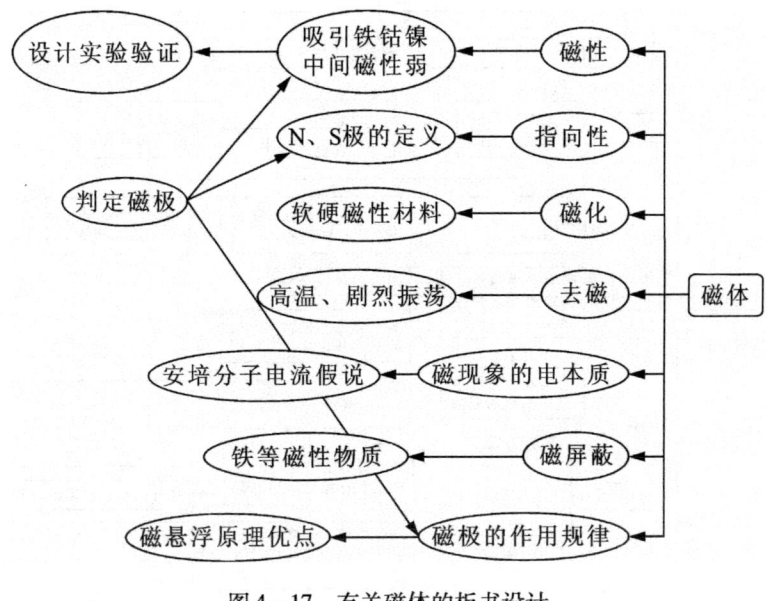

图4-17 有关磁体的板书设计

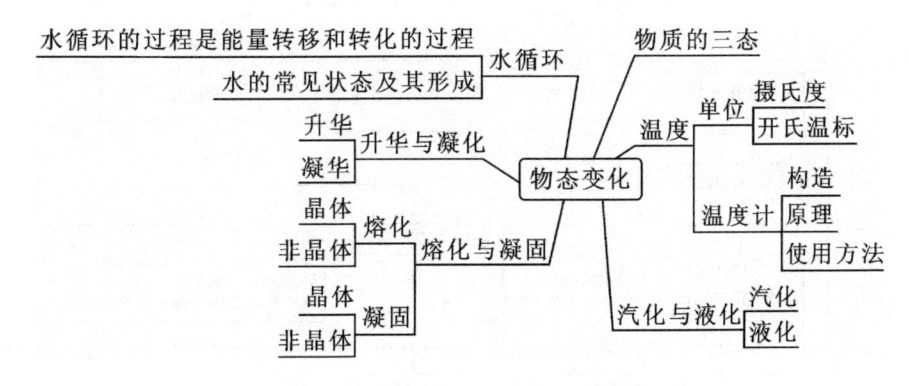

图4-18 有关物态变化的板书设计

力的基本概念

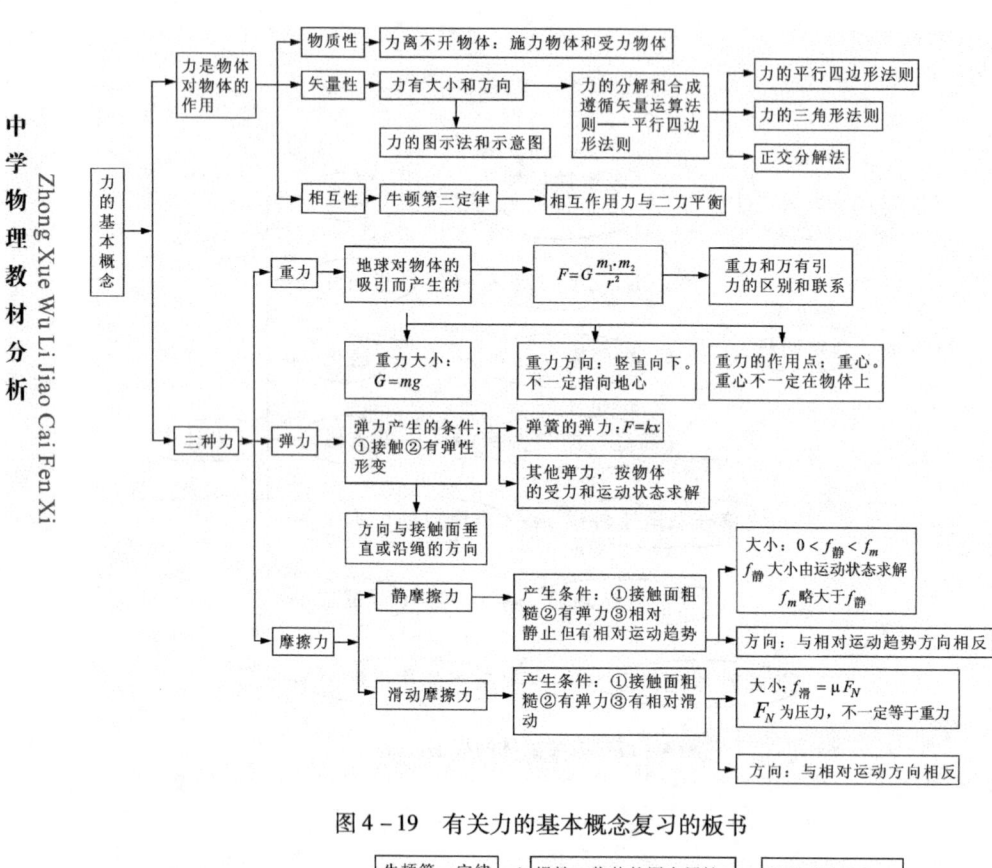

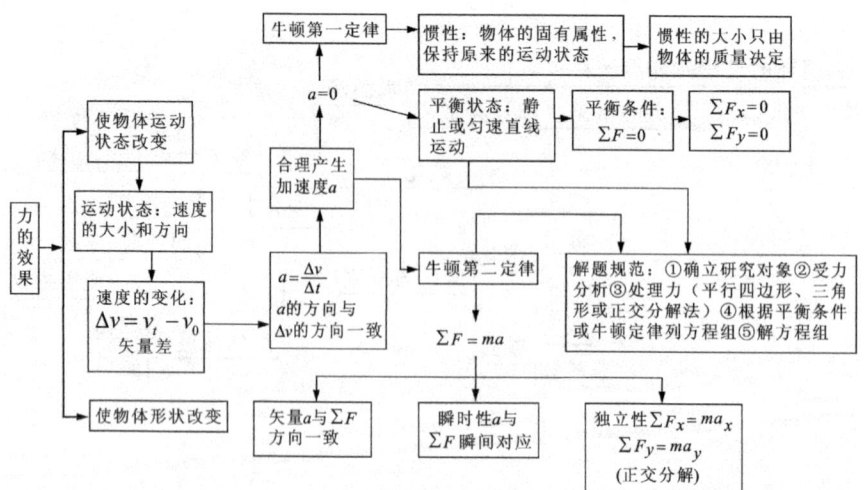

- 力是物体对物体的作用
  - 物质性 → 力离不开物体：施力物体和受力物体
  - 矢量性 → 力有大小和方向
    - 力的图示法和示意图
    - 力的分解和合成遵循矢量运算法则——平行四边形法则
      - 力的平行四边形法则
      - 力的三角形法则
      - 正交分解法
  - 相互性 → 牛顿第三定律 → 相互作用力与二力平衡

- 三种力
  - 重力：地球对物体的吸引而产生的 → $F=G\dfrac{m_1 \cdot m_2}{r^2}$ → 重力和万有引力的区别和联系
    - 重力大小：$G=mg$
    - 重力方向：竖直向下。不一定指向地心
    - 重力的作用点：重心。重心不一定在物体上
  - 弹力
    - 弹力产生的条件：①接触 ②有弹性形变
      - 弹簧的弹力：$F=kx$
      - 其他弹力，按物体的受力和运动状态求解
    - 方向与接触面垂直或沿绳的方向
  - 摩擦力
    - 静摩擦力
      - 产生条件：①接触面粗糙 ②有弹力 ③相对静止但有相对运动趋势
      - 大小：$0<f_{静}<f_m$；$f_{静}$大小由运动状态求解；f_m略大于$f_{静}$
      - 方向：与相对运动趋势方向相反
    - 滑动摩擦力
      - 产生条件：①接触面粗糙 ②有弹力 ③有相对滑动
      - 大小：$f_{滑}=\mu F_N$；F_N为压力，不一定等于重力
      - 方向：与相对运动方向相反

图 4-19　有关力的基本概念复习的板书

力的效果

- 使物体运动状态改变
  - 运动状态：速度的大小和方向
  - 速度的变化：$\Delta v = v_t - v_0$ 矢量差
- 使物体形状改变

- 合理产生加速度 a
  - $a=0$ → 牛顿第一定律 → 惯性：物体的固有属性，保持原来的运动状态 → 惯性的大小只由物体的质量决定
  - 平衡状态：静止或匀速直线运动 → 平衡条件：$\Sigma F=0$ → $\Sigma F_x=0$，$\Sigma F_y=0$
  - $a=\dfrac{\Delta v}{\Delta t}$，$a$的方向与$\Delta v$的方向一致
  - 牛顿第二定律：$\Sigma F=ma$
    - 矢量性a与ΣF方向一致
    - 瞬时性a与ΣF瞬间对应
    - 独立性$\Sigma F_x=ma_x$，$\Sigma F_y=ma_y$（正交分解）
  - 解题规范：①确立研究对象 ②受力分析 ③处理力（平行四边形、三角形或正交分解法）④根据平衡条件或牛顿定律列方程组 ⑤解方程组

图 4-20　有关力的效果复习的板书设计

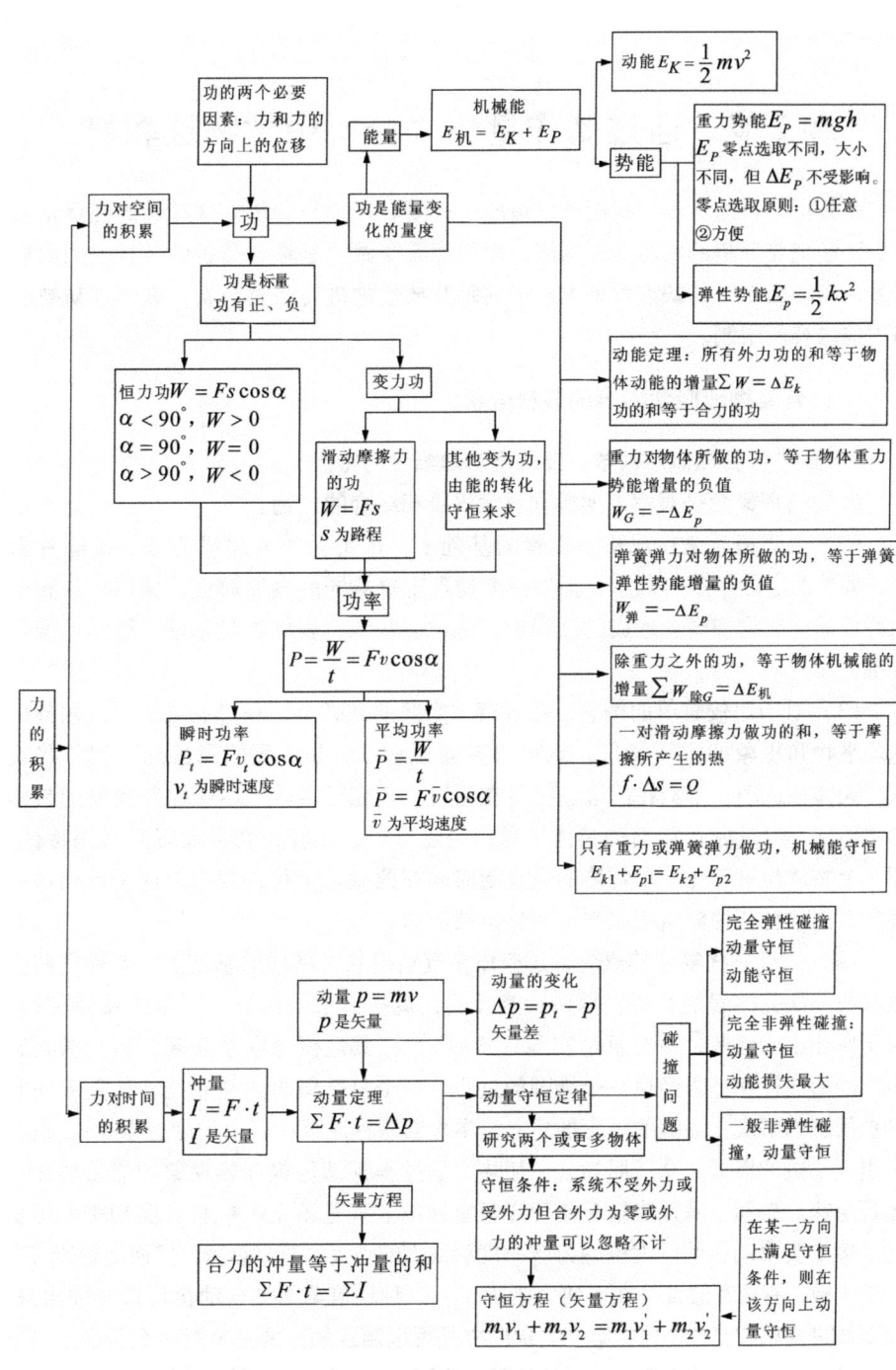

图 4-21 有关力的积累复习的板书设计

第二节　通过制作量表来分析中学物理教材

在分析教材的时候，我们可以借助一些量表来进行分析。这样做的优点是表格中已经把要分析的内容全部列出，而教师需要做的是将要分析的教材上的内容对号入座。当然，其缺点就是不利于教师开放性地进行教材分析，教师容易被表格中的内容所限制。

一、有关物理概念内容的教材分析

（一）进行物理概念教学，要明确物理概念的特点

（1）物理概念是观察、实验和科学思维相结合的产物。

（2）物理概念是在观察、实验的基础上，运用科学的思维方法，排除片面的、偶然的、非本质的因素，抓住一类物理现象共同的本质属性，加以抽象和概括而成的。在物理概念形成的过程中，感觉、知觉、表象等是基础，科学思维是关键。

（3）对于比较简单的概念，在观察、实验的基础上，经过思维加工，抽象出物理事物和现象的本质特征，就可以建立概念。例如，我们观察到下列一些现象：天体在运动、车辆在前进、机器在运转、人在行走等。尽管这些现象的具体形象不同，但是撇开它们的具体形象，经过分析、比较，就会发现其共同特征，即一个物体相对于另一个物体的位置随时间在改变。于是，我们把这一系列具体现象共同的特征抽象概括出来，叫做机械运动。

（4）对于一些复杂的概念，还应该在概括出共同特征的基础上，判断哪些因素和我们研究的问题有关，哪些因素无关，概括出来的特征是不是本质特征等。对于所作出的判断，还要通过实验（实践），跟其他概念联系起来加以检验，其概念的形成往往还需经过一个推理的过程。一个复杂概念的建立往往伴随着一类物理问题的解决，如熵的概念的建立。本次新课程改革在高中物理选修3－3模块中引入了熵的概念。众所周知，一切热力学过程都满足包含热现象的能量转化和守恒定律。然而，满足能量转化和守恒定律的过程是不是都能自发实现呢？历史上，第二类永动机的巨大诱惑力曾一度引发人们极大的研究热情，然而随着所有努力的失败，有两种假设摆在了研究者面前：一种相信第二类永动机可以开发出来，只要改进构思和制作工艺，第二类永动机是可以制成的；另一种则完全否定了第二类永动机的开发，认为第二类永动机不可能制成是自然界规律的一种体现。

（5）大量的物理概念具有定量的性质。许多物理概念用定量的方法来描述客观事物的本质属性，如速度、加速度、电场强度、电阻、电压等，这类物理概念称为物理量。以速度为例，它是描述物体某时刻运动的快慢和方向这一属性的，物体运动的快慢只有用一个量才能准确地描述出来，例如某人某时步行的速度是 5 m/s 向东，这就能准确地描述出这个人走的快慢和方向。由于物理量有确定的量的性质，因此总是可以跟数学和测量联系起来。

（6）物理量按照它描述客观事物属性的性质来分，可分为：

状态量和过程量。状态量是描写状态的物理量。研究对象的状态一定，它就有确定的量值。如速度和位置坐标是从运动学角度描写物体状态的物理量。

过程量是描写过程的物理量。力学中的位移、功、冲量，热学中的热量等，都是过程量。一般说来，不同的过程，具有不同的量值。

性质量和作用量。性质量是描写物质或物体的某种性质的量，如密度、劲度系数、比热容、电阻、电场强度，介电常数等。作用量是描写物体间相互作用的量，如力、力矩、冲量等。

矢量和标量。有些物理量既有大小，又有方向，且符合特定的运算规则，是矢量，如力、速度、加速度等。矢量的运算应该遵循平行四边形法则。只有大小、没有方向的量，是标量，如时间、质量、功、能、电势、电流等。标量的运算遵循代数学的法则。

相对量和绝对量。凡与选择参照物或者坐标系有关的物理量都是相对量，如位移、速度、势能等。凡与参考系的选择无关的物理量是绝对量，如各种普适恒量，再如在两个惯性参考系符合伽利略变换的条件下，力、加速度、质量等。

物理量按国际单位制又可划分为基本物理量和导出物理量

基本物理量是人们根据需要而选定的。基本物理量不是用其他物理量来定义的。目前，国际单位制中采用的基本物理量有七个，即长度、质量、时间、电流、热力学温度、发光强度和物质的量。

导出物理量是以基本物理量为基础、按照某种定义或者根据有关公式推导出来的物理量，因此一切导出物理量都可以用基本物理量的组合形式来表达。如所有力学量都可以由长度、时间和质量这三个基本物理量导出。

（7）物理概念是不断发展变化的。物理概念随着人们对自然界认识的不断深入而不断发展和变化。

（二）学生的前概念

前概念是指学生在正式学习有关的物理知识前，头脑中已经存在着一定的原有认识和该认识赖以形成的思维方式，我们统称为前概念，它们在很大程度上决定着学生对知识的理解。大量研究表明，学生在学习新概念时必然要受到前概念的影响。

1. 前概念的研究

学生采用什么样的概念与解决问题情境有很大关系。对于简单的问题，学生能够使用所学的科学概念，对于较为复杂的问题或者陌生的情境，学生往往会使用前概念。例如，学生在学习了串联、并联电路规律和欧姆定律之后，学生理解电流、电压表示的物理含义，能够应用所学规律解决较为简单的电路问题，但是当给出如下比较复杂的问题情境时，学生往往退回到引用电路消耗观念：分别利用铜导线和镍镉合金导线做实验，在电源和灯泡相同的情况下，用铜导线的灯泡要亮一些。观察这些现象后，学生往往给出如下解释：在使用镍镉合金导线的实验中，由于导线变热会消耗掉一部分电流，达到灯泡的电流就会变小，灯泡变暗；在用铜导线做的实验中，灯泡的亮度和电流表的读数不变，铜丝没有变热，铜不消耗任何电流，所有电流都到达灯泡，所以它会更亮一些。

2. 前概念的特点

（1）广泛性。前概念是学习者在一定的生活经历的基础上，经过推理和对相关现象的印证而形成的，一旦形成，就会具有一定的稳定性、牢固性，也就是说学习者对其深信不疑，很难用传统的教学方法让学生的前概念转变。

（2）迁移性。前概念对新的知识结构的建立往往会产生重要影响。

（3）共存性。学生学习科学概念后，前概念还会对学生产生作用，与科学概念共存。错误的前概念很难在有限的学习实践里彻底消除，即使在学习中被纠正过来，也容易出现反复性的错误。

（4）情景性。前概念往往与某些特定的情境相联系。

表 4-1 物理概念教材分析的案例

概念名称		密度
从哪些事实概括出来		体积相同的不同物体质量不相同
教材中的开放性栏目		P13 想想做做，P14 想想做做
概念的分类		性质量
学生可能的前概念		体积、质量
前概念的教学策略		发展学生原有的认识
教学目标	知识与技能	能描述物质的一些特性 能通过实验，理解密度的概念 能解释生活中一些与密度有关的物理现象
	过程与方法	通过实验，探究密度是物质的特性 学会用实验数据列表和作图象，进一步认识密度是物质的特性 学会用查表的方法，了解各种物质的密度
	情感态度 与价值观	关心日常生活所涉及的密度值 通过了解同种物质的密度是质量与体积的比值，增强对科学探究的兴趣，感悟密度对科技进步的影响

续表

教学重点	探究同种物质的质量与体积的关系
教学难点	理解密度是物质的一种特性
学情分析	学生在学习了质量的基础上，结合日常生活经验对密度有一定的认识，但有些属于错误认识，对于密度是物质的一种特性较难理解
教法	综合启发式、讨论式、实验法、列表图象法
教具和媒体	天平、刻度尺、大小不同的肥皂块、橡皮块（3个一组）、酒精、水、烧杯、奖牌、表格与坐标纸、多媒体与实物投影仪

表4-2 压强概念教材分析

节	知识点		叙述	关键点拨
压强	压力		垂直作用在物体表面上的力	压力一定垂直于物体表面 压力作用点在受力物体上 压力不是重力
	压强	压力的作用效果	受力面积相同时，压力越大，压力作用效果越明显	压力作用效果不仅与压力的大小有关，而且与压力的作用面积有关
			压力大小相同时，受力面积越小，压力的作用效果越明显	
		压强	作用在物体单位面积上的压力	压强表示压力的作用效果
		压强的计算	$P = F/S$	注意压力不一定是重力 注意受力面积不一定是物体的表面积
	压强的应用	增大压强的方法	增大压力，减小受力面积	在实际生活中一般是靠在压力大小一定的情况下，改变受力面积来改变压强
		减小压强的方法	减小压力，增大受力面积	

125

二、有关物理规律内容的教材分析

（一）物理规律反映物质结构及物质运动中诸要素之间内在的必然联系

物理规律反映物质结构及物质运动中诸要素之间内在的必然联系，表现为某物理状态下或者某物理过程中相关要素之间在一定条件下所遵从的关系，通常有定律、定理、原理、法则、方程等。

物质结构及物质运动中的各种要素由物理概念来表征，而且这些物理概念常常是具有定量性质的物理量，并总是与测量及数学表示相联系。所以，物理规律也是物理概念之间的一定关系的语言逻辑表达和数学逻辑表达。

（二）物理规律是观察与实验、思维与想象相结合的产物

由于物理规律揭示的是物质结构和物质运动所遵循的规律，因此必然与人们认识物质世界的途径有关，即都与观察、实验、抽象思维、数学推理、想象等有着密不可分的联系。

物理规律所描述的对象——物质结构和物质运动是客观存在的，物理规律所描述的关系，即物质结构和物质运动中诸要素之间的联系也是客观存在的。因此，对物质世界的观察与实验是认识物理规律的基本前提。从这个意义上讲，物理规律只能被发现，而不能被"创造"。但是，物质世界是极其复杂的，只靠直观的观察与实验，并不能认识到其中的本质联系。人们必须以观察与实验所得到的事实为依据，运用逻辑推理，提出无关的、次要的因素，确定本质要素，并创造性地建构能够解释和预测相关想象的种种关系模型。从这个意义上讲，物理规律又是人类智慧的创造物。

（三）物理规律具有近似性和局限性

由于物理学所研究的对象和过程往往不是处于自然状态的实际客体和实际现象，而是采用科学抽象方法适当简化之后建立的理想模型和理想过程；又由于物理学是实验科学，在观察和实验中，限于当时仪器的精度、操作技术的准确程度，不可避免地会出现测量误差，特别是当量的测量只能间接进行；另外，还有与物理现象中的微观量的涨落因素，宏观可测物理量的值都是统计的结果，也不可避免地存在误差和不准确性。因此，反映各物理量之间关系的物理规律，只能在一定精度范围内足够真实但又近似地反映客观世界中的物理关系。物理规律不仅具有近似性，而且由于规律总是在一定范围内发现的，或者是在一定条件下推理得到的，并在有限领域内检验的，所以规律还具有局限性，也就是说，物理规律总有它的使用范围和使用条件。

（四）重点物理规律的教学要求

明确物理规律所研究的主题，以及建立规律的事实依据与科学方法。

物理规律总是以一定的物理事实为依据的，因此学生要能够学习物理规律，就必须在认识和研究有关物理事实的基础上来进行。对于中学生来说，他们的思维能力还不够强，理解和掌握物理规律更需要有充分的感性认识来作为支柱。

人类在探究物理规律的过程中，逐步形成了物理学研究的基本方法。学生认识和掌握物理规律的过程，也相当于一个简化了的探索和研究过程。物理规律的获得主要有两种途径：一种是直接从实验结果中分析、归纳、概括而总结出来的，即实验归纳法；另一种是利用已有的概念和规律，通过逻辑推理或者数学推导，得出新的规律，即理论分析法。理论分析法可以是利用已有的概念和规律，推导出更普遍的规律，这属于理论演绎。值得注意的是，物理规律并不是纯粹的事实归纳和逻辑推证，猜想、假说、理想化、类比等创造性的科学方法常常起到极其重要的作用。

（五）理解物理规律的物理意义

中学阶段所研究的物理规律，一般都要用文字语言加以表达，即用一段话把某一规律的物理意义表述出来。对于物理规律的文字表述，要认真记忆分析，使学生真正理解它的含义，而不能让学生去死记硬背结论。对规律的文字表述的引出，必须在学生对有关问题进行分析、探究，并对它的本质有一些认识的基础上进行，切不可在学生毫无认识或者认识不足的情况下"搬出来"，"灌"给学生，然后再逐字逐句解释和说明。这种做法离开了认识的基础，颠倒了认识的顺序。学生不经历必要的探究过程，不清楚规律是怎么来的，就不可能理解它的真正含义。

（六）明确物理规律的使用条件和范围

每一个物理规律都是在一定条件下反映某类物理现象或者物理过程的变化规律的。因此，每一个定律都有一定的使用条件和范围。学生只有明确规律的使用范围和条件，才能正确地运用规律来研究和解决问题，才能避免乱用规律、乱套公式的现象。

（1）明确物理规律与有关物理概念、其他相关的物理规律之间的关系。物理规律总是与许多物理概念密切联系在一起，与某些物理规律也相关联。因此，物理规律教学应使得学生分辨清所学规律和相关概念、规律之间的联系与区别。

（2）学会运用物理规律说明、解释现象，分析和解决实际问题。对于重点物理规律，不仅要求学生去理解，而且要求学生会灵活运用，因为掌握物理规律的目的就在于运用它们去解决问题。运用规律的过程，是将抽象的物理规律具体化的过程，是完成认识上的第二个飞跃的过程。这一过程中，一方面可以巩固、深化和活化对规律的理解，另一方面可以使学生学到分析、处理实际问题的方法，发展学生分析和解决问题的能力，运用数学解决物理问题的能力，逻辑地说明和表达的能力，以及创造能力等。

（七）物理规律的教学过程

1. 创设物理情境，形成科学问题

教师带领学生探究和学习物理规律，首先要让学生明确物理规律的研究主题以及与之相关的问题。因此，在教学的开始阶段，要创设便于发现问题的物理情境，引导学生在实际的物理情境中发现和研究与主题密切相关的问题。在中学阶段，一是通过观察、实验发现问题，或者通过分析学生生活中熟知的典型事例发现问题；二是通过对学生已有知识的分析引申和逻辑展开发现问题。

2. 实施科学探究，促进知识建构

确定了恰当的科学问题之后，规律教学就进入对问题的探究环节。在这一过程中，教师应该充分信任学生，激发学生对科学的热爱和对探究的兴趣，鼓励和引导学生经历科学探究过程，实现知识建构。在中学阶段，实验归纳法和理论分析法运用较多，有时把二者结合起来进行，还可以使用假设—检验方法。

3. 讨论物理规律，理解物理意义

学生理解和掌握物理规律，其基础在于经历吸纳供应的科学探究过程。在完成物理规律的探究及内容表述之后，一般还需要引导学生讨论规律建立的过程与方法，讨论规律的物理意义，包括对文字表述的推敲，对公式和图象含义的辨析。讨论和明确规律的使用条件和范围，讨论这一规律与相关概念/规律、公式之间的关系。

4. 运用物理规律，解决实际问题

在这一过程中，一方面要选择各种不同情境的典型问题，通过教师的讲解示范和师生的共同讨论，让学生在解决具体问题的过程中，深化、活化对物理规律的理解，并逐步领会分析、处理各类问题的思路及方法。另一方面，更重要的是组织学生进行运用规律的联系。要引导和训练学生善于联系日常生活中的实际问题学习物理规律，经常用学过的物理规律科学地说明和解释有关现象，学会逻辑地说理和表达。启发学生将实际问题转化为物理问题，运用物理规律加以研究，提高分析和解决问题的能力。还应当鼓励学生运用学过的规律独立地进行观察和实验、自己动手、动脑思考那些小设计、小制作，开展适当的课题研究，发展学生创新意识和实践能力。

高中物理内容，有的地方奥妙无比，有的地方深不可测。高中物理新课标教材选修3-1第二章"恒定电流"，课本中提到在通电金属导体中电子的定向移动速度和电流的传导速度这一问题时，许多学生就把它们等同起来，因为在他们看来，正是因为电子定向移动才引起电路中产生电流，自然它们的速度也就是一回事了。其实，这两种速度非但没有什么联系而且在数值上相差惊人，像这样的运动规律，不单学生在接受时打了个问号，就是老师在讲授时也难自圆其说。为了深入探讨这个问题，有人打了一个这样的比方：从你家门口若一个挨着一个排队直到北京车站，在这上千里的征途上一声令下，大家都同时前进一步，则每个人跨出这一步的速度就相当于电子定向移动速度，而从家门口迈出的这一步与北京车站前进的这一步，几乎是同时进行的，这就相当于是电流的传导速度，即在瞬间人流已由家门口传到北京了。如此这两者差之万里的速度概念就被这真实可信的模拟事实所折服。像这样的比喻，妙不可言，它借助简单易懂的想象来揭示物理规律，使得十分难理解的物理内涵变为一幅清晰、明了的图像，它不但使学生易于接受，而且更能加强理解。

选修3-5册中第37页对如何得出光的粒子性，课本仅对"光电效应"这个实验（如时间之短、要满足一定的频率等）进行解释，再结合普朗克理论，便得出光的另一性质——粒子性。对于这种较为抽象的理论解释，从不少学生接受来看，认识简单，理解肤浅，感觉朦胧，说不出个所以然。为此，教师可对同学做这样的比拟：坐在教室中听课的你们，不妨比作金属中的自由电子，教师比作一片金属块。假设谁身上先拈到至少1000粒的细沙粒，就认为谁获得了离开教室所必需的最少能量（如同金属中逸出的电子）。这里，教师可准备两种给沙方式：一是把沙均匀地撒向在座各位，一是用布袋把沙粒捆扎成一袋掷向你们，那么请问，在哪种情况下能快速出现你们离开教室的现象？经教师这么一发问，学生先是一愣，而后便是满堂笑语。这种借助常理上的模拟，很快引起学生的共鸣，并形象地解释如何即刻给足能量、能量积累与时间的关系等等。下面以阿基米德原理教学为例：

表4-3 阿基米德原理

规律名称	阿基米德原理
从哪些事实总结出来	小船、物体沉浮、密度大小不同沉浮位置不同
相关问题有哪些	物体沉浮、浮力大小、密度
教材所在部分与前后知识的联系	本节课的教学设计中注意到了运用多种方法解决问题，不仅运用到了物理教学中常用的转换法、控制变量法、对比法、实验法，还运用到了学生在生活中常用的排除法、推导法等，可以开阔学生解决问题的思路，有利于学生今后的物理学习和发展

续表

	教材中的开放性栏目	教材 p94 想想做做
	物理规律的应用	潜水艇、轮船
教学目标	知识与技能	1. 通过探究学习，理解浮力的大小等于什么 2. 知道阿基米德原理
	过程与方法	通过几个连续的探究活动，让学生理解什么是浮力，学会探究物理问题的基本方法——实验法、推导法，熟练应用控制变量法、转换法、对比法、排除法解决不同的物理问题
	情感态度与价值观	通过探究活动的开展，让学生体会物理研究方法的多样性
	教学重点	阿基米德原理的探究
	教学难点	阿基米德原理的探究方法设计
	学情分析	学生对于日常生活中所积累的浮力知识非常多，有些探究活动完全可以放手给学生，以解决课时紧张的问题
	方法运用	运用实验法对浮力的存在、阿基米德原理进行探究；运用排除法、推导法确立与浮力大小相关的因素
	教具 （每组学生都有）	弹簧秤、木块、石块、水槽、矿泉水瓶多个、体积相等的铜块和铝块、溢水杯、小筒、牙膏皮、塑料袋多个、烧杯大小各一个、量筒、剪刀等

三、有关物理练习内容的教材分析

物理练习是指学生在理解物理教学内容的基础上，以口头解答、书面解答，或以实际设计、操作形式，针对某一课题完成一定作业的过程。练习是知识运用的主要方式，是物理学习过程不可或缺的环节，因而也是物理教学的重要组成部分。

（一）物理练习在教学中的作用

（1）物理练习能够帮助学生巩固、活化基础知识，加深和拓展物理知识。

（2）物理练习能够促进学生技能、能力的发展。

（3）物理练习能够启发学生理解科学、技术和社会的关系。

（4）物理练习是进行教学评价的重要手段。

（二）物理练习的形式

1. 判断、选择练习

物理判断、选择练习就是根据物理概念和逻辑关系，对给出的某个命题作出肯定或者否定结论的练习形式。这类练习的特点是概念性、逻辑性强，常常用来辨析一些似是而非的陈述，澄清模糊的认识，因而有助于学生准确地理解概念和规律，提高思维判断能力。

2. 思考问题练习

创设一定的物理情境，引导学生深入思考，或发现问题，或预测结果，或解释现象原因。

3. 实验设计练习

运用已经掌握的基础知识和实验技能，独立地进行实验方案的设计，完成给定任务的练习，叫做实验设计练习。这类练习对培养学生的观察、实验能力和创造能力是极为有益的，在物理教学中应该提倡和加强。

4. 推理论证练习

在给定条件下，根据已有的理论，通过逻辑推理，导出所要求的结论的练习，或对可能产生的各种情况全面地进行分析、比较和讨论论证的练习，或证明给定结论正确性的练习，叫做推理论证练习。

5. 计算问题练习

以定量计算为主，解答有关物理问题的练习，叫做计算问题练习。一般可以分为简单计算练习和综合计算练习两种。

简单计算练习并不是计算上极为简单，而是指研究问题的物理过程和物理模型比较单一，所运用的物理概念、公式也比较少。这类练习对巩固知识的作用较大，也有利于训练解答计算题的基本功，因此要给予足够的重视。

综合计算练习一般是指所研究问题的物理过程不再单一，物理现象具有多方面的性质，往往需要抽象出多个物理模型，需要运用较多的物理概念、规律和方法。这类练习的难度较大，有助于把各部分知识有机地联系起来，对发展学生的思维能力、分析和解决问题的能力，以及提高学生思维品质具有积极意义。综合计算练习要适时、适量，切不可过深、过难和偏怪。

6. 拓展性物理练习

（1）情境性问题练习。针对通常的物理练习所存在的脱离现实、过分模型化等倾向，人们越来越重视物理练习中物理情境的真实性以及物理学与社会、文化以及相关学科之间的联系，这类练习即所谓情境性问题的练习。

（2）实践性问题练习。通常的物理练习大多是以纸笔方式完成的，学生动手

131

的机会不多。为此，物理教学逐渐发展了综合实践课程，让学生像科研工作者那样去研究实际问题，提高科学素养。其中，一些小型的实践性问题，也可以作为物理练习的内容。

（三）物理练习教学的基本要求

1. 要有计划性、目的性和连贯性

物理练习教学需要统筹安排，从每一章节、每一教学单元，到每一个学期、一个学年，乃至整个初中或者高中阶段，都要有一个目的明确、前后连贯的计划。

2. 要精心选编练习题目

物理练习的题目要根据教学阶段的不同、练习目的的不同进行精心选择。

题目用到哪些概念、规律，设计哪些知识点。

题目中涉及的研究对应的物理过程的复杂程度，以及设计的条件如何。

解决题目所涉及的方法和技巧，以及这些方面训练的熟练程度。

解决题目在了解物理知识与技术、社会的联系方面的价值。

解决题目在发展学生能力，提高学生智力和非智力品质方面的价值。

3. 要教给学生分析和解决问题的思路和方法，充分发挥学生的主体作用，并且因材施教

（四）习题教学基本程序

（1）复习相关知识。

（2）教师示范讲授或者组织学生讨论。

（3）学生独立练习或者合作学习。

（4）反思和总结。

《义务教育课程标准实验教科书·物理九年级全一册》第十三章"力和机械"学习了滑轮组的知识后，同学们牢记了"使用滑轮组的时候，重物和动滑轮的总重量由几段绳子承担，提起重物所用的力就是总重的几分之一"的结论。而在教学实际中我们发现，机械地套用上面的结论是不科学的，因为上面这个结论的适用范围必须是一根绳子套绕的滑轮组，如果是多根绳子，结论则有差异。

习题教学要注意：变式教学，不拘泥于某一固定的模式，要突破思维的局限性。例如，有关斜面问题的处理，应该改变那种斜面图形总是左低右高、已知角度总是底角、坐标轴总是倾斜放置、物体对斜面的压力总是等于 $mg\cos\theta$ 的情况，代之以多种形式和多种情况的处理。

· 阅读材料 ·

扩展学习

"SOLO",是英文"Structure of the Observed Learning Outcome"的缩写,意为:可观察的学习结果的结构。SOLO分类评价理论是香港大学教育心理学教授比格斯(J. B. Biggs)首创的一种学生学业评价方法,是一种以等级描述为特征的质性评价方法。这种理论不仅有完整的体系,而且有坚实的实践基础。比格斯和他的同事在澳大利亚和香港做过大量的实验,使该理论与历史、地理、数学、英语、物理等学科的评价结合起来,收到了较好的效果。SOLO的评价理念是基于这样一种理念:任何学习结果的数量和质量都是由学习过程中的教学程序和学生的特点决定的。它根据学生的已有知识结构、学习的投入及学习策略等多方面的特征,从具体到抽象,从单维到多维,从组织的无序到有序。

百度百科 http://baike.baidu.com/view/1554511.htm

四、有关实践活动的教材内容分析

《义务教育物理课程标准》的课程基本理念中特别强调"注重科学探究,提倡学习方式多样化"。在课程目标中也指出:"通过参与科学活动,初步认识科学研究方法的重要性,学习信息处理方法,有对信息的有效性作出判断的意识,有初步的信息处理能力。"《普通高中物理课程标准》在课程目标的要求中特别提到了有关实践活动的内容,指出"参加一些科学实践活动,尝试经过思考发表自己的见解,尝试运用物理原理和研究方法解决一些与生产和生活相互关联的实际问题"。随着素质教育的发展和教学改革的深入,中学物理实践活动的意义越来越凸现出来。

(一)实践活动的特点

(1)内容丰富多彩。

(2)形式灵活多样。

主题:教师选择,学生选择。

组织形式:班级以上、小组、个人。

结果呈现:小论文、作品、天文观测、社会调查。

评价形式:实践结果和过程。不仅是教师还有学生,不仅知识、技能和方法,而且关注学生在实践活动中的态度和情感体验。

(3)学生有自主性和独立性。

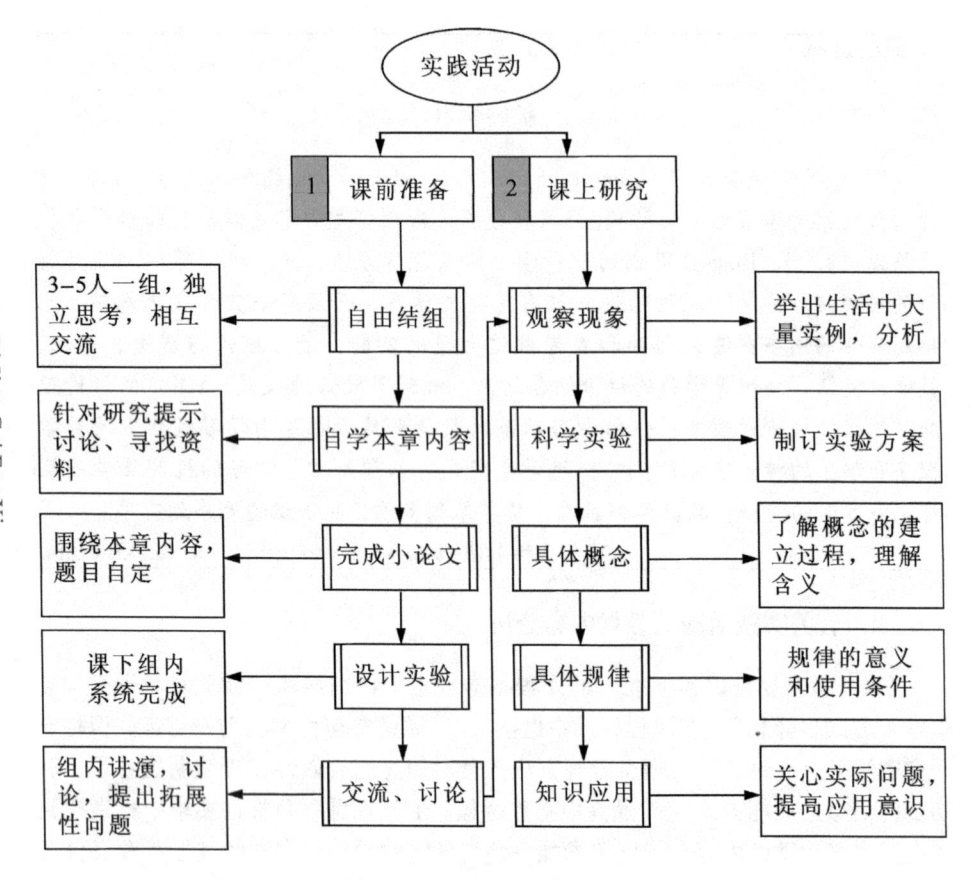

图 4-22 实践活动教材分析

（二）实践活动的作用

（1）为学生提供丰富的感性认识材料，开阔视野。

（2）激发学生学习物理的兴趣。

（3）培养学生的创新意识和合作意识。

（4）培养学生的科学素养和综合实践能力。

（三）组织要求

（1）活动的组织要有计划性。

（2）活动的参与应符合自愿的原则。

（3）活动的实际应符合学生的实际。

（4）教师应该为活动提供物质和组织上的保障。

（四）具体指导

（1）参观与课外观察。

（2）家庭实验和室外实验。

（3）物理科学宫和物理游艺晚会。

（4）物理综合小组。

（5）物理教具制作小组。

（6）物理演讲会和物理墙报。

（五）科技小制作

根据学校的实际情况，我们积极组织学生利用课外活动时间开展科技制作活动，如自制电铃，自制平行光源，制作针孔照相机，制作潜望镜，自制量筒，楼梯电灯开关电路等，并组织展评。科技活动的开展，既能锻炼学生的科技制作能力，又能为学生将来工作打下良好的基础。

学完了声的有关知识后，制作音调可变的哨子、土电话。学完平面镜成像后，自制潜望镜。另外，让学生通过图书、报刊、网络等方法收集整理科学家的故事和有关科普知识。如学完核能后，布置给学生"核能问题之我见"这样一个题目，让学生去查找相关资料。

（六）阅读科普读物

根据学生的知识基础，教师要指导学生阅读有关的科普读物，使学生更多地了解科技知识和科技发展的新动向，增加学生的科技知识，并定期组织"实用物理知识竞赛"，以调动学生学习、读书的积极性，使学生掌握更多的科学文化知识，培养学生的科技阅读能力。

总之在物理教学中，教师把外在的信息，即物理课题以新奇的方式解释给学生，能使课堂气氛活跃，引人入胜，从而培养学生的学习兴趣，并在乐趣中获得知识、巩固知识。这样的教学方法，无疑会产生良好的效果。

第三节 利用 ISM 法分析中学物理教材

解释结构模型法（Interpretative Structural Modeling Method，简称 ISM 分析法）是用于分析和揭示复杂关系结构的有效方法，它可将系统中各要素之间的复杂、零乱关系分解成清晰的多级递阶的结构形式。当我们分析的各级教学目标不具有简单的分类特征，或者其中的概念从属关系不太明确，也不属于某个操作过程或某个问题求解过程时，要想通过上面所述的几种方法直接求出各级教学目标之间的形成关系是很困难的，这时就要使用 ISM 分析法。

一、ISM 法分析教材的流程

(1) 抽出要素;(2) 决定要素间的形成关系;(3) 制作形成关系图;(4) 研讨。

二、ISM 法分析教材工作流程图

1. 抽出要素

根据教师对教材的分析,可抽出该教材的基本学习要素,这种要素称为知识点。作为一个实例,设教材的要素是:S1、S2、S3、S4、S5。

2. 决定要素间的形成关系

对于抽出的要素,根据它们间的逻辑的、因素的、上下的、前后的各种关系,决定要素间的形成关系。要素的抽出,要素间关系的形成不仅与教材中的知识内容有关,也与教师的教材观、教学经验等有关。

3. 制作形成关系图

形成关系图是一种表示系统各要素间形成关系的有向层级图。

为了达到有向关系图,应将系统中的要素及其相互间的形成关系以矩阵的形式表示,并求出可达矩阵。在此基础上,以一定的层级排列算法,决定每一要素的层级(因需要复杂的运算,往往由计算机完成),由此作出形成关系图。

4. 研讨

对于制作出的形成关系图,教师可在此基础上进行研讨。基于教材的内容、学生的学习情况和教师的教学观、教材观,来讨论形成关系图中的要素是否需要变更和增减,要素间的形成关系是否需要进行修正等。若需要修正,则返回1、2、3的操作。经过多次的研讨、修改,直到所得的形成关系图基本满意后,教材分析才告一段落。

根据需要,还应在形成关系图的基础上作出教学序列。

三、可达矩阵

对于上例中所示的五个要素间的形成关系,可以用有向图来表示。有向图虽然给出了要素间的形成关系,但并没有给出要素间的层级。

所以可用以下的算法来决定每一个要素的层级。

1. 求可达矩阵

根据上述有向图,可利用邻接矩阵 A 来表示。

$$A = \begin{array}{c} \\ S1 \\ S2 \\ S3 \\ S4 \\ S5 \end{array} \begin{pmatrix} S1 & S2 & S3 & S4 & S5 \\ 0 & 0 & 0 & 0 & 0 \\ 0 & 0 & 1 & 1 & 0 \\ 1 & 0 & 0 & 1 & 0 \\ 0 & 0 & 1 & 0 & 1 \\ 1 & 0 & 0 & 0 & 0 \end{pmatrix}$$

设单位矩阵 I 为：

$$I = \begin{pmatrix} 1 & 0 & 0 & 0 & 0 \\ 0 & 1 & 0 & 0 & 0 \\ 0 & 0 & 1 & 0 & 0 \\ 0 & 0 & 0 & 1 & 0 \\ 0 & 0 & 0 & 0 & 1 \end{pmatrix}$$

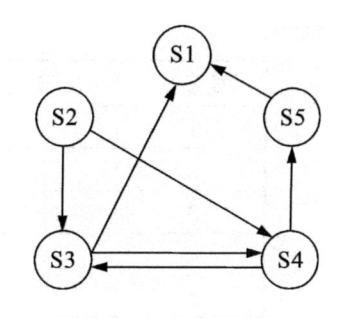

图 4-23 有向图举例

根据 A，I 进行布尔运算：$(A+I)^{k-1} \neq (A+I)^k = (A+I)^{k+1} = M$，可以求得可达矩阵 M。即：

$$M = (A+I)^3 = (A+I)^4 = \begin{pmatrix} 1 & 1 & 0 & 0 & 0 \\ 1^* & 1 & 1 & 1 & 1^* \\ 1 & 0 & 1 & 1 & 1^* \\ 1^* & 0 & 1 & 1 & 1 \\ 1 & 1 & 0 & 0 & 1 \end{pmatrix}$$

与矩阵 $(A+I)$ 比较，可达矩阵 M 中，标有 * 的元素 1，在 $(A+I)$ 矩阵中为 0。它表示，在邻接矩阵中，所表示的形成关系是一种直接形成关系，而可达矩阵中所表示的是一种间接的关系。

2. 基于 M 求层级有向图

为了从可达矩阵做出层级有向图，我们定义两个集合 R（Si）、A（Si）。

R（Si）：从 Si 出发，可能达到的全部要素集合，称为可达集合。

A（Si）：所有可能达到 Si 的要素集合，称为先行集合。

以 R（Si）、A（Si）求出 R（Si）∩A（Si）的集合。

R（Si）∩A（Si）是从要素 Si 可能达到，而且又是能够达到 Si 的全部要素集合。在图论中，这是一种强连接要素，或在图中处于环状的要素。

根据实例中求得的可达矩阵，其 R（Si）、A（Si）和 R（Si）∩A（Si）如表所示。

表4-4 各要素集合表

要素 Si	R（Si）	A（Si）	R（Si）∩A（Si）
1	1	1，2，3，4，5	1
2	1，2，3，4，5	2	2
3	1，3，4，5	2，3，4	3，4
4	1，3，4，5	2，3，4	3，4
5	1，5	2，3，4，5	5

（表中的3，4表示S3和S4是强连接。）

表中，连接的要素可作为一个要素来处理。本例中，S3，S4可以认为是一个要素。并将它记为S3，S4。这时，要素的集合可表示为S＝｛S1，S2，S3，S4，S5｝。

利用该表可求出满足：R（Si）∩A（Si）＝R（Si）的Si的集合。这个集合中的要素，不可能达到本集合外的任一要素，显然，这个集合中的要素是全部要素中的最高层级。本例中，S1满足该等式，是有向图中的最高层级。

决定有向图中的最高层级后，将它从矩阵中取出（即从表中取出）。对于剩下的要素，再根据等式，求出其中的最高层级，此时是S5。它是可达矩阵所表示系统中的第二个层级。

重复这样的操作，逐个决定系统构成要素的不同层级。层级排列如下表所示。

根据这种层级排列和邻接矩阵A所表示的直接形成关系，可以做出系统的层级有向图。

这种层级有向图即教材系统的层级结构图——形成关系图（图4-24）。

表4-5 各要素层级表

层级	要素
1	S1
2	S5
3	S3，S4
4	S2

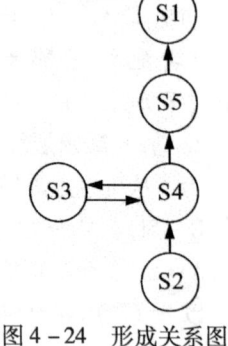

图4-24 形成关系图

四、举例示范

下面以物理教材中运动学的相关内容进行举例示范：

1. 抽出要素

抽出8个重要概念作为要素。

| 1. 平均速度 | 2. 瞬时速度 | 3. $k-t$ 曲线 | 4. $v-t$ 曲线 |
| 5. 时间 | 6. 坐标 | 7. 加速度 | 8. 极限 |

对教材进行 ISM 分析。本例中，仅给出 8 个要素，但在层级化算法的说明上，对要素的个数没有什么限制。

2. 要素间的形成关系

两个要素间的形成关系应根据教材的内容，学习者的特性而决定。在很大程度上，它反映了分析者对问题的理解、认识和经验。

在本例中，①平均速度是一种速度，它应在⑤时间和⑥坐标理解的前提下进行学习；②瞬时速度可由 $x-t$ 图的斜率求得，也可利用极限的概念来说明。同时，它也是一种速度的变化，应在⑤、⑥理解的前提下进行学习。根据分析者的认识和判断，可以决定各要素间的形成关系。

各要素间的形成关系：

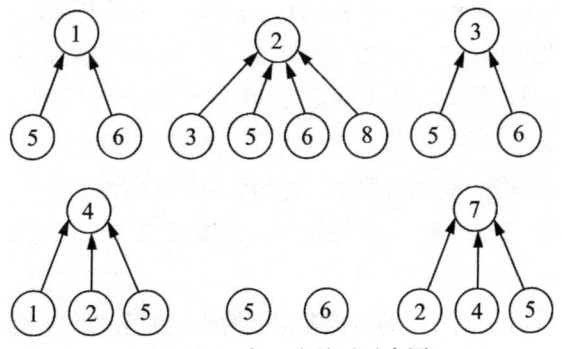

图 4-25　各要素关系示意图

3. 形成关系图

根据本例中给出的形成关系进行连接，可得到全部要素间的形成关系图。

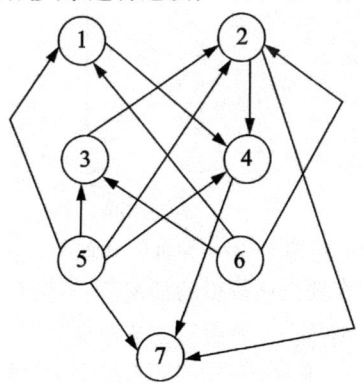

图 4-26　形成关系图

这样的图形虽给出了要素间的形成关系，但没给出要素间的层级结构，作为表现教材结构的方法，人们在使用时，不甚方便。我们应将它变成具有一定层级结构的形成关系图。

根据形成关系图，可以逐个地计算每个要素的可达要素集合 Ri 和先行要素集合 Ai。

在本例中，包含了 8 个要素。例如，要素①，它既具有先行要素（希望连接到上一节相关内容）⑤和⑥，又有可达要素（希望连接到上一节相关内容）④。对于要素⑦，它仅具有先行要素②、④、⑤，而没有可达要素，所以它的可达要素的集合 R7 为空集。例如：R1 = {4}，A1 = {5、6}，而 R8 = {2}。

（1）对于 Ri = {0}（空集合）要素 i，表示该要素没有可达要素，它应是最高层级。在本例中，由上图所示，要素⑦，它没有可达要素，它的可达要素的集合 R7 为空集。所以，要素 7 为最高级别。将要素⑦从图中取出，得到层级化 1。

（2）在层级化 1 的图中，找出具有 Ri = {0} 的 i，此时的 i=4，它表示要素 4 为该图的最高层级。将要素④从层级化 1 中取出，得到层级化 2 的图。

（3）在层级化 2 的图中，满足 Ri = {0} 的要素为 i = 1, 2。要素 1, 2 是层级化 2 的图的最高层级。将两者取出，得到层级化 3 的图。

（4）如此分析下去，可求出属于不同层级的要素，其层级的分布用表格表示。

（5）根据层级分布就可以将全部要素间的形成关系的图变换为层级结构图。

（6）将最后剩下的与其他要素联系相对较少的要素⑧写在最后。

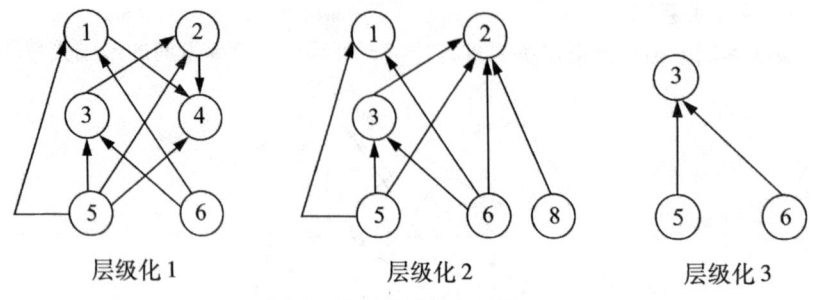

层级化 1　　　　　层级化 2　　　　　层级化 3

图 4 - 27　层级化示意图

当然，上述运算过程在要素比较少的情况下，可以直接通过观察演算，无需用到矩阵求解。请读者仔细体会，并查阅相关资料。

表4-6 层级的分布表

层级	要素
1	7
2	4
3	1，2
4	3
5	5，6
6	8

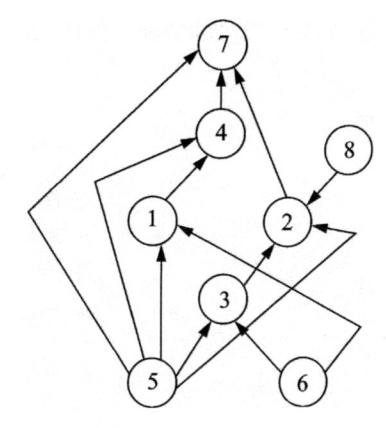

图4-28 层级的结构图

4. 研讨

对于已得到的形成关系图应进行深入的研讨，注意要素的符号和所代表的内容，基于符号所代表的内容来理解、研讨所得到的形成关系图，并根据实际情况，对形成关系图进行修改。

看完前面的内容，我们不难发现，图示所反映的基本关系有对比和比较、排序、归类、因果等。在本章的最后，编者仍要再次强调，对于可视化图示来进行教材分析不能拘泥于固定的模式或者框架，应该结合自己平时的习惯和实际情况开发属于自己的一套图示，以便在长期的教学过程中不断积累和运用。下面将几种逻辑关系列出，所用图示也是编者在实际教学研究过程中常用到的，以启发大家。

（1）对象的内容和框架是什么？其一般表示事物的定义，该图可以利用Word工具软件中的画图工具制作。

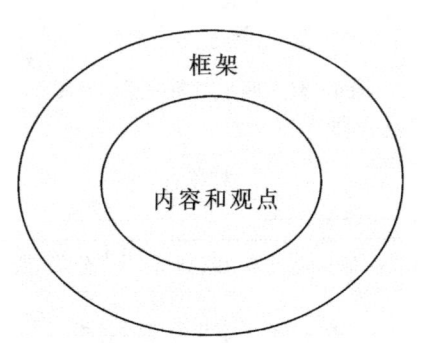

图4-29 一般事物的定义示意图

（2）对象的特征、性质和属性是什么？其用于描述事物的特征。

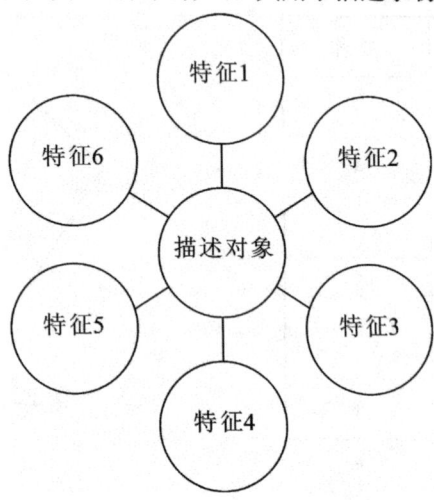

图 4-30 描述事物特征示意图

（3）两个对象的联系和区别是什么？用于描述事物间的比较和对比，在思维地图里被称为双起泡图。

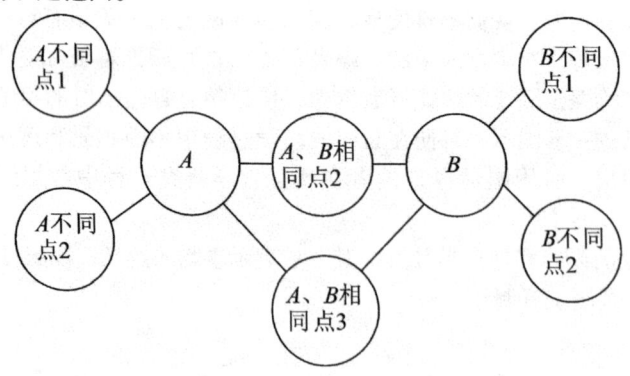

图 4-31 两个对象关系示意图

（4）事物可以如何被分类？

图 4-32 事物分类示意图

（5）事件的顺序是什么？

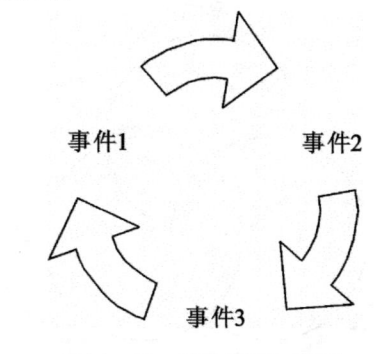

图4-33 事物顺序示意图

（6）事件的原因和结果是什么？

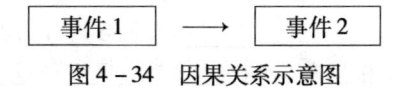

图4-34 因果关系示意图

（7）对象之间存在什么类比关系？（类比关系）

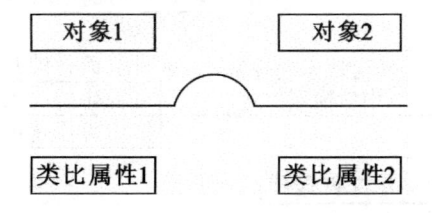

图4-35 事物类比关系示意图

（8）概念的层次关系。

图4-36 概念层次示意图

(9) 事物间的相互关系。

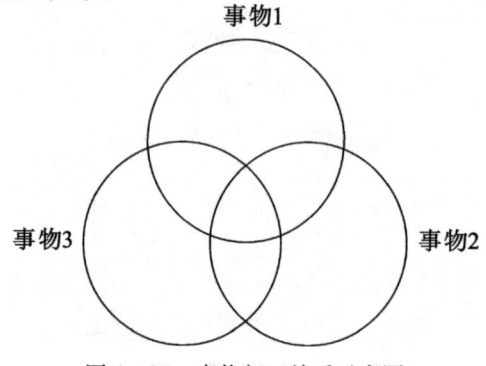

图 4-37 事物相互关系示意图

[本章小结]

```
                          ┌─ 有关物理概念内容的教材分析
     通过制作量表来分析    ├─ 有关物理规律内容的教材分析
     中学物理教材          ├─ 有关物理练习内容的教材分析
                          └─ 有关实践活动的教材内容分析

                          ┌─ 目前流行的几种知识可视化工具
     利用图示法分析        ├─ 可视化的引入背景和特点
     中学物理教材          └─ 知识可视化图示在教学中的应用

利用知识可视化图示来分析教材

                                           ┌─ 理论
     解释结构模型法(ISM分析法)              └─ 举例
```

[思考与练习]

1. 查阅相关资料，互相讨论几种知识可视化工具的特点。
2. 为什么要在分析教材的时候，采用知识可视化图示的方法，你能说出几点优势吗？
3. 请你分析高中物理教材的整体结构。
4. 想一想，如何在图示中表示两个知识点之间的联系？
5. 请你试着自己设计表格来分析物理教材。
6. 你理解 ISM 分析方法吗，请你参阅线性代数中相关内容仔细理解可达矩阵的意义。
7. 尝试利用 ISM 方法来分析教材中某知识部分。
8. 请查阅相关材料，看看 DEMATEL 分析方法，并与 ISM 方法进行对比，看看两种分析方法有什么区别，各自有什么特点。（提示：从矩阵计算和结果呈现方式上来着手思考）

第五章　物理教材中重点、难点成因分析及其对策

[内容提要]

本章主要介绍了教材中的重点、难点的形成原因和如何突破重点和难点的教学。本章知识内容与上一章关于物理学习和教育心理学的内容有关，请认真体会这两章的相互联系，并掌握突破难点和重点的教学策略。

[学习指导]

1. 理解重点和难点的形成原因。
2. 通过本章学习，要掌握判断难点和重点的途径。
3. 如何在分析教材的时候选择突破重点和难点的教学形式。

第一节　重点和难点的定义以及划分依据

一、重点知识概述

中学物理知识大体可分为三类，一类是重点知识，一类是重要知识，一类是一般知识。对于不同类别的知识在教学中应有不同的要求。

凡属重点知识都应该达到牢固掌握、熟练运用的程度。所谓掌握，应当包括领会和巩固两个环节。教师即使把知识都讲给了学生，但它并不一定能成为学生的知识，必须经过学生自己领会，经过思维加工，才能理解和消化，变成自己的知识。但仅有领会这个过程还不够，因为随着时间的流逝，知识还可能得而复失，因而必须经过巩固的环节。巩固就是要针对人的遗忘规律，不断地对知识进行强化，向遗忘作斗争。只有经过了领会和巩固这样两个环节才可能达到掌握的程度。知识的运用体现了知识的应用价值。在应用知识的过程中，一方面要用知识来分析和解决问题，另一方面通过应用也使知识得到深化和强化。

重要知识有的也要达到掌握的程度。它和重点知识相比存在着程度上和定量要求上的差别，有的只要求领会或理解。重要知识和重点知识在教学处理中要统

筹安排互相配合。

一般知识具有开阔学生视野，扩大知识面或者为重点知识提供背景的作用。它要求学生了解或知道，一般没有定量要求，也不强调知识的系统与完整。

（一）划分这三类知识的主要根据

首先，要考虑知识在整个物理学中所占的地位。一般来说重点知识应该是物理学中那些主干的、关系全局的、有生命力且活跃的知识。从大的方面来看，力、能、场、波等概念在整个物理学中占有重要的地位，因而由此所派生的概念，如浮力、功和功率等，在具体章节中往往也处在重要的地位。从某部分教材来看，最基本的概念和规律往往形成重点。如力学部分中力的概念、惯性和惯性定律、密度、液体压强公式、阿基米德定律等就是重点。

其次，要看知识应用的广泛程度。有些物理知识，在整个物理学的知识体系中虽不处于重要地位，如直流电的知识，但它们有较高的应用价值，跟日常生活和生产联系很密切。考虑到这类知识对学生毕业后的工作、生活有较大作用，因此，有时也可以划为重点知识。

第三，要看学生的知识基础。物理教学需要在学生具有一定的数学水平和准备知识的基础上进行。这一点，物理教学比起其他某些学科更为突出。因此在确定知识的分类上也要考虑这个因素。如原子物理学在整个物理学中占有重要的地位，但由于它研究的是物质的微观属性，深入学习需要较多的基础知识，中学生不具备这些基础知识，因而中学阶段无法展开，只能作些简单的定性介绍。动能和势能的概念本身是物理学中很重要的基本概念，但初中不可能展开，因而只作初步的介绍。

综上所述，知识是否是重点，是由知识本身和教学情况两方面来确定的。就知识本身来说，重点知识应该是那些主干的、基本的、有生命力的、应用广泛的知识。就教学情况来说，则需考虑整个中学物理的教学目的、学生的基础和教学时间是否允许等诸多条件。

（二）下面着重从培养学生能力的角度，对如何确定重点进一步说明

根据整个中学物理的教学目的要求，不但要教给学生知识，而且要培养学生能力。因此对能力因素的分析也应成为确定重点的一个依据。由于长期传统教学的影响，对这一点往往认识得不够，因而在我们进行教材分析时就更应加以重视。如电磁感应一章，教材是从介绍电磁感应实验开始的。这个实验在教学中起着重要的作用，电磁感应的规律要从这个实验中得出，更重要的是这个实验在培养学生思维能力上有重要的作用。学生平时的观察往往是静态的观察，而这个实验是一种动态的观察，只有导体运动，而且是切割磁感线运动，才能有感生电

流。这对学生认识场的概念很有价值，对培养学生从现象中抓住本质，概括出结论的思维能力有好处，做好并分析这个实验应该成为教学的重点。不少教师只把教学重点放在电磁感应规律本身的讲述上，对规律中的字句反复讲练，并不在观察分析实验上下工夫。这样，久而久之，学生头脑中的知识可能不少，但都是静止的、孤立的，并不了解知识的来龙去脉，因而也就不可能灵活运用。因此在分析教材重点时，重视对知识能力价值的认识是很重要的。

（三）突出重点的基本方法

1. 教学过程要以重点知识为中心来展开

如人民教育出版社编写的初中物理课本第一册浮力这一章可分为两个单元，第一个单元是阿基米德定律，第二个单元是物体的浮沉条件。教材的重点是阿基米德定律，它是全章教材的核心。各节教学活动都应该围绕这个中心课题来安排。要做好阿基米德定律的演示实验，演示前要交代清楚实验目的，表演时应层次分明，每演示一步都应让学生既有思想准备，又能积极思考，引导学生从实验中总结出规律。要讨论并纠正学生对浮力的一些错误看法和糊涂观念。在浮沉条件的教学中要注意复习，巩固阿基米德定律。这样，阿基米德定律的重要性便自然在全章中凸显出来。

2. 要突出重点知识的应用

对于重点内容应该有较高的教学要求。要强调它的应用，并通过运用知识使学生达到牢固掌握、熟练运用的程度。学生只是记住所学的知识，并不等于掌握。必须把概念和规律运用到具体问题上，在解决具体问题的过程中，来加深理解和掌握概念及规律。只有在反复应用过程中，对概念和规律的理解才能具体、丰满起来。这样才能把书本上的知识转化为学生自己的知识。具体问题是多种多样的，在运用知识的过程中要学会具体问题具体分析，以便在提高分析问题能力的同时，使所学的知识活化，最终达到熟练运用的程度。所谓应用，不能狭隘地理解为解计算题。解释有关的物理现象，理解物理知识在实际中的应用，解决简单的实际问题，把所学知识与有关知识联系起来以加深理解有关的知识，用所学知识进行小发明、小制作等都是应用。应用的形式要多样化，单纯地理解为计算，甚至拼凑类型，并不能达到掌握知识的目的。

3. 重点内容更应注意教学方法的选择

对重点知识，采用启发式教学尤为重要。在运用启发式教学的过程中，常常要以重点知识作为引起学生思维的突破口，使学生的积极思维活动以重点的知识为核心或运用这些知识来分析物理现象，解决物理问题。如初中八年级讲测量时，长度与质量的测量方法是全章的重点，有的教师采用下述方法启发学生的积极思维。让一个学生用米尺测铅笔的长度,如测出为13.1厘米。又让另一个学生测量,并强调要测得准确些,于是可能测出为13.13厘米。再让一个同学测量,并要求测得更准确些,测得的结果可能是13.131厘米。那么三个人谁测得最准呢?让学生们判断,多数人会认为第三个同学测得最准,因为他已测到小数点后的第三位了。这时再让大家分析米尺的最小分度,说明用最小分度为毫米的米尺来测量,上述测量的小数点后第一位可以准确地读出,小数点后的第二位就是估计的了,那么第三位同学竟然读出了小数点后的第三位,显然是乱说的。这样长度测量这个知识点就自然突出了,而且成了启发式教学的引爆点,同学们的积极思维就从这里开始了。

(四)要处理好教材重点与教材非重点的关系

教材分析要明确教材重点,教学过程要突出教学重点,但这绝不是说课堂教学只重视重点内容,非重点内容就可有可无了。如果是那样也就看不出重点教材的地位和重要性了。课讲得一大片,胡子眉毛一把抓,听不出哪些是重点内容,当然不好。但如果只讲重点知识,只讲有限的概念与规律,看不到重点知识和其他知识间的关系,把物理知识讲得很枯燥,很孤立,学生也不会学好物理。突出重点知识可以带动其他知识,使学生更快更好地掌握全面知识。在教学中,各部分知识内容应该有所侧重,但又不能轻视其他非重点知识。非重点知识也是学生应掌握的基础知识,对重点知识有巩固、扩大、加深的作用。因此处理好重点教材和非重点教材的关系,是教学中的一个重要问题。

应该做到以重点教材为中心,以一定数量的非重点知识做外围,形成一个合理的知识结构体系,同时体现出知识的不同层次。当今物理新知识不断发展,要求不断扩大学生的知识面,而又要求扎扎实实地学好基础物理知识。因而处理好重点和非重点知识,就更显得十分重要。

二、难点的形成与突破

(一)形成教学难点的基本原因

1. 相关的准备知识不足

物理学本身有着严密的知识体系,教学内容的安排也是一环扣一环的。这就决定了物理教学要有一定的系统性,注意前面学习的物理概念和规律要为后面的学习打基础、作准备,后面的学习要充分利用前面的准备知识,这样才能取得良好的教学效果。如果对这一点注意不够,往往就会造成教学上的难点,给学生的学习带来困难。如浮力一章在研究物体所受的浮力和浮沉时,就需要大量地联系和综合运用前面学过的基本概念和分析方法,如密度的概念,重力 $G = mg = \rho V g$,

二力平衡和平衡条件，压力和压强，液体内部压强的计算等。学生在计算物体所受的浮力时，常常由于对前面某个环节上的准备知识没有很好地理解和掌握，而使浮力的学习受到了阻碍。因此，在分析教学难点时，不能只注意产生困难的知识点本身，还要看到准备知识的掌握情况。

2. 思维定势带来的负迁移

迁移原理是教学中的一条重要原理。正向迁移有利于学生在原有知识的基础上掌握新知识，但思维定势引起的负迁移却干扰对物理概念与规律的正确理解和掌握，给物理教学带来困难。如对惯性概念的理解，学生往往有这样的错误观念，即认为物体的惯性与它的运动速度有关，速度越大，惯性越大。这个错误观念在学生学习物理以前就已经形成，尽管学物理时再三告诉他惯性是物体的固有属性，跟物体的运动状态无关，但一碰到具体问题，思维定势仍然在起作用。如认为车子开得快不容易停下来，开得慢容易停下来，是由于两种情况下车子的惯性大小不同造成的，他们很难于真正理解惯性的概念。

学生在学习物理公式之前，已经学过大量的数学公式，因而习惯于用数学公式代替物理概念。如学完物体的浮沉条件以后，问学生这样一个问题："一艘轮船停在海面上，船上放下一个悬梯，梯子露在水面上的长度是1米，如果海水开始上涨，每分钟上涨5厘米，10分钟后悬梯在海面上的长度还有多少？"相当多的学生认为10分钟后悬梯露在水面上的长度还有0.5米。这就是因为不少学生已经形成了一种思维定势和心理倾向，见到数字就想到运算，很少再从物理意义上思考问题，这就影响和阻碍了学生对物理概念和本质的理解，造成一系列的思维障碍和困难，形成教学的难点。

3. 概念相通，方法相似，容易混淆

有一些物理概念，其内涵或外延有某些相近之处，掌握这些概念如果不注意它们之间的区别和联系，常常被表面上某些相似性所迷惑，造成理解和应用上的错误，致使学生感到掌握这些概念很困难，影响到后续课程的学习。如全部浸在液体中的物体受到的浮力大小为 $F = \rho g V$，液体内部压强公式为 $P = \rho g h$，两个计算式很相似，容易混淆，而且浮力和液体压强有某种联系（浮力大小等于物体上下表面所受的液体的压力差），因而造成学习上困难。有的学生常常用计算液体内部压强的公式来计算液体中物体受到的浮力，而且总认为物体受到的浮力大小和它浸在液体中的深度有关，浸得越深，受到的浮力就越大。

4. 思维过程复杂而感性认识欠缺

初中学生对物理概念的学习往往需要从具体的感性知识入手，但如果学生缺乏感性认识，思维过程再稍微复杂一些，就会造成学习上的困难。如学生对容器

底部受到液体压强很容易理解，但对容器侧壁也受到液体压强，甚至在特殊情况下容器盖也会受到液体压强，由于缺乏感性认识就很不理解，因而形成教学上的难点。

5. 教学要求和教学方法不当

教学难点有的是由于知识内容本身的性质、特点造成的，也有的是由于学生的思维和心理障碍造成的，还有时是由于教学要求和教学方法不当人为造成的，而知识本身学起来并没有什么困难。初中学生学习物理的思维特点是，习惯于从特殊到一般的归纳推理，即从有代表性的感性事物入手，归纳出它的本质特征和共性，得出概念和规律。初中物理的绝大部分的概念和规律都是这样得到的。如果不注意这个特点，同样的内容用演绎推理的方法来讲解，学生就会感到不好接受，这显然是由于教学方法不当而造成了难点。教学要求要符合初中学生的实际，要求过高，也会增加不必要的难点。如在浮力的计算，现实教材要求并不高，计算也不复杂。但浮力问题的类型较多，解决方法灵活多变，在分析能力的要求上有相当的难度，比前面几章是一次较大的飞跃，因而教学要求一定要得当，一般不宜超过教材的教学要求。从教学实际情况来看，浮力教学中的不少难点是因为要求过高造成的。

（二）突破难点的主要途径

教学中的难点是多种多样的。因此，突破教学难点要有针对性，要根据上述形成难点的原因，分别采取不同的途径与方法。

1. 注意分析研究学生学习物理的心理特征和思维规律

教学中的不少难点都带有共性，这说明难点的形成和学生自身的思维习惯、认知特点有密切关系。教师要注意总结学生的认知规律，在教学中做到既适合学生的认识结构，又改造他们不合理的认识结构，以达到克服难点以至从根本上减少难点的目的。这是我们突破难点的一条重要之路。

2. 分散知识难点，分解教学要求

许多教师在教学中都总结出了重点要突出、难点要分散的经验。分散难点确实是解决教学疑难问题的有效途径。要想做到难点分散，就必须分解教学要求。对于某些难点，不能企图一次就达到要求，而要有一个逐步掌握、逐步深入的过程，这样会大大减少难点的形成并有利于难点的克服。如在浮力的教学中，除教学要求过高外，要求过急也人为地形成难点。在解答浮力问题的要求上应该是有层次的。首先应该要求学生会计算浮力，掌握物体的浮沉条件，然后再把二者结合起来。要按层次有计划地一步步地提出要求，并注意帮助学生总结。急于要求学生做大量的综合题，他们就会感到浮力很难，理不出头绪来，大大增加了学习难度。注意控制综合的时机，分散难点，在教学中十分重要。

3. 加强物理实验

不能在头脑中形成物理图象和展现物理过程，常常是学生出现困难的一个重要原因。因此重视物理实验，通过实验展现物理过程，并充分发挥通过实验所形成的表象作用，对于形成概念，认识和理解物理过程有很大的益处，因而也是突破难点的基本方法。

三、怎样确定教学目标、教学重点和难点

确定教学目标、教学的重点和难点，是物理教学准备阶段的一个重要环节，也是进行教材分析的重要环节。要上好一节课，使学生的学习达到预期的质量标准，教师必须事先明确在教学活动中学生应该做什么，学习哪些内容，学习这些内容达到什么知识层次和能力水平，在教学活动中重点要解决什么问题，解决这些问题会遇到哪些困难，如何克服这些困难等。这就同作战之前要制订作战计划一样重要。

长期以来对教学起导向作用的是课程标准，而课程标准所提出的要求是笼统抽象的。它不可能对每一个教学内容（知识点）提出很具体的要求。这就需要我们在教学之前制定出明确具体的教学目标和重点、难点。

（一）确定教学目标、教学重点、难点的作用及其特点

1. 作用

教学目标、重点、难点正确与否，决定着教学过程的意义。若不正确，教学过程就失去了意义；若不明确，教学过程就失去了方向。在物理教学活动开始之前，首先要明确教学活动的方向和结果，即所要达到的质量标准。因此教学目标、重点、难点是教学活动的依据，是教学活动中所采取的教学方式方法的依据，也是教学活动的中心和方向。

可见教学目标、重点、难点，对教与学的双方都具有导向作用、激励作用和控制作用。

2. 特点

物理教学中的教学目标与原来常用的教学目的是不完全相同的，而且存在很大差异。

教学目的是指通过物理教学使学生达成某一质量规格的总的规定。它指明了学生应在物理知识、能力和物理素质方面所要达到的水平。教学目的的确定主要依据课程标准和教材要求。其着眼点是教师的教。因此它是一个一般性原则。

教学目标是指通过有计划的物理教学过程与学生活动所要实现的教学成果。

它是制订物理教学计划、课程编制、教案设计以及评价教学效果的标准。教学目标的确定除依据课程标准和教材要求外，更主要的是根据学生的实际水平。注意教师教的同时，更着眼于学生这个主体。因此它更具体，深广度更明确，操作性更强。

可见，教学目标与教学目的比较起来具有：①整体性。概括整个教材，教学理论与教学内容有机结合。②合理性。根据当地或班级学生的实际水平而确定。③可行性。经过师生的共同努力能够实现。④明确性。掌握什么知识，发展什么能力，达到什么水平目标明确。⑤易操作性。目标明确具体，对教与学的双方及时调控，操作容易。

（二）确定教学目标、教学重点、难点的一般原则

确定物理教学目标、重点、难点要遵循一定的原则，这些原则体现着物理教学的思想。

1. 标准性原则

在确定教学目标、重点、难点时，只能以国家制定的教育方针、课程标准要求为基本的标准。课程标准是国家规定的用来衡量教学质量的统一标准。只有按国家规定的要求，才能保证学生将来适应社会的需要。在确定教学目标、重点、难点时，必须处理好与大纲、教材的关系。教学目标、重点、难点只能逐层次地体现课程标准的要求，使课程标准和教材的要求具体化、明确化。

2. 整体性原则

在确定教学目标时对教学重点、难点要遵循由整体到局部，再由局部回到整体的思路通盘进行考虑。即由中学物理教学的总目标，总的重点、难点，到具体实施的章节、知识点的教学目标、重点、难点，构成一个有序的、前后关联的系统整体。

首先要把握住中学物理教学的总目标和重点、难点，再弄清各部分的教学目标和重点、难点。注意到各部分间的联系和渗透，然后确定各章、节知识点的教学目标、重点、难点。也就是说要从整个中学物理课程这一角度去考查每一章节所处的地位和作用，最后确定教学目标、重点、难点如何落实到每个知识点上。

如加速度是高中力学中的重要概念，既是教学重点，也是教学难点，然而加速度的教学是在"物体的运动"、"牛顿运动定律"、"曲线运动"这三章中逐步体现的，同时在其他部分也有广泛的应用。在"物体的运动"一章中，它既是重点又是难点，此时要求学生能从直线运动的角度理解加速度的大小、方向及物理意义。在"牛顿运动定律"一章中，它既不是重点也不是难点，此时要求学生搞清产生加速度的力学原因就可以了。在"曲线运动"一章，它（向心加速度）又

成为了教学的重点和难点,这时要求学生理解向心加速度的大小、方向及物理意义。通过这三章的学习,再概括提高,最后达到加速度这一概念的教学目标。

因此,在确定某节某知识点的教学目标和重点、难点时,不能将总目标,总重点、难点的对应条款机械照搬,必须注意到各个不同层次目标、重点、难点间的联系,与教材严密的科学体系及知识点间的结构,又要注意到学生的认知规律,从而使各章节的教学为达到总目标服务。

上述讲的是认知领域的整体性,同时还必须注意到情感领域和动作技能领域。使三个领域结合为有机的整体,形成三个领域的一体化。

(三)适应性原则

确定教学目标、重点、难点时,必须着眼于全体学生的发展,能最大限度地适应不同程度的学生需要。教学要适应经济、科学和社会发展的多方面需要,全面提高全体学生的物理素质。因此教学目标、重点、难点必须根据不同学生的实际,具有一定的层次性,也就是我们常说的使基础好的学生吃饱,也要使基础较差的学生学有所得,使学生在不同基础上都得到充分的发展。如位移公式:$s = v_0 t + \frac{1}{2}at^2$ 有三层含义:第一层是使学生掌握 a 的方向表示,取 v_0 为正,加速运动 a 取正,减速运动 a 取负;第二层是会运用公式解决简单的实际问题,如汽车刹车前后的位移;第三层是认识到公式是矢量式,在一条直线上 a 恒定的往复运动可用公式直接计算。

(四)具体性原则

确定教学目标、重点、难点时,一定要具体,易操作,可实施。一般情况下教学目标、重点、难点只落实到知识点上。这样就显得粗糙,明确性、具体性较差。一个知识点往往包括许多内容,这些内容所处的地位一般不相同,教学时的水平要求也不同。笔者认为对一个知识点还应分为几个知识要素,教学目标、重点、难点相应地落实在各个知识要素上。

如初中八年级物理中"温度"这一知识点可分解为:温度、摄氏温度、常用温度计的构造和原理、温度计的使用、体温计和热力学温度。

第二节 确定教学目标、重点和难点的一般原则

一、认真钻研课程标准,通读物理教材

课程标准规定了中学物理教学的总目标,物理教科书就是根据这些总目标编

写的。我们要确定的是章节和知识点的具体教学目标、重点和难点。总目标、重点、难点是确定具体目标、重点、难点的依据。

要认真研究中学物理课程标准，通读物理教材，了解教材的编排体系、知识结构、教学内容、目的和任务，以及在知识和能力方面的具体要求。将全书的教学要求和重点、难点开列出来，做到心中有数。哪些章节地位特殊，前后联系紧密，应用广泛，这些地方应是教学的重点；哪些章节与其他学科（数学、化学等）联系较为紧密，概念规律抽象，这些地方可能会出现教学难点。

此外，对物理教学参考书，对初中的"中考说明"，对高中的"会考说明"和"高考说明"，也要认真阅读，它也可以帮助我们确定教学目标和重点、难点。

二、确定章节的知识点，将知识点分解为知识要素

中学物理中的章节在教材中具有相对独立性。在教学中是一个相对的独立系统。在确定教学目标、重点、难点时，首先根据教材的章节顺序和教学内容之间的内在联系，确定出章节中的各个知识点，然后再将各知识点分解为若干个知识要素。

所谓知识点就是我们常说的知识要点。它在物理学科的体系中是一个个相对独立的知识项目，是知识结构系统中的子系统。所谓知识要素就是构成知识要点的重要元素。其特点是不与其他知识要素相交叉、重迭。

在确定知识点和知识要素时必须注意层次性。层次过少，知识点和知识要素就显得粗大，教学中会出现遗漏某些具体内容；层次过多，就显得细碎，教学中难以突出重点。一般地来说，每节有1~2个知识点，每个知识点又包括2个以上的知识要素。确定知识点的多少，知识要素的多少要适度。要根据教材实际和学生的实际情况而定。对于刚接触物理课的中学低年级学生宜细一些，对于有一定物理基础的中学高年级学生宜粗一些。

此外，对于在学习材料和练习中出现的常用解题技巧、常用结论等也应视为知识点。对它们的总结、理解和应用，往往反映了学生学习物理能力的强弱。

三、制定双项细目表，确定各知识点的等级

章节知识点和知识要素确定之后，接下来的工作就是给各知识点、知识要素划分学习水平的层次。为直观易研究起见，应列出双向细目表。

知识点的学习水平层次，应根据知识点在物理知识结构和教材体系中的地位、与其他知识点的关系和习题的难度水平来确定。一般地，某一重要知识点的目标层次要略低于该章目标层次。学习完该章后，再通过复习课（知识结构分

析）及习题课和练习，使之达到本章目标。章节目标总体看还是稍低于总目标层次。要达到总目标水平，应是在学完某部分或全部后，找到该章与前后知识的联系，找到应用点、扩散点和加深点之后，并通过练习才能达到。因此某节课、某知识点的教学目标层次，不是简单地将总目标中的对应条款下搬、分解，而是根据教材情况和学生的实际制定。关于双向细目的制定，在教法课程中讲过，大家可以翻阅相关教材复习。

四、要具体、明确表述教学目标、重点和难点

我们制定的双向细目表是教学目标、重点、难点的简单表述。它直观，便于教师使用。但它又显得过于抽象，不利于学生理解和掌握。因此还要用可观察、可测量的文字来叙述。在表述时应注意：

（1）学生是行为主体。教学目标描述的是学生的行为，是学生应该知道什么，应该理解什么，应该会做什么。

（2）行为内容要具体。使学生看了之后很明白，知道自己该做什么，会做什么。

（3）行为结果要准确。学生通过自己的行为要达到什么层次的结果，必须准确。该做什么，到什么程度；会做什么，到什么水平；理解什么，到什么层次。这样才便于自我检查，便于确认自己是否达到标准，以便调整自己的学习。

根据布鲁姆等人在"教育目标分类学"中的认知、动作技能和情感三个领域的思想，并根据中学物理的特点和我国的实际情况，分为知识、能力和德育三个领域。下面是"光的反射"一章在这三个领域的教学目标和重点、难点。

（一）知识与技能目标

1. 知道光在均匀介质中沿直线传播，知道光在真空中的传播速度

（1）知道什么是光源，能举出光源的实例。

（2）知道光在均匀介质中沿直线传播，并能举出实例说明。

（3）知道表示光的传播方向的直线叫光线，能用画图的方法表示光线。

（4）知道光在真空中的传播速度最大，记住真空中的光速值。

（5）能用光的直线传播的知识解释影子、小孔成像、日食和月食现象的成因。

2. 理解光的反射定律（重点）

（1）知道什么是光的反射，知道反射中的入射点、入射光线、反射光线、法线、入射角和反射角。

（2）能叙述光的反射定律，能根据光的反射定律画出光路图，并能计算相关

的角度。(重点)

(3) 知道在反射现象中,光路是可逆的。

(4) 知道镜面反射和漫反射的区别,知道漫反射的应用。

(5) 能利用光的反射定律解释有关的反射现象。

3. 知道平面镜成像特点(难点)

(1) 知道平面镜成像特点。能根据成像特点判断物到镜、像到镜及物像间的距离、物像的大小关系。(重点)

(2) 能根据平面镜成像特点,已知发光点确定像点的位置。

(3) 知道平面镜成虚像的原理。能画出其光路图。(难点)

4. 了解球面镜

(1) 了解球面镜反射面是球面的一部分。

(2) 了解凹面镜对光线的会聚作用和焦点,了解它的应用事例。

(3) 了解凸面镜对光线的发散作用和焦点,了解它的应用事例。

(二) 过程、方法目标

(1) 在研究平面镜成像特点的实验中,初步形成动手、观察、归纳总结知识的能力。

(2) 在运用反射光路可逆解决问题时,初步形成逆向思维能力。

(3) 形成利用几何知识规范作图能力,利用作图法解决问题的能力。

(4) 在理解光的反射定律和运用光的反射定律分析问题时,要考虑因果关系,初步形成逻辑思维能力。

(三) 情感、态度、价值观目标

(1) 通过对日常生活中光现象的观察分析,有趣的光学实验,产生学习光学的兴趣。

(2) 通过对我国古代光学成就的了解,产生民族自豪感。

确定教学目标、重点、难点,只是教师对教学成果的预测。它不可能完全符合学生的实际情况。教学过程中,各种因素也会不断变化。已确定的教学目标、重点、难点也不可能完全适应这些变化。因此在教学活动过程中要注意各方面的信息反馈,及时对教学目标、重点、难点作出适当的调整和修改。

(四) 确定教学目标要特别注意明确参照系

确定教学目标、教学重点、难点时,要给各知识点、知识要素界定学习水平层次(等级)。这是确定教学目标中最实质的工作,也是最困难的工作。

在确立物理教学目标参照系时,国内大致有两种情况:一种是按布鲁姆等人的目标分类体系,结合物理学科的特点,进行六层次(知识、领会、运用、分析、综合、评价）的界定。另一种是根据初高中的实际情况和教学的实际情况适当简化层次的界定。如三层次：知道、理解、掌握；四层次：知道、领会、运用、综合；五层次：阅读、记忆、领会、运用、综合等等。笔者认为六层次过于烦琐。初中三至四层次，高中四至五层次即可。

表 5-1　《标准》中部分行为动词界定

类型	水平	各水平的含义	所用的行为动词
知识技能目标动词	了解	再认或回忆知识；识别、辨认事实或证据；举出例子；描述对象的基本特征	了解、知道、描述、说出、举例说明、列举、表述、识别、比较、简述、对比
	认识	位于"了解"与"理解"之间	认识
	理解	把握内在逻辑联系；与已有知识建立联系；进行解释、推断、区分、扩展；提供证据；收集、整理信息等	阐述、解释、估计、理解、计算、说明、判断、分析、区分
	应用	在新的情境中使用抽象的概念、原则；进行总结、推广；建立不同情境下的合理联系等	评估、使用、验证、运用、掌握
	独立操作	独立完成操作；进行调整或改进；尝试与已有技能建立联系等	测量、测定、操作、会、能、制作、设计
体验性要求的目标动词	经历	从事相关活动，建立感性认识等	观察、收集、调查、交流、讨论、阅读、尝试、实验、学习、探究、预测、考虑、经历、体验、参加、参观、查阅
	反应	在经历基础上表达感受、态度和价值判断；做出相应反应等	体会、关注、注意、关心、乐于、敢于、勇于、发展、保持
	领悟	具有稳定态度、一致行为和个性化的价值观念等	形成、养成、具有、领略、体会、思考

- 《标准》中有的行为动词前加有"初步"、"大致"、"简单"等词，其对应的水平比原行为动词的水平低。
- 以上行为动词皆出现在本课程标准的内容标准条目或课程培养目标中，这些行为动词从三个维度体现了对学习物理内容的相应要求。在"知识与技能"方面，对物理知识的学习有从低到高四个水平的要求，即"了解"、

157

"认识"、"理解"、"应用",对技能的学习则有"独立操作"方面的要求;在"过程与方法"方面,有与经历有关的一系列行为动词,这些行为动词表明了对过程的要求;在"情感态度与价值观"方面,有关的行为动词出现在"反应"、"领悟"等类型的行为动词中。

第三节 突破难点和重点的教学形式

手之所演,目之所视,耳之所听,鼻之所嗅,心之所想融为一体。

有的放矢,把错误消灭在萌芽之中,少走弯路,少出狂力,同时使正确的东西早日发扬光大。

随着学生年龄的增长,同学们自我意识浓厚,已经不满足那种"上课由着教师灌,自习围着习题转"的教学模式,更乐意按照自己的思维形式,来解决一些实际问题。我们应该满足中学生这种心理要求,组织摄影组、无线电小组、家电维修小组、小制作小组等,第一课堂打基础,第二课堂展才华,让他们在实践中受锻炼,长才干,同时定期举行小型竞赛,如物理学史比赛、基本概念大赛等,让物理爱好者充分发挥特长,取得成功,以成功激发情趣。根据学生的知识基础,尽心设计趣味物理实验让学生来完成,如飞机投弹,喷气火箭等。通过这些实验,既能较好地激发学生的学习兴趣,锻炼学生的动手操作能力,又能帮助学生破除迷信,解放思想,树立科学的人生观和价值观。

下面就集中突破重点和难点的教学形式进行简单介绍。

一、分层施教

分层施教是在班级授课制的条件下,通过分层次,有区别地对待具有不同个性特征与心理倾向,不同知识基础与接受能力的学生,预防和克服学业不良,使差异显著的各层次学生都能在原有基础上得到较好发展的一种教学方法。这种教学方法符合人在发展过程中存在个别差异的客观实际,强调因材施教和因时施教;符合"可接受原则"与"掌握学习"策略,强调面向全体,是变应试教育为素质教育的重要教学方法,因此能大面积地提高教学质量。

分层教学法的教学结构特点有以下几方面:
(1)把教育对象、教育目标以及教学活动层次化。
(2)教师钻研教材,但不直接向学生灌输,注重引导学生自身做出思考。
(3)教师面向全体学生,是实现从"教师主导型"向"学生主体型"转移,旨在人人成功地教学。

（4）分层教学是培养学生自主学习的教学。学习教材的是学生自身，学生才是学习的主体。学习的自主学习不是孤立学习、封闭学习，也不是竞争学习，而是凭借自身开拓的学习，也是向他人学习。

（5）由于学生自主学习所形成的自我教育力的惯性作用，初步使学生由应试学习上升到一种发展性学习。

（6）给每一位学生个性特长的发展提供了机会。教学目标具有视学生需求而调整变化的弹性。教师在教学之前就根据不同层次学生的能力倾向，适当调整教学目标。这种目标设定的自由度为发展每一位学生的个性特长提供了机会。

二、发生式教学

发生式教学模式的理论依据来自发生学习理论，其主要观点是：

（1）儿童在学习科学知识之前，头脑中已有一些现有的想法，这些想法会影响到他们对外界输入信息的选择和构想出新的含义的方式。只有儿童认为是有意义的输入，才能受到注意和接受。

（2）儿童接收到外界信息后，并没有直接接受这些信息本身的含义，而是将它们与自己头脑中贮存的信息联系起来，构思出新的含义。

（3）儿童对这些新发生的含义进行检验，看它是否与原有的思维结构体系矛盾。如果没有矛盾，儿童将接受这一新含义。

（4）如果新发生的含义与儿童原有的思维结构发生矛盾，儿童可能局部接受这一信息，相应的学习就没有效果。但这一矛盾也可能引起儿童原有思维结构的变化，这正是教师希望出现的情况。

发生学习理论从心理与认知的角度，印证了我国传统的启发式教学的合理性与可行性，也指出其不足。传统的启发式教学主张，通过一系列的问题，在学生与将要传授的知识之间架起一座桥梁，在桥的一端，即最初的问题，应能针对学生认知结构中的矛盾，吸引学生的注意和兴趣，引起学生的思考与探索。然后，把思考不断引向深入，就在学生心理矛盾交错、欲解决难题之际，教师高屋建瓴，进行点拨，使得学生茅塞顿开，达到知识的彼岸。启发式教学的这一主张是非常合理的，其实践也是成功的。但是，传统的启发式没有明确地意识到学生是学习的主体，没有提出如何使得学生主动地参与到学习活动中去的办法，而这恰好是发生学习理论对教学的最重要的启示。发生学习理论还进一步指出改变学生原有的认识结构的困难，指出了对同一问题，从多角度进行反复的学习和印证的必要性。

在一定程度上，发生式教学理论的依据也来自于布鲁姆的掌握学习观，布鲁姆认为:"如果提供了适当的学习条件,大多数学生在学习能力、学习速度、进一步学习的机会方面变得十分相似。"

我们指出:提倡物理教学应该以学生为主体,以明确的教学目标为前提,以多样化的教学活动为基础,激发学生学习的积极性,引导学生主动进行探索;注意启迪学生思维,促进学生的知识与思维结构的转变;及时进行学习评价和反馈,求得最佳的学习效果。

发生式教学主张继承启发式教学的传统,但又不拘泥于启发式教学。最基本的不同在于传统的启发式教学是以教师的思维发展逻辑为线索来安排每堂课的教学顺序,因而教师不仅是主导,实际还处于主动地位,学生则处于被动境地。发生式教学强调按照学生的认识或思维的发展为线索来安排每一堂课的教学,教师的主导作用在于引导,这就使得学生始终处于学习的主动地位。

发生式教学不同于发现法,它不强调学生能够自己去探索发现科学的真理或模拟科学发现的过程,它强调通过学生的活动、思考,在教师的引导下,逐步清除一些不科学、不正确的观念,形成对物理世界的正确认识,体会物理研究中常用的科学方法,从而提高学生的认识能力和水平。因而发生式教学的形式可以是多样的,既可以是先让学生经过一定的探索后再由教师进行引导归纳;也可以先把科学的结论告诉学生,诱发学生原有思维框架与新知识的矛盾,再通过矛盾的解决来改变学生的认识。

三、渐进式与渗透式教学法

渐进式和渗透式是物理教学中常用的两种教学法,前者是我国的传统的教法,它产生和形成于我国深厚的文化背景中,后者是西方各国经常采用的教法,它和西方的文化背景和社会结构有密切的联系。

按部就班、循序渐进是渐进式教学法的要旨,它要求教师按部就班地教,学生循序渐进地学。而渗透式教学法则不太强调按部就班和循序渐进,它常常从实用和发展出发,跳跃地讲一些物理思想和结论。渐进式教学要求教师讲课像剥葱一样,由表及里,由近及远,精雕细刻地讲授问题,要求主要讲授已有的知识,一般不提倡离开教材讲不成熟的东西。渗透式教学法提倡教师把问题展开,结合个人的兴趣和体会,重视讲新的、实用的知识,既讲已有的,又涉及尚不成熟的领域;既讲理论,又联系现象和应用,兼收并蓄,纵横捭阖,把学生引导到一个广阔天地里。渐进式教学要求学生弄懂老师讲的全部内容,不给学生留下较多疑难,并且以学生是否听懂作为教师讲课优劣的标准之一。渗透式教学不要求学生全懂,教师有时故意设疑,把学生引入似懂非懂的状态,用疑惑和朦胧调动学生的思维，让学生自己寻求解决疑难的路子，在摸索和反复中，一个人体会方法，在不知不觉中吸取新知识。渐进式教学注重知识的系统性和完整性，渗透式教学重视的是知识的实用性和新颖性。两种叫法都是归纳和演绎并用，但渗透式更加重视归纳法，而渐进式则较多地应用演绎法。

把渐进式和渗透式两种教学法结合起来，融为一体，构造一种渐进—渗透教学法，是提高教学质量的一种有效途径，只要结合得好，运用得当，就能产生互补作用，产生良好的教学效果。

四、启发式教学法

初中物理的教学，经常是将课堂演示与启发式讲解相结合进行。这不仅能调动学生的知觉思维，获得感性认识；还能通过教师的启发式讲解，一步步深入地把学生引入抽象思维、逻辑思维的境地，使得教师的主导作用得到充分发挥，学生的学习兴趣、求知欲也得到很好的调动。

1. 先演示、后讲解

初中学生，由于年龄、性格的特点，好奇心强，酷爱"胡思乱想"。同时，学生由于思维层次的限制，教学中的某些教学内容，适宜先进行课堂演示，再进行启发式讲解。

2. 先讲解、后演示

启发式讲解的目的，在于阐述概念的物理意义，讲解物理规律的使用范围，为学生点拨知识的重点和难点，使他们在这方面多下工夫，认真钻研，打好坚实的基础。对于教材的某些部分，也可采取先启发式讲解后演示实验的教学方法。

不管采用先讲解后演示还是先演示后讲解的教学方法，目的只有一个，即增加学生的感性认识，活跃课堂气氛，调动学生的学习积极性，活跃学生思维，提高知识传授和思维训练的效果，提高教学质量，所以教学中要注意：

（1）演示实验与启发式讲解应和谐配合。

（2）重视其他辅助教学手段的作用。如利用电教手段以提高演示的可见度、动态效果，利用板画、挂图或实物解剖以增加对物理想象和过程的理解。

五、双激励反馈式程序教学法

双激励反馈式程序教学是指：教师在教学中，一要经常用双激励因子，即稳定有力的学习动机和浓厚的学习兴趣。激励学生，是指教师积极主动地接受和加工教学信息，并通过积极的思维使之内化。二要及时从高效运转的反馈网络中获取学生学习反映中的反馈信息，一次调整教学信息输出的强度和方式，使教学作为一种信息传输系统，稳定于高效的运转态，从而大幅度地提高教学效率。

实践表明，利用双激励反馈式程序化教学，可消除学生对物理的畏惧心理，激发学生学习物理的主动性，为提高教学质量创造了有利条件。

六、探索型教学法

探索型教学法是力图在学习知识的同时发展学生的思维能力和创新能力，为学生的智能锻炼和开发创造良好条件。当然，不是每节物理课都必须这么做，教师可根据内容的特点灵活选用，若每章能安排一两次探索型教学法引导学生探索，对提高学生的实验能力、思维能力、创新能力、协作精神和学习效果确有极大好处。

七、同化顺应认知和心理冲突教学法

该理论是从学生已有的知识、心理发展规律出发，因势利导、循序渐进地进行物理教学的一种模式，它可以大大降低教学难度，从而达到启发学生积极思维的效应。

学生在学习物理之前，脑海里往往存在一些与物理学有关的印象，对物理学内容有一个初步的轮廓，不过这种轮廓对于物理学来说只是初步的、感性的、片面的，甚至有时是错误的，学生脑海里这种印象和轮廓便是人们所说的前概念。因此，在进行物理教学前，教师应了解和掌握学生前概念的程度和情况，并对其进行因势利导的引导，利用和吸收正向、积极影响的前概念，并使之扩大，加深其影响的效果（这就是同化），克服和清除负向、消极影响的前概念，并使之达到最后从根本上根除其影响的目的（称之为异化），形成完整而正确，科学而全面的物理学概念。在这一过程中，以同化为基础和主导，异化是起辅助作用，处于较次要地位的。通常是用同化来克服和消除负向消极的前概念的影响，即用同化手段来达到异化的效果，最终使正向的、积极影响的前概念同化成科学的物理概念。因此这个过程便称之为同化。

同时，应该指出的是，教学有法，但无定法。同化顺应认知与心理冲突的核心思想史从学生的心理发展规律出发，这是教师组织物理教学活动的基本指导思想和出发点，但它不是一种完全不变的教条。教学中应依具体情况灵活运用适当的方法，才可取得理想的效果。

八、发现式教学法

高中学生年龄在十四五岁至十七八岁之间，生理发展基本相同，他们在心理

特点上也有共性。在物理教学中，应该面向全体学生，注意他们共同的心理特点，不断探索有利于发展学生的志趣、智力和能力的教学方法。

该方法是教师为实现教学目标而在教学过程中采用的工作方式方法，同时也对应着学生的学习方法。教学方法多种多样，而从不同的角度，采用不同的分类，同种方法也可能有不同的名称，因此，教学方法不胜枚举。如按照教学任务来划分，有传授知识的方法，形成技能、技巧的方法，巩固知识、技能的方法，检查知识、技能的方法等。按获得知识的途径来划分，有口授法、直观法、实践法等，按照教学中某一特点而形象命名，有悬念法、暗示法、图示法等。

九、讲授法

讲授法主要是指教师主要用语言，辅以演示，向学生传授知识、启发思维、发展能力的方法。应当指出，即使在科学技术发展突飞猛进，课程、教学改革日益深入的今天，在中学物理教学中，讲授法仍不失为一种主要的教学方法。要知道，在物理教学中会正确地使用讲授法，并不是教师只用一根粉笔和一张嘴，按照物理课本中的叙述，在课堂上照本宣科，学生只是做做笔记，正如通常所说"教师念，学生记"的方法。这种看法和做法，实际上是对讲授法的一种片面理解。

讲授法可以用于传授新知识，也可以用于交给学生分析问题、解决问题的方法，还可以创设情境，激发学生的求知欲，熏陶学生的科学情感。它既可以描述物理现象，叙述物理学家们的认知过程，解释物理概念，又可以论证原理，阐明规律。可以说，学生要学习的内容越系统，理论性越强，教师采用讲授法的机会就越多。

运用讲授法的时候，教师要适当地利用各种直观演示，或以生动形象的事例呼唤起学生已有的感性认识，系统地讲解物理知识，解释事物的矛盾，讲解问题的关键、要害，教给学生处理问题的方法，引导学生积极思考。运用讲授法时，应当做到：

（1）讲授的内容，必须处理得当，要符合学生的实际水平和认知规律。

（2）要创设学习物理必需的观察环境，即要加强演示实验或提供真实过程的录像。

（3）讲授时要突出重点、条理清楚，语言要直观、形象、准确、精炼，能唤起学生头脑中已有的感性认识，并能激发学生的积极思考，促进学生对知识的理解。

（4）讲授知识，要立足于发展学生能力，要善于运用比较、分析、综合、概

163

括、推理等思维过程和形式,把科学的客观性、逻辑性与一些艺术手法结合起来,使学生在学习知识的过程中,掌握发现问题、处理问题、解决问题的方法。

(5) 教师要以身作则,通过讲授知识,潜移默化地对学生进行思想教育,培养学生实事求是的科学态度,热爱科学的情感和用科学服务人类的意识。

在运用讲授法的课堂上,学生的学习主要是观察实物和演示的现象,按照教师引导的思路,对教师讲授的内容,认真倾听,积极思考,勇于质疑,达到较为深刻的理解,同时注意从中学习研究问题、处理问题的方法。

十、讨论法

讨论法是由教师根据教学提出问题,组织学生展开课堂讨论,促使学生获得知识、发展科学素养的教学方法。

通常情况下,采用讨论法教学,需要学生进行充分的准备,包括课前通过各种途径查阅资料,进行自学;展开观察、实验或调查,收集数据;准备发言提纲、展示用品等。课堂上,学生针对问题发表自己的意见,展示自己收集来的信息,论证自己的观点,教师适当点评,鼓励学生积极参与,把握讨论的进程与方向。通过讨论,学生可以互相交流、互相启发、集思广益、取长补短,从而能从不同角度来认识事物、现象,深入、全面地理解所学知识。这样学得的知识能够保持较深的记忆,讨论中还能增长新知识,学会倾听、学会理解他人的思考、学会坚持,开阔思路,活跃思想,增强兴趣。

应当指出,如果教师在课堂上提出问题,当时就叫学生打开课本进行阅读,接着学生寻找课本上的论述发言,最后全体学生一致同意书上的结论,这是形式上讨论,不能叫做讨论法。当然,如果是在教学过程中教师发现学生的认识有分歧,于是组织学生展开讨论,让学生充分表达自己的认识,在交流中相互启发,则是真正的讨论法教学。即讨论法的标志性特征,不是学生事前的准备,而是讨论是否实现了不同思想的交流。

讨论法适用于学生接受起来不是最困难的,但在理解、应用上常常容易发生错误的一些内容的学习过程中。该方法能充分调动学生的积极性,运用得当,能集中学生的注意力,活跃课堂气氛,对培养学生思维的敏捷性和灵活性,以及语言表达能力有独特的作用,也是培养学生自学能力的一种较好的措施。

讨论法的运用,对教师提出了更高的要求:

(1) 教师必须熟练把握教材内容、教学要求,了解学生容易遇到的困难和障碍,在此前提下,还要能提出恰到好处的讨论题。同时,要充分估计在讨论过程中会出现的各种情况,以及准备如何引导和解决问题的措施。

（2）教师要创设条件，并引导学生事先阅读课本和搜集其他有关的资料，引导学生做一些实验，或进行对有关自然现象的观察，最好要求学生写好发言提纲，要有观点、有材料、有分析、有结论，防止讨论脱离主题，流于形式。

（3）讨论过程中，要善于启发学生独立思考，充分发表自己的见解，并能对不同意见展开讨论。最后，教师要对讨论的问题作出明确的结论。

十一、谈话法

谈话法介于讲授法与讨论法之间，是教师通过提出一系列的问题，与学生对话，引导学生思维的教学方法。谈话法与讨论法的不同之处在于，讨论法的问题表达的是讨论的范围与主题，集中而具有概括性。谈话法的问题是教学逻辑线索，由浅入深，组成系列。讨论的主体是学生，教师起辅助作用。谈话法的主体是教师与学生，教师的主导作用表现得更强。谈话法与讲授法的区别是，谈话法使得学生有了在课堂上表达自己思想的机会，学生的反应将直接影响教学活动的进程。在运用谈话法时，教师应该注意以下几方面的问题：

（1）要明确提出此问题的目的。

（2）要明确该问题与整体教学的关系，使问题有系列性，且符合整体的教学逻辑。

（3）要站在学生的立场思考问题，设想学生的反应，从而使得每一个问题表述清楚、准确。

课堂实施谈话法教学时，教师还必须心中装着全体学生，同时为每一个学生的发展着想。这里面有两层含义：一是要面向全体学生提出问题，保持与全体学生的对话。即使是请个别同学回答某些问题，也要引导全体学生的关注，避免出现教师只与学生进行对话的情形。二是平等对待每一个学生，特别是对暂时有困难的学生，更要有充分的耐心，鼓励、期待他们表达出自己的想法，给予学生恰当的反馈。

十二、实验法

把观察、实验这种人类对客观事物的认识方法与物理教学有机结合起来，就构成了中学物理教学中常用的实验法。包括学生课堂分组实验、课堂上边学边实验以及课外实验等。

实验法的特点是，靠学生亲自动手做实验，把实验感知与思维活动紧密结合，从而获得知识、技能，提高科学素养。

实验法直观性强，所观察的事物、现象会在学生的头脑中形成生动的表象，对知识的理解和保持起着十分重要的作用，而且能够激起学生学习物理的兴趣，形成今后的爱好和志趣。实验活动本身包含着复杂的认知活动，通过观察实验现象，亲自安装实验设备，使用仪器等各种实际操作，以及处理数据得出结论，并写出实验报告，可以逐步培养学生掌握知识、技能和进行观察、探讨的能力，提高分析问题和解决问题的能力。

采用实验法教学，教师的主要任务是创造实验条件和环境，指导学生动手操作，发现问题、积极思考。课堂上，学生进行实验时，教师不仅要在巡视中引导学生不断明确实验的目的和要求，而且要及时发现问题，防止不应有的事故；不仅要引导学生利用已掌握的有关知识和经验，而且要教导学生善于根据情况的变化，灵活地运用知识。

学生要在教师指导下，亲自操作，进行观察、记录、分析、综合实验现象，归纳得出结论。特别是要有意识地培养自己的观察能力、实验操作技能，养成勤于动手、善于思考的习惯以及实事求是的科学态度和严谨的工作作风。

十三、阅读法

阅读法不是文科课程专用的教学方法，物理教学也可以采用。而且由于物理语言包括文字、符号和图象三种形式，教学生理解这种语言，培养学生的物理阅读能力是物理教师义不容辞的责任。文字语言是说明物理现象、表达物理概念和规律、呈现物理问题的常用形式。物理的文字语言具有十分严谨的特性，它准确描述了物理事物的本质和规律（对象、条件以及结论）。阅读过程中不能停留在对文字语言本身的理解上，必须抓住语言所表达的物理内容，理解其物理实质。符号语言是用符号、数学式来表达物理概念和规律、物理事物间的因果关系以及物理问题的演算。在阅读和表达中，要经常进行符号语言和文字语言的相互翻译。既能把文字语言转化成符号语言，又能把符号语言转换成文字语言，指出它所表达的物理内涵。图象语言是用几何图形来表述物理现象或者规律的一种教学语言。与符号语言相比，图象语言具有形象直观、简洁明了的特点。学习中应透过点、线、面把握图象语言所表达的物理量间的变化关系及变化条件。

通常物理教学指导学生阅读的材料，一是物理教科书，包括教科书的正文和阅读材料。二是学生能够接触到的大众传媒上与物理知识相关的报道、科普短文、网友的帖子等。一方面通过阅读教学使学生获取物理知识，拓展视野，了解知识的形成过程。另一方面提高学生对科技信息的搜集能力、理解能力与判断能力。

物理阅读常用的方法有略读、寻读与研读。

略读又称跳读，是指跳过细节有选择地进行阅读，以求从整体上快速抓住阅读材料的主题。略读的要点是了解整体背景，抓住材料的主题。不会略读，往往拘泥于细节，只见树木，不见森林，容易断章取义，或曲解、误解。

寻读是从大量的资料中迅速找某一项具体事实或某一项特定信息，如任务、时间、事件、地点、数字等，而对其他无关部分则略去不读的快速阅读方法，如在密度表中查找某种物质的密度。寻读首先要有明确的目标，知道要寻找什么信息。其次要了解阅读材料的组织结构，如材料的排列顺序、图标的结构等。

研读是对阅读材料认真细读，精心揣摩的阅读，以求对阅读材料的全面深刻理解。研读既要关注主题又要关注细节，需要综合采用多种阅读方法，除用略读、寻读的方法外，常常还需要边读边画图或者标注、重读、从整体上把握上下文的联系、进行必要的推断等。

阅读法可以用于新知识的教学，也可以用于习题教学，指导学生认真审题，理解题目中描述的物理状态、物理过程，还可以用于学生的研究性学习。

第四节　新课标高中物理教材中的科学方法教育

把科学方法的教育融入到知识的教学中是新编教材的一大特色，也是我们物理教师今后的教学重点和难点，在这里就教材中的一些科学方法进行一些简要论述。具体详细内容请读者查阅人民教育出版社物理组的相关文献和资料。

中学物理的学习除了一些基本的物理知识、技能需要学习、掌握之外，更重要的是通过物理课程的学习，使学生了解和掌握一些基本的思考问题和解决问题的方法。例如：

（1）经典方法：观察实验方法、逻辑思维方法（比较与分类、分析与综合、归纳与演绎方法、理想化方法、类比方法、假说）、数学方法等。

（2）非常规方法：直觉与灵感、机遇、科学想象与猜想、物理美学思想、失误与悖论。

教材对一般的科学方法和学科内部的方法都给予了充分注意。例如除在具体问题的分析中运用这些方法外，还专门在适当的地方以旁批的方式点出一些具体的方法，使学生在学习、领会科学方法的同时，增强科学方法的重要性的意识。在《物理·必修1》第10页批注中对"物理模型"进行了叙述，并且指出质点就是一个典型概念。第46和47页也有相关批注。

总体而言，新教材在进行科学方法教育的过程中呈现出如下几个特点：

一、有计划地进行科学方法的教育

走进物理课堂之前先提供一个科学探究的样例，了解物理学的研究方法。例如在力学中先学习"运动学"，便于学生循序渐进地学习科学方法。当然，随着科学的发展，科学方法也在发展，方法的学习也不断深入。

赵凯华先生的《走进物理课堂之前》中就科学研究方法进行形象而生动的描写。首先是来自生活，然后是发现问题，接着是提出猜想—同伴交流—搜集证据—分析论证—数学工具—定量分析。物理学的研究方法可以概括成用物理模型、数学表达模型、实验检验模型描述自然。

在教材中，是学完匀速直线运动后，再学习伽利略的研究方法。学生对这一方法会有更深的理解。

伽利略的研究方法是：对现象的一般观察—提出假设—运用逻辑和数学得出推论—通过物理实验或理想实验对推论进行检查—对假说进行修正和推广。

牛顿创立的实验哲学"分析—综合方法"：分析的方法，实验、归纳、演绎相结合，旨在发现定律；综合的方法，确立原理进行演绎—建立理论发现定律—实践检验验证真理。

例如万有引力定律发现的过程就体现了牛顿的科学方法。教材通过历史和逻辑相结合的方法，引导学生"发现"万有引力定律。开普勒行星运动定律为万有引力定律的发现做出了什么贡献？根据开普勒行星运动第三定律和匀速圆周运动公式，可以推导出：太阳对行星的引力 $F \propto \dfrac{m}{r^2}$（m 为行星质量，r 为行星运动半径）。那么，行星对太阳的引力有什么规律？根据牛顿第三定律可以分析出：$F' \propto \dfrac{M}{r^2}$（$M$ 为太阳质量），太阳与行星间的相互引力有什么规律？作用力、反作用力的大小是相等的，所以，$F \propto \dfrac{mM}{r^2}$。星体间相互引力规律适用于地球上的物体吗？牛顿进行了月—地检验，说明天上和地下的物体都遵循以下相同的规律：$F = G\dfrac{mM}{r^2}$。这就是万有引力定律。公式中的 G 为引力常量，引力常量 G 的值等于多少？卡文迪许在实验室测出了 G 的值，这使得万有引力的定量计算成为可能，我们能据此计算出星体质量。

二、教材展示了非常规的科学方法

爱因斯坦反复重申：我信任直觉。科学家在观察和实验研究的基础上，凭直觉形成概念和假说（他一再强调从经验到概念没有"逻辑的桥梁"），假说经过实验验证后，它们便成了原理，于是科学家便由之出发（把它们作为公理），用演绎的逻辑方法经过推理而构造科学理论。

教材必修 1 第 47 页的旁批栏用到"勇气"一词，如何理解单纯的逻辑推理和对有限事实的归纳都不会导致新的发现，科学发现中最活跃的因素是猜想、假设与直觉。

细心观察，我们不难发现教材中没有说"库仑定律是由大量实验归纳得到的"。这是为什么呢？科学定律的建立需要实验事实，也需要归纳，但不一定符合"大量数据—归纳—结论"这样简单的模式。科学家以广泛的知识和深刻的洞察力为基础进行的猜想，才是最有创造力的思维活动。

在 18 世纪中叶，库仑定律发现的前夕，人们对万有引力的研究已经相当深入，已经知道了反平方力的各种表现，例如，把质点放到均匀物质球壳中的任何一点，球壳对它的引力都是零。18 世纪 60 年代，富兰克林做了一个实验：把一个带电的软木球吊在带电的罐头盒中，软木球不受任何力的作用。另一位物理学家爱普里斯特利据此猜测静电力也与万有引力一样具有反平方的性质。这里只能说是猜测，因为实验条件并不一样：罐头盒并不是均匀带电的球壳。与此同时，还有其他人由于不同事实的启发，也在推测静电力的反平方规律。

库仑是在这样的背景下进行他的扭秤实验的。也就是说，实验前他已经对结果有了预测。现代人看他的原始资料、实验数据与反平方规律之间有很大的差距，根据这样的数据写出静电力的表达式，的确需要"勇气"。出于这样的考虑，教科书用的语言是，库仑"通过研究确认了"现在众所周知的库仑定律。

那么，在"电磁波的发现"这一节，编者想体现哪些科学方法和科学过程的教育？要注意的第一点是，猜想在科学过程中的重要性。教学中老师们都会说，麦克斯韦的电磁理论是关于电磁场的完整的理论，但是，这个理论是不能从当时已有的实验结果中用演绎或归纳的方法得出来的。的确，麦克斯韦用数学方法把当时已知的实验定律作了归纳，得到了简洁的、便于数学处理的形式，但是他最大的贡献是作出了两个大胆的猜想。一个猜想是，当磁场发生变化时，无论有没有闭合导体，空间都会产生感生电场，这个猜想是以电磁感应定律为基础的，相对来说还是容易想到的；另一个是当电场发生变化时，空间会产生磁场。后一个猜想是根据对称性的考虑，自然界为什么不是这样呢？但是当时没有任何事实直接支持这个猜想，这个猜想的正确性要靠它的推论来验证。过去在中学的科学课程中过分强调了演绎和归纳，对于非逻辑的思维实际上是有意识回避甚至贬低的，而实际上，猜想（或说直觉）是创造性思维中最活跃的因素。

169

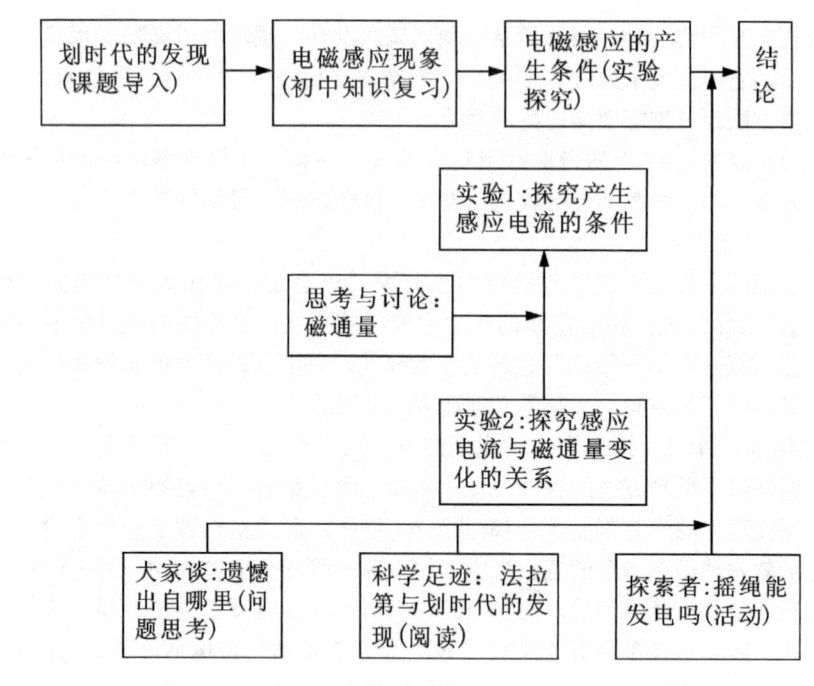

图 5-1 "电磁感应"教材分析

三、循序渐进地进行科学方法的教育

矢量的思想在物理学中有很重要的应用，也是物理学方法的一个重要内容，那么教材上是如何体现的呢？

从图 5-2 中我们可以大概摸索出新教科书关于矢量的教学线索：

"时间和位移"：第一次出现矢量。正文中只要求知道矢量有方向。

"时间和位移"：让学生以位移为例思考与讨论，领悟矢量相加的方法，正文不出现结论，练习题也不作要求。

"力的合成"：实验探究二力合成的方法，得出二力合成的平行四边形定则。

"力的分解"：概括矢量相加法则；总结出矢量的科学定义。

"说一说"：通过不在同一直线上的速度变化，深化矢量计算法则。

"牛顿第二定律"：例题中灵活处理矢量问题（正交分解）。

"向心加速度"：通过分析向心加速度的方向，进一步强化矢量概念。

再如，牛顿用微积分把对事物发展的静态描述转换成了动态描述。微积分的思想并非深奥莫测。微商就是变化率，是自变量变化很小时的函数的变化率，积分就是无限多项的无限小量的求和。高中学生是可以认识和理解的。

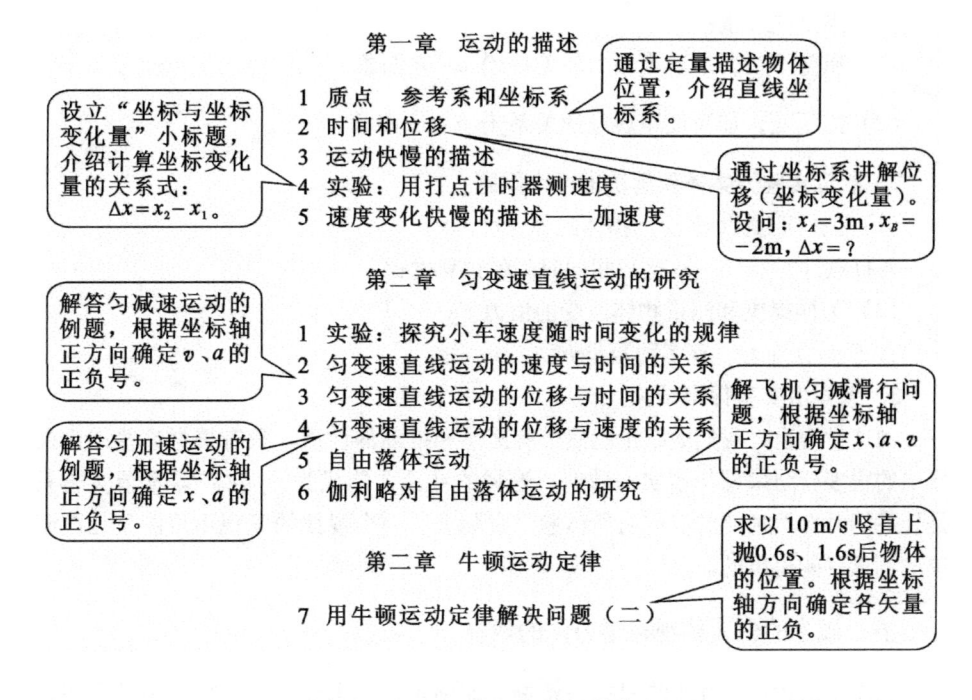

```
                        第一章  运动的描述        通过定量描述物体
设立"坐标与坐标                                  位置,介绍直线坐
变化量"小标题,    1  质点  参考系和坐标系         标系。
介绍计算坐标变    2  时间和位移
化量的关系式:    3  运动快慢的描述               通过坐标系讲解位
Δx=x₂-x₁。      4  实验:用打点计时器测速度       移(坐标变化量)。
                5  速度变化快慢的描述——加速度    设问:x_A=3m,x_B=
                                                -2m,Δx=?
                        第二章  匀变速直线运动的研究
解答匀减速运动的
例题,根据坐标轴  1  实验:探究小车速度随时间变化的规律
正方向确定v、a的  2  匀变速直线运动的速度与时间的关系
正负号。         3  匀变速直线运动的位移与时间的关系    解飞机匀减滑行问
                4  匀变速直线运动的位移与速度的关系    题,根据坐标轴
解答匀加速运动的  5  自由落体运动                      正方向确定x、a、v
例题,根据坐标轴  6  伽利略对自由落体运动的研究         的正负号。
正方向确定x、a的
正负号。                                             求以10 m/s竖直上
                        第二章  牛顿运动定律         抛0.6s、1.6s后物体
                                                   的位置。根据坐标
                7  用牛顿运动定律解决问题(二)      轴方向确定各矢量
                                                   的正负。
```

图5-2 教材中矢量的教学线索

新教科书中的做法,就是让学生感悟一个求知的过程,一种思想方法,一种用"已知"求解"未知"的精妙,让学生领悟和欣赏物理学家怎样看待自然界中的事物,怎样在说明自然界如何运行时,能够采取的"意料之外"又在"情理之中"的思维方式和研究方法,诸如"以恒代变","以圆代曲"等等。

从"平均"到"即时"体现出极限思想以及经典物理学的连续思想。

"平均速度"和"瞬时速度"的教学:

$$v = \frac{\Delta x}{\Delta t}$$

平均速度 ——极限思想的渗透→ 瞬时速度

极限是近代数学物理中常用的方法之一。极限不只是知识,更是一种方法、一种观念。要不失时机地进行渗透。

以定积分的思想得出匀变速直线运动的位移公式在必修1的第37页。教学的目标不能盯在最后的公式,应关注得出公式的过程和方法。

四、重视实验方法

加强了实验的探究性,例如"实验:探究加速度与力、质量的关系"。

1. **实验的总思路**
(1) 质量不变，加速度跟力的关系 作 $a-F$ 图象。
(2) 力不变，加速度跟质量的关系 作 $a-\dfrac{1}{m}$ 图象。

2. **制订实验方案需要解决的两个问题**
(1) 怎样测量（比较）物体的加速度。
△打点计时器　　△比较相同时间的位移之比。
(2) 怎样提供和测量物体所受的恒力 F。
△ F 是合外力，有多种测量方法。

3. **怎样由实验得出结论**
到这时为止，我们的结论仍然带有猜想和推断的性质。只有根据这些结论推导出的很多新结果都与事实一致时，这样的结论才能成为"定律"。本节实验只是让我们对自然规律的探究有所体验，实际上，一个规律的发现不可能是几次简单的测量就能得出的。

五、概念的引入体现科学方法的教育

霍布森认为："物理课程的一条重要原则是：概念优先于计算……学生在传统的课程中只学到了如何解某种标准类型的题目，没有实际学到物理概念，而这才是一门课程的关键。"

劳厄认为："物理学的任务是要发现普遍的自然规律，而且又因为这样的规律性的最简单的形式之一，是它表明了某种物理量的不变性，所以对于守恒量的寻求不仅是合理的，而且也是极为重要的研究方向。"

这套教科书关于动量的教学，与过去相比变化较大。编者在这里力求突出两点：体现学习中的探究精神；强调物理学中"不变量"的思想。教科书的逻辑线索如下：

通过实验体会碰撞过程中某量不变这一事实
↓
质量与速度的乘积可能具有特殊的物理意义
↓
指出几代物理学家曾经探索和争论这个问题
↓
定义动量，给出动量守恒定律
↓
讨论动量守恒定律与牛顿运动定律的关系，指出动量守恒定律的普适性

$\downarrow$
动量定理

而过去的教学往往沿以下思路展开：

给出冲量和动量的定义
$\downarrow$
从牛顿定律出发导出动量定理
$\downarrow$
用动量定理分析两个物体的相互作用，得出动量守恒定律
$\downarrow$
指出动量守恒定律的普适性

可以看出，在新教科书中，动量守恒定律不再是牛顿定律演绎的结果。学生通过自己的实验，看到物体碰撞过程中的确存在某个不变的物理量，心里会多少产生一些"两个物体的 mv 之和不变"的想法。尽管这个想法是朦朦胧胧的，但却是非常珍贵的，这是探究精神的体现，早年的物理学家初次产生这样想法的时候同样会是朦朦胧胧的。这是科学方法的教育。编者力图通过学校实验室这个小小的天地让学生体会科学的探究性和探究中的不确定性，使学生对科学的本质的认识能够稍稍深入一些。

新教科书没有忽视动量守恒定律与牛顿运动定律的联系，但这个联系出现在动量守恒定律之后（分散在第3、第6两节）。这些讨论的目的不是"导出"动量守恒定律，而是让学生体会物理学的自洽性，体验科学的和谐之美。

第五节　结合物理教育心理学分析教材[①]

一、结合物理教育心理学分析教材

心理分析法是从学生心理过程入手，挖掘和研究教材与教学中的心理因素。教材的心理分析，一般分为两个方面：一是从分析教材的心理因素入手，分析编著者在全书的整体结构设计，内容选取和安排，教材的主要风格和特点等方面是如何适应学生的心理发展的；二是分析学生在学习的具体环节中的心理过程、特点及其障碍，以便在教学实施过程中更好地落实教学要求。

---

① 本节参考敲际平、邢红军：《物理教育心理学》，广西教育出版社2002年版，第2—17页。

新编初中物理教材均充分注意到学生的心理特征，写得较为生动活泼，图文并茂，还加强了实验，联系实际，让学生在学习中多看、多想、多议、多做，充分调动了学生的学习主动性，增强他们学习物理的兴趣，这些都是符合学生的学习心理的，我们在教材分析中要认真挖掘，并落实到教学过程中。

初中学生学习物理的另一个心理障碍是畏惧心理，新编教材为克服学生这一心理障碍，在整体教材的编写上作了认真的处理，我们在教材分析中也应该根据具体教材和学生情况进行分析。

八年级上册第二章光现象，学了光的反射后，教师向学生提问："新买的铝锅，底部为何可以照人？"学生可能回答："铝锅底部发生了镜面反射。"教师说："对，但为什么像又十分模糊呢？"学生开始窃窃私语。教师想：这是一个渗透矛盾双方在一定条件下可以相互转化的好机会。在教师的启发下，学生懂得了完全的镜面反射是一种理想的反射，一般情况下的镜面发射中混有漫反射，镜面反射能使物体成像清晰，而漫反射使像模糊甚至消失。锅底能照人是因为锅底对光线的反射中有镜面反射成分，但又模糊，是因为锅底对光线反射中又有漫反射的成分。使像清晰和使像模糊是一对矛盾，它们在一定条件下能互相转化。如对锅底进行抛光，那么镜面反射成分将大大增加，像的清晰度也随之增加；如对锅底喷沙打毛，那么像就更加模糊甚至消失。

皮亚杰认为，认识起源于主客体之间的相互作用，这种相互作用又称为动作或活动。在物理教学中，学生观察实验、亲手做实验等都属于这种动作或者活动。皮亚杰认为认识主体的思维来源于这种感知动作的活动，他把实践和认识作为一个整体划分为形象思维和运算思维（即抽象思维）两个方面。形象思维指再现而不求转变现实的主体动作，也包括主观的知觉与表象等。运算思维指转变现实的主体活动，包括外部物质动作体系与内化到头脑中的概念运算。它不研究客体的瞬间状态，而是在实际中转变客体状态。

二、重视学生的非智力因素

随着物理教育研究的不断深入，几年来非智力因素在物理教育学中的作用和价值已引起国内外物理教育工作者的日益关注。

按照心理学的划分，智力因素一般指观察力、记忆力、思维力、想象力、注意力五个基本因素，在物理教学中还包括实验操作技能及其他能力因素。非智力因素是相对智力因素而言的，简言之，智力因素之外的一切心理因素，统称为非智力因素。如动机、兴趣、理想、信念、态度、世界观等。

非智力因素不直接参与认识过程和实践活动，但能对认识活动产生重要影响。它是智力因素发展的动力，在认识活动过程中，起着动力、定向、激励、维持、强化、调节等作用，是认识主体的保证系统。因此，我们应该重视以下几点：

(1) 注意科学性、思想性、实用性、趣味性的结合；
(2) 培养兴趣，重视实验；
(3) 研究学生，重视启发，以学促教；
(4) 重视课外活动，培养学生良好的性格特征和创造力；
(5) 创设情境，激发学生的学习动机；
(6) 输入的信息与学生原有的认识和情感条件相匹配；
(7) 了解学生，注意反馈，因材施教；
(8) 充分利用物理史资料，培养学生多方面的非智力因素。

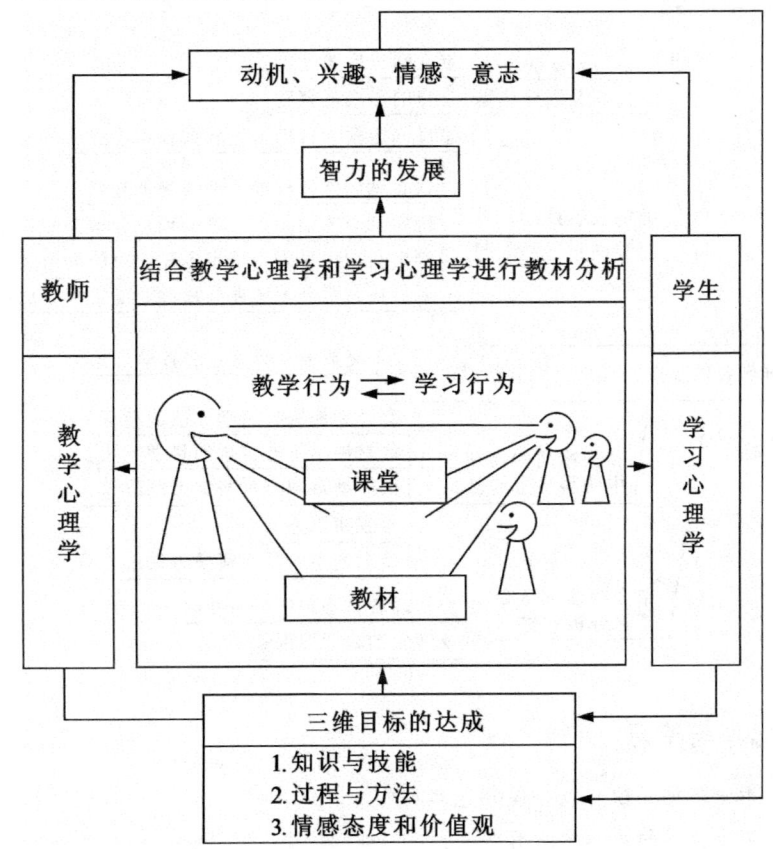

图 5-3 物理教育心理学与教材分析的关系

现代心理学研究表明：孤立地研究智力，不仅会影响学生的全面发展，甚至连智力本身的问题也不能得到很好的解决。在每个学生的一生中，他的思维方式、活动方式都不只局限于智力活动，其非智力心理品质同样也参与并影响着人的一生，学生的情感、意志与性格这类非智力品质的个性心理，只有和智力心理品质得到同步发展，才能塑造正常、健全的人。

笔者认为在分析教材的时候，应该结合物理教育心理学的相关理论成果，在充分把握学生心理特点的同时，挖掘学生的智力和非智力因素，这样才能更好地分析教材。图5-3将物理教育心理学和分析教材之间的关系进行了描述。当然了，涉及物理教育心理学的问题还有很多，请读者参阅由乔际平等著的《物理教育心理学》一书。

[本章小结]

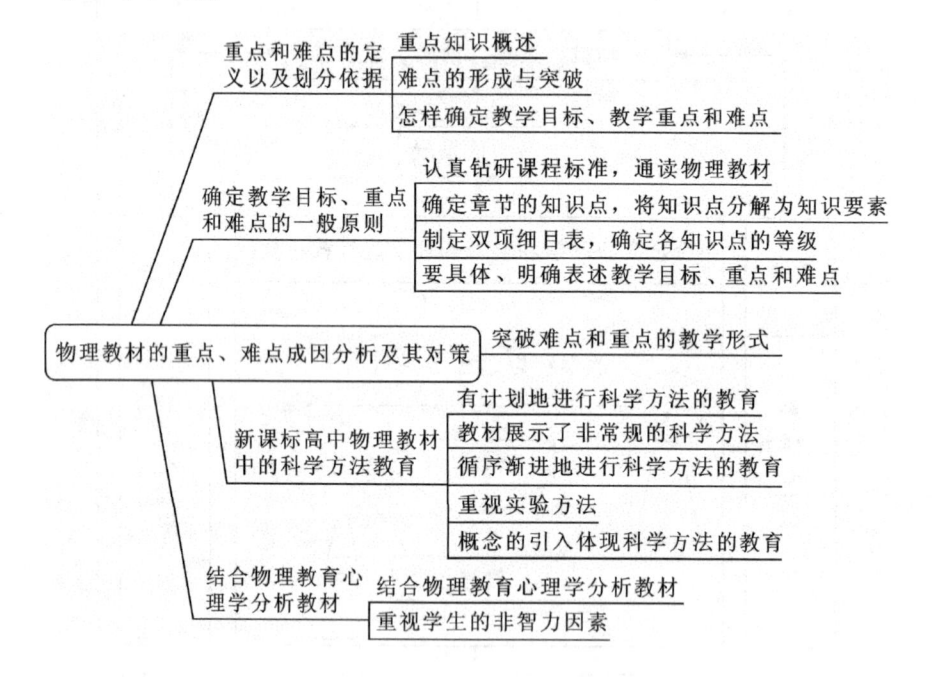

物理教材的重点、难点成因分析及其对策
- 重点和难点的定义以及划分依据
  - 重点知识概述
  - 难点的形成与突破
- 怎样确定教学目标、教学重点和难点
- 确定教学目标、重点和难点的一般原则
  - 认真钻研课程标准，通读物理教材
  - 确定章节的知识点，将知识点分解为知识要素
  - 制定双项细目表，确定各知识点的等级
  - 要具体、明确表述教学目标、重点和难点
- 突破难点和重点的教学形式
- 新课标高中物理教材中的科学方法教育
  - 有计划地进行科学方法的教育
  - 教材展示了非常规的科学方法
  - 循序渐进地进行科学方法的教育
  - 重视实验方法
  - 概念的引入体现科学方法的教育
- 结合物理教育心理学分析教材
  - 结合物理教育心理学分析教材
  - 重视学生的非智力因素

[思考与练习]

1. 中学物理知识可以分成哪几类？
2. 突出重点的基本方法有哪些？
3. 在分析教材时，如何处理好重点与非重点的关系？
4. 难点形成的基本原因有哪些？
5. 突破难点的主要途径有哪些？

6. 确定重点和难点的一般程序有哪些？
7. 突破重点和难点教学的教学形式有哪些？各自有什么特点？
8. 你认为初中物理教材中，机械效率这部分内容是重点吗？为什么？
9. 对高中物理光学中"反射"这一章内容，你认为知识的重点是什么？难点在哪些地方？

第六章　中学物理教材分析举例

[内容提要]

本章综合运用前面所讲过的各种物理教材分析方法对教材部分内容作了分析。从不同层面，包括整本书、整个章节、部分内容等进行了细致分析，以期对大家分析中学物理教材有所启示。

[学习指导]

1. 综合运用各种物理教材分析方法。
2. 理解中学物理教材分析方法之间的联系。

第一节　中学物理教材总体分析举例

《义务教育课程标准实验教科书物理（八年级上）》（人民教育出版社 2006 年 3 月第三版）是根据新课程标准编写的一本全新的教材，该教材与以往教材相比有着迥然不同的特点，下面对该教材进行整体分析。基本内容概述如表 6–1 所示：

（一）本册的物理知识体系主要由四部分组成

表 6–1 《物理·八年级上册》教材结构

部分	章节内容	主要内容
第一部分	声现象	介绍声音的产生、传播、特性及在日常生活中的有关现象等问题
第二部分	光现象 透镜及其应用	介绍了光的直线传播、反射、折射等几何光学的初步知识及其应用
第三部分	物态变化	介绍了温度计的使用及常见的六种物态变化
第四部分	电流和电路	介绍了电流的概念、简单电路的组成、连接方式、电流特点及家庭电路中有关安全用电的初步知识

（二）上述知识体系的特点

由上述知识体系的组成，我们可以看出，第八册的内容包括了声、光、热、电的内容，而传统的力学内容却丝毫没有涉及，它有如下的意图：

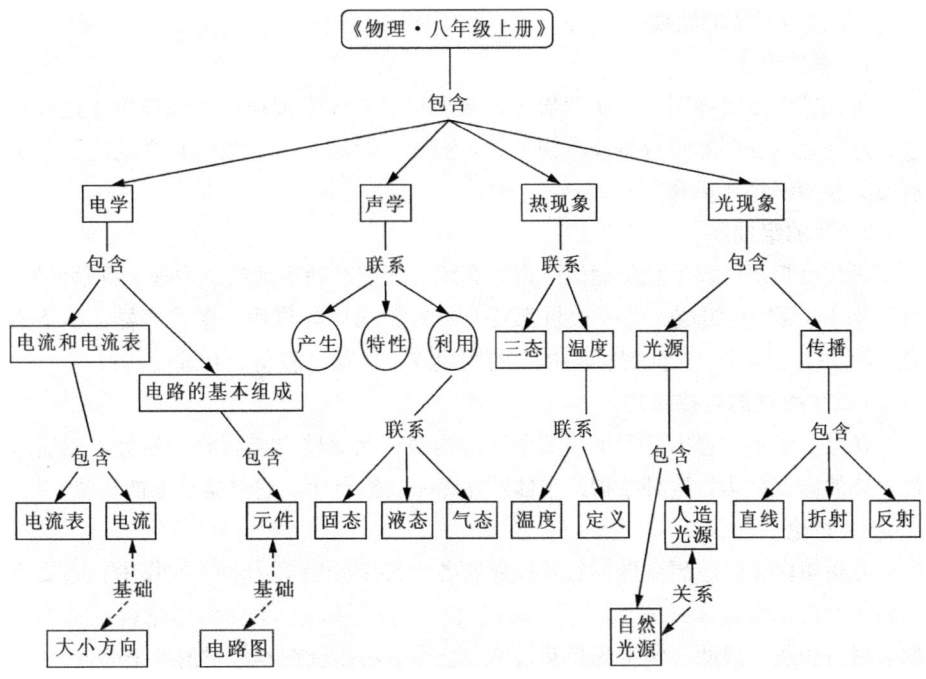

图 6-1 《物理·八年级上册》知识体系

1. 从日常最密切的物理现象入手

声音是人从出生起最初感受到的物理现象，因此本教材就从声现象入手，然后再介绍无处不在的光现象、物质的冷热变化、家庭及生活中不可缺少的电现象，这些知识都是学生喜闻乐见的。从而，使学生感到物理知识就在我们身边，物理知识就是生活知识的一部分，消除了学生对物理的陌生感、畏惧感，增加了亲切感和兴趣。这和前面章节讲过民国二年王兼善编写的《民国新教科书·物理学》有异曲同工之妙。

2. 从自然现象到人工现象

教材从自然现象中的声、光、热，到人工现象的电流，这种编排有利于学生的认知过程，并使学生感到物理知识无处不在，不论是自然现象或人工现象都隐含着许多物理知识，认识到物理知识的巨大力量。

3. 注意保护学生的学习兴趣

在过去的教材中，一直存在着一个严重的弊端：在序言中通过各种实验、图画等形象化、趣味化方式刚刚调动起学生对物理的兴趣，紧接着的内容却是非常枯燥的测量、速度计算等逻辑性、规范性强的力学内容，从而很快使学生的学习兴趣丧失殆尽。而本册教材不再出现传统力学内容，代之以学生感兴趣、不涉及任何公式及运算的内容,避免了上述弊端的出现。

(三) 各章节的组成

1. 章的组成

每章基本由情境引入、阅读指导、认识现象、探索规律、知识应用等内容组成,这种组成程序既符合辩证唯物主义认识论,同时又为学生的自学提供了科学有效的参考程序和步骤。

2. 节的组成

每节由想想议议、想想做做、内容介绍、探究、动手动脑学物理、科学世界、STS等内容及栏目组成,每一栏目都有着各自的功能与作用,形式多样、丰富多彩,给学生呈现了一个个延伸与拓宽的知识点,体现了教材的开放性。

(四) 教材的内在结构

在上述基本内容的外观下,整个教材内部还始终隐含着讨论、探究、创造三位一体的内在结构,这种结构几乎体现在每一自然节中,它是本册书的灵魂。

1. 讨论

在想想议议、想想做做栏目及探究的各个环节步骤等内容的操作中,需要学生的相互讨论与合作来完成,STS、科学世界等栏目也为学生的讨论提供了大量的素材与场所。因此,学生的相互讨论、合作学习体现在本教材的各个部分。

2. 探究

所谓探究,简单地说就是将学生探索知识的过程变成模拟科学家搞科研的过程。探究的实质是一个思维的过程,因此,探究必须要有一定的思维程序,它同时也是学生进行探究学习的步骤、教师进行探究教学的程序。探究的思维程序是多种多样的,作为内容标准的重要组成部分,在新的课程标准中,提出了一种让学生在初中阶段必须掌握的最为常用的思维程序:

提出问题—猜想与假设—制订计划与设计实验—进行实验与收集证据—分析与论证—评价—交流与合作。

本册教材在体现探究这一内容标准的重要组成部分上,有如下特点:

(1) 探究面广。从"科学之旅"中介绍伽利略的探究过程,到本册书结束前对并联电路电流特点的探究,整个教材几乎每一章节、每一隐含规律的知识点都以探究的形式体现出来,使人对该教材有一种全新的感受,这是以往教材所没有的。

(2) 探究的内容由简单到复杂,探究的思维程序由部分环节到完整探究。在教材前面的部分中,探究的内容是简单的,思维程序也仅仅是完整探究过程中的几个环节。如探究声怎样从产生的物体传到远处,色光的混合和颜料的混合,等等。这些内容的探究一般仅仅经过提出问题—猜想与假说—进行实验等环节。随着学生对知识与方法的不断理解，探究的内容也日趋复杂，探究的思维程序也日趋完整。如当学习到本册书最后一章"电流和电路"时，就要求学生运用完整的探究步骤去探究串联、并联电路中电流特点等复杂问题。另外，对探究各个环节步骤的操作方法也是逐渐放手，开始时每一步都给学生写出来，指导得非常详细，逐渐地就只是列出操作要点，到本册书最后探究并联电路的电流特点时，各个环节的操作就要求完全由学生自己去设计。这些做法，都充分体现了本教材由易到难，符合学生的认知过程，充分让学生成为学习的主人翁的特点。

（3）探究的题材丰富。本册书的探究内容不仅仅局限于教科书设计出的探究知识点，还体现在各个栏目中，如在"想想做做"、"动手动脑学物理"等栏目中都显现或隐含着许多的探究内容，有些内容还需要学生运用课外的诸多手段、利用较长的时间去完成，这些内容已经与研究性学习有机地联系起来。例如，第51页"动手动脑学物理"中，第3题让学生收集报刊和科普读物上关于臭氧层空洞的信息，写一篇环保方面的报告等等。

3. 创造

本册书充分体现了培养学生创造力的特点与功能，主要表现在下列几个方面：

（1）探究过程。探究过程本身就是创造的过程，学生在探究中通过自己设计探究的方案，自己动手动脑，"发现"了物理现象和规律，这正是他们创造力水平的有力表现。

（2）"动手动脑学物理"、"想想议议"、"想想做做"等栏目也为学生发挥自己的创造力提供了大量的素材和机会。

因此，本教材在不同的栏目与内容上都力图为学生创造力的发挥提供条件。

（五）教材内在结构的意义

本册教材为什么在编写上隐含着讨论、探究、创造三位一体的有机结构呢？原因十分简单，它是为实现新课程标准的课程目标服务的。

1. 课程目标的组成

课程标准中的课程目标与义务大纲中的教学目标相比，不仅有知识与技能的目标，还有其他领域的目标，主要由如下三个层次组成：

第一层次——知识与技能目标。使学生掌握一定的物理知识与技能。

第二层次——过程与方法目标。在物理知识与技能的探索与学习过程中，使学生掌握一些简单的方法。方法的掌握是能力形成的标志，方法可分为两种，即程序化方法和具体化方法。程序化方法主要是指探究问题的思维程序、过程步骤；具体化方法有常见的物理学研究方法、物理知识的学习方法及简单的创造学方法等等。不论是程序化方法还是具体化方法，都需要学生在探究的过程中逐渐获得。

第三层次——意识目标（情感、态度与价值观目标）。通过方法的获得及其过程，使学生初步形成一些良好的思想意识，如爱科学的态度、愿意探究的精神、与他人协作的意识、勇于创新的精神等等。这是课堂教学的最终目标。

2. 教材的内在结构与实现课程目标的关系

在探究与创造过程中，将学生的相互讨论与合作作为进行探究与创造的手段，并为探究与创造营造良好的氛围与必要条件。通过探究与创造活动，实现两种目标：显性的结果是使学生获得一定的知识与技能，隐性的结果是使学生体验过程，获得一些探究与创造的方法。最终，在前两种目标的实现过程中，逐渐使学生形成一定的情感、态度与价值观，从而实现教学的最终目标。这就是教材中所隐含的讨论、探究、创造三位一体内在结构的意义与作用。

第二节 中学物理教材章节分析举例

一、《义务教育课程标准实验教科书物理·八年级》第一章"声现象"

表6-2 "声现象"教材分析

课程标准的要求	通过实验探究，初步认识声产生和传播的条件 了解乐音的特性 了解现代技术中与声有关的应用 知道防治噪声的途径
教材说明	人们接收外界信息的一个重要途径是通过声音的传播。各种声现象充满了人们的生活，而对声现象的了解也易于通过有趣、易操作的探究活动来进行，使学生在学习知识的同时，培养他们的观察能力、初步的探究物理规律的能力，以及应用物理规律解释物理现象的能力等。从学生兴趣出发来设计教材的结构，这是把"声现象"作为本套教材第一章的初衷 　　为了实现课程目标，本章教材安排了若干随堂实验探究活动，例如"探究声音是怎样产生的"，"探究决定音调高低的因素"等。应该说，这些探究活动与科学家的实际探究过程有很大差距，例如，问题的提出不是由学生自主完成的，实验过程也相对很简单。这样的设计，是根据八年级学生的心理特点和认知水平决定的，应该说，学生学习本章内容时，对探究活动相当陌生，处于初级阶段

续表

	本章内容特别注意使学生了解声音在生活、生产和社会等方面的应用和对人类生活的影响，例如"骨传导"、"双耳效应"、"声与信息"、"噪声的危害与控制"等，体现了"从生活走向物理，从物理走向社会"新的课程理念。教学中还应结合本地的实际情况，加强与实际的联系，使学生加强对生活中的科学和技术的理解，获得更多的实际知识，适应现代化的生活，对科学学习产生兴趣 本套教材精心安排了每一章的章首图，还为这些图片配上相应的小散文，力图牢牢抓住学生的注意力 本章的章首图是一队行走中的大象。我们在动物园观察中知道，大象的活动通常是无声无息的。那么，大象的活动跟声音有什么关系？这无声中蕴含着什么？这使学生的认知产生了冲突，可以激发学生进一步学习、探究的欲望。本图不像其他一些图（如编钟、锣鼓）更具有明显的声特征，反而会使学生想知道其中的奥妙。本图由于立意比较新鲜、奇特，教学中会有意想不到的效果	
第一节 声音的 产生和 传播	教学目标 1. 知识与技能 ·通过观察和实验初步认识声音产生和传播的条件 ·知道声音是由物体振动发生的 ·知道声音传播需要介质，声音在不同介质中传播的速度不同 2. 过程与方法 ·通过观察和实验的方法探究声音是如何产生的？声音是如何传播的 ·通过学习活动，锻炼学生初步的观察能力和初步的研究问题的方法	教学建议 （一）声音的产生 声现象丰富多彩。教材用图片介绍不同物体发声的图景：声带的振动、水撞击石头引起空气的振动、工件和砂轮相互摩擦引起的振动以及青蛙气囊的振动等，从不同的方面给出了声音产生的情况，使学生认识到物体发声时都要振动的共同特征。教学中最好组织学生互相讨论，交流生活中相关的现象和体验 在学生讨论获得基本认识的基础上，让学生动手做一些活动（如尺子振动发声、声带振动发声、击打纸片发声等），来进一步探究物体发声时都在发生着振动。这一章的"探究"相对后面几章而言比较容易，教学中应注意让学生体会探究问题的一般方法。活动中应尽可能地发挥学生的主动性，最好让学生自己设计通过做什么样的活动，达到观察物体是怎样发声的目的。也可以将学生的讨论：声音是怎样产生的与探究活动结合在一起展开教学，让学生边活动、边探讨，最后归纳出"声音是由物体的振动产生"的结论

	3. 情感态度与价值观 ·通过教师、学生双边的教学活动，激发学生的学习兴趣和对科学的求知欲望，使学生乐于探索自然现象和日常生活中的物理学道理 ·注意在活动中培养学生善于与其他同学合作的意识	（二）声音的传播 　　教学中应使学生体会到，要想使声音从发声地传播出去，必须要有传播的载体——介质。教材对固、气、液三态物质传声的教学作了不同的安排 　　教学中重点应让学生自己探究固体传声。固体传声的实验器材易得，比较好做，关键是让学生领悟到声可以在固体中传播，声音传播需要介质 　　空气是传播声音的一种重要介质，但容易被初学者忽略。由于气体传声实验条件要求高，所以教学中安排了空气传声的演示实验。如果学校没有真空罩实验仪，也可让学生自己做实验，来体验真空不能传播声音。实验做法如下： 　　把小铃铛挂在线上，线的上端穿出橡皮塞。把橡皮塞塞到烧瓶上，然后摇动烧瓶，听小铃铛此时的响声。取下橡皮塞，向烧瓶中倒少许水，给烧瓶加热，使烧瓶中水沸腾，大量水蒸气涌出后，停止加热，并迅速塞紧橡皮塞。冷却一会儿，待烧瓶中水蒸气大部分凝结，瓶中气体稀薄时再摇动烧瓶，听小铃铛此时的响声。比较两次铃铛响声的强弱，可以明显地感到气体稀薄时响声弱。由此可推得真空不传声。对于液体传声，教材安排由学生设计实验。注意要求不可过高，重点应放在学生相互讨论和实验方案的提出上。液体传声的实验可以将一振源（机械表、电铃等）放在塑料袋里，然后把塑料袋密封后放在水里，看看水是否传声 　　（三）声速 　　尽管速度的概念本书是放在后面的章节讲，但是学生在日常生活中或多或少接触过速度概念，在小学数学和科学中也已初步学过这一概念，因此一般性地使用速度这一概念是可以的。不过分强调学科自身的逻辑体系和知识的严密性，是课程标准所提倡的。这一观点和处理方法本书在后面还将用到，例如对能量概念的处理

续表

	教学目标	教学建议
第二节 我们怎样听到声音	1. 知识与技能 ·了解人类听到声音的过程 ·知道骨传导的原理 ·了解双耳效应及其应用 2. 过程与方法 ·通过实验和生活经验，体验人是如何听到声音的 3. 情感态度与价值观 ·学会关心他人，特别是关心残疾人	学过声音的产生与传播之后，了解我们自己是如何听到声音的，非常必要。体现了物理是"生活中的物理"，是"身边的物理"的思想 　　学生在生物课上已经从生理学的角度学习了人耳的结构。物理课中要充分利用学生已有的知识，重点学习声音传播的"物理过程"。为此，教材在"想想做做"中安排了有关的小实验，使学生体验人是怎样听到声音的。做这组实验最好两个学生一组，轮换听音叉的声音。如果音叉数量有限，也可用少数的音叉轮流做此实验，尽可能让所有的学生都能亲自感知这个实验。教学中应该注意，在做骨传声的实验时，要等音叉的声音用耳朵听不到时，再把发声的音叉放在牙齿上听，由于现象反差大，实验的效果更好。其他的几个实验，由于音叉不直接跟骨头相接触，所以"听"到的声音较弱 　　双耳效应对于理解立体声有很好的作用。这部分内容可让学生通过阅读"科学世界"和查找资料，然后开个"小研讨会"，讨论双声道和多声道、立体声是怎么回事，以及在实际中是如何实现立体声的
第三节 声音的特性	教学目标 1. 知识与技能 ·了解声音的特性 ·知道乐音的音调跟发声体的振动频率有关，响度跟发声体的振幅有关 ·不同发声体发出乐音的音色不同 2. 过程与方法 ·通过做"音调与频率有关的实验"和"响度与振幅有关的实	教学建议 　　通过这一节的学习，应该使学生了解频率的大小决定音调的高低；振幅的大小决定声音的响度；音色决定声音的品质。在学习这些物理知识的同时，要注意让学生体会探究这些物理规律的方法，以及这些物理规律在实际中的应用 　　（一）音调 　　音调的探究实验容易做，器材也易得。如果学生基础比较好，也可只提出问题，至于用什么方法探究、规律如何，都由学生自己完成。这样更能培养学生分析问题和解决问题的能力。如果学校有发音齿轮，也可用发音齿轮做频率不同、音调不同的实验

续表

| | 验",进一步了解和学习物理学研究问题的方法
3. 情感态度与价值观
·体会现实世界物体的发声是丰富多彩的,更加热爱世界,热爱科学 | 由物体振动快慢不同,产生的音调就不同,引出频率的概念。再由人耳听到声音的频率范围,引出超声波和次声波的概念。此处可以联系本章章首图,说明大象应用次声波来进行交流。关于超声波和次声波的资料很多,例如,海豚是如何利用超声波的,动物在地震前的一些异常反应。教学中可以向学生补充有关的知识
教材还安排了观察声波波形的演示实验,主要目的是让学生比较形象地认识声波,同时引起他们的学习兴趣。这个实验,最好先通过示波器观察两个频率不同的音叉发出声音的波形,获得具体的感性认识,使学生获得不同频率的声音在波形上是怎么表现的。然后再让一些学生将自己发出的声音输入示波器中,通过观察和比较,可以得到男女同学发出的声音的波形不同。一般来说,女同学的音调比男同学的高,波形密一些
(二)响度
怎样才能使物体振动发出的声音更响,学生很容易想到应该使物体振动的幅度更大些,关键是应该让学生想出一些切实可行的实验来证实他们的猜想
如果学校没有较多的音叉做学生分组实验,课本中图1.3-4的实验也可改为演示实验;观察音叉响度不同时,乒乓球振动的幅度有什么不同。这个实验的效果比较明显。用不同的力量敲打音叉,在音叉与悬挂的乒乓球接触时,乒乓球振动的幅度明显不同
(三)音色
音色是声音中比较重要的概念。同时,音色的概念比较抽象,不像响度和音调概念那样容易感知。教材"想想做做"安排了活动帮助学生体验,可以让学生通过聆听不同的乐器演奏同一首曲子,感悟到不同的物体发出的声音不同,即便音调相同,声音还是有所区别的。音色的不同,就是通常人们所说的"音质不同" |

续表

		观察波形的演示实验，目的是增加学生对不同乐器声音音色的感性认识。前面提到音色的概念比较抽象，但从波形图中则可以清楚地看出不同音色声音的本质。由课本中的图1.3-5可以看出，音叉、钢琴和长笛的基频（振幅最大时振动的频率）相同，但是在基频的基础上还有一些附加的小的振动，这些小的振动和大的振动一同决定了声音的音色。教学中不必讲基频、复音等概念，只需让学生看到主要的振动频率相同，但小的附加振动不一样，所以音色不同即可 关于乐器，学生比较感兴趣，教师可以调动学生的积极性，让学生自己通过观察或者查阅资料，就某种或某个乐器谈谈其发声的原理，也可就此问题让学生写篇说明文
第四节 噪声的 危害和 控制	教学目标 1. 知识与技能 ·了解噪声的来源和危害 ·知道防治噪声的途径，增强环境保护的意识 2. 过程与方法 ·通过体验和观察，了解防治噪声的思路 3. 情感态度与价值观 ·通过学习，培养热爱、保护我们赖以生存的"地球村"的环境意识	教学建议 　　本节课的教学要从环境保护出发，突出噪声的危害和怎样减弱噪声，联系实际，提高学生保护环境的意识。要紧紧围绕这个目的进行教学，而不只是讲解有关噪声的物理知识 　　在教学形式上，可以采用学生讨论的方式。例如，可进行"角色扮演"活动。也可以通过社区调查，使学生对噪声污染有切身的体会。目的是培养学生保护环境的意识和参与社会实践的兴趣，在这个活动中初步学会开展社会调查的基本方法，包括观察、交谈、记录等等。对学生活动的评价应侧重于投入程度，以及收集和处理信息的能力

续表

	教学目标	教学建议
第五节 声的利用	1. 知识与技能 ·了解现代技术中与声有关的知识的应用 2. 过程与方法 ·通过观察、参观或看录像等有关的文字、图片、音像资料，获得社会生活中声的利用方面的知识 3. 情感态度与价值观 ·通过学习，了解声在现代技术中的应用，进一步增强对科学的热爱	学生在日常生活中已经接触过利用声的事例，因此，本节课的引入可以采用"头脑风暴"法。所谓"头脑风暴"，在形式上类似于讨论，但前者更加自由、灵活，讨论的环境更加宽松。由于讨论者不必考虑自己的见解是否恰当，因此可以保证每个人充分发表自己的意见。在这种完全自由的情境下，一个人所提出的哪怕是很不成熟的观点，也可能激发其他人的思维，产生一系列新的想法。例如，请同学们说出所了解的利用声的现象，当有人发言时，其他人必须仔细倾听，任何人不得对他人的发言作好坏或正误的评价。在同学们充分发表了各自的看法后，教师可对声在社会生活中应用的情况进行分类：可以按照课本分为"声与信息"和"声与能量"两类，也可按照声音在医疗、工业、军事、日常生活等方面的利用分类，然后根据分类进行总结性的讲解，在讲解中应对学生们遗漏的例子进行补充 声音在实际生活中有广泛的应用。限于篇幅，课文中只介绍了一部分。本节的教学应该更紧密地联系社会生活的实际，反映一些学生感兴趣的事例，还要鼓励学生自己从生活中的感知或资料查阅中了解利用声的实例和工作原理

二、高中《物理·必修1》"运动的描述"

我们依据2003年4月第一版教育部颁布的《高中物理课程标准》，并以人民教育出版社《物理·必修1》（人民教育出版社2006年12月第2版）第一章"运动的描述"为蓝本，来进行教材分析。

（一）科学内容分析

1. 本章知识内容的地位

经典力学是整个物理学的基础，也是物理学应用于其他科学研究的典范。如何去描述物体在空间中的运动状态（位置、速度等），是力学的基本任务。"不了解运动，就不了解自然。"本章介绍的质点、参考系、坐标系、位置、位移、时刻、时间间隔、矢量、速度和加速度等概念，不仅是下一章研究匀变速直线运动规律的基础，也是以后学习力学各章的基础。这些基础知识在实践中有广泛且重要的应用。本章在初中物理的基础上，渗透着极限的思想，更向学生介绍了用"理想模型"来研究物理问题这一重要的科学思维方法。

2. 知识内容的结构

通过分析教材内容，我们作出了本章的知识结构图，如图6-2所示。

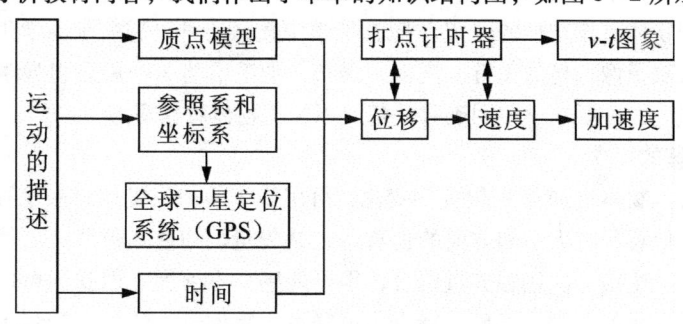

图6-2 "运动的描述"教材分析

要描述物体的运动，首先要对实际物体建立一个物理模型，最简单的是质点模型。由于运动的相对性，描述质点的运动时必须明确所选择的参考系。为了准确地、定量地描述质点的运动，还要建立坐标系。质点、参考系和坐标系是描述物体运动的基础知识，教材第一节逐步把这些内容展开，最后介绍全球卫星定位系统。教材第二节介绍了描述质点运动的时刻、时间间隔、路程、位移、矢量等概念的含义和区别。这两节都是为下面的速度和加速度的学习奠定基础。教材第三节的重点知识是速度，从平均速度引入，通过极限的思维方法过渡到瞬时速度，说明瞬时速度表示物体在时刻 t 的速度。本节教材最后说明速度的应用，特别以"STS"栏目形式从一个侧面说明速度与社会发展的关系。加速度是力学中的重要概念，也是高一年级物理课较难懂的概念。教材首先列举小轿车和旅客列车的加速过程，让学生讨论它们速度变化的快慢以增强学生的感性认识。教材还展示了飞机的起飞过程，要求学生从具体问题中了解"速度快"、"速度变化大"、"速度变化快"含义不同，又在旁批中指出"物体运动的快慢"与"运动速度变化的快慢"不同。在此基础上再说明平均加速度的意义，进而说明瞬时加速度。对重要的 $v-t$ 图象，教材又设置一个"思考与讨论"，让学生通过 $v-t$ 图象加深对加速度的认识和对图象的理解。

从以上叙述可以看出，本章知识大致分成三大部分。其中，位移、速度、加速度是主线，质点模型、参考系、坐标系是描述运动的基础，打点计时器、$v-t$ 图象属于具体的研究工具。理清三者的关系，对把握教材的全局，无疑是十分必要的。

（二）概念的分析

1. 质点的概念

质点是学生学习高中物理所接触到的第一个理想模型。教材是从如何处理实际物体运动的复杂性来提出问题的，以引导学生进行科学探究的思路展开。教材在展示实际物体运动的复杂性的同时，用一只翱翔的雄鹰图片引发学生思考：如果物体都是一个个只有质量，没有大小的"点"，问题就简单了。那么，什么情况下可以把物体看作这样的"点"呢？教学中教师还可以进一步为学生创设问题情境，如放映录像：鸟的飞行，流水，瀑布，羽毛下落……最后引导学生讨论并总结质点概念，并要求学生明确哪些情况下可把物体看作质点。

2. 位移的概念

位移表示物体（质点）位置的变化，可用物体的初位置指向末位置的有向线段来表示。位移是有大小和方向的物理量，是矢量。知道了位移，就能确定质点的新位置。学生第一次接触矢量语言，很可能感到不习惯，但我们可以利用有向线段来表示矢量的直观、形象的特点，再联系实际例子，让学生初步了解矢量相加的法则。学生可能说不出完整的法则，但对三个位移矢量构成一个三角形的这种关系一定能够有所领悟。考虑到矢量合成的法则要在以后接触更多的矢量之后才会逐渐明白，这里的思考只起一个铺垫的作用。

3. 瞬时速度的概念

速度是表示物体运动快慢的物理量。教材首先从直线运动出发介绍了平均速度的概念，它用位移与时间的比来定义，是矢量，即 $v = \frac{\Delta x}{\Delta t}$。然后进一步指出为了使运动的描述精确些，可以把 Δt 取得小一些，运动快慢的差异也就小一些；Δt 越小，描述越精确；想象 Δt 非常小，可以认为表示物体的瞬时速度。可见，瞬时速度也是矢量，是平均速度当 $\Delta t \to 0$ 时的极限。但教材并没有引入"极限"这个术语，并且回避了严格的概念和计算。教师在处理教材时应当特别注意。

4. 加速度的概念

加速度是表示速度改变快慢的物理量。教材通过比较普通小型轿车和旅客列车加速的情况，要求学生明确：做变速运动的物体，有的速度变化快，有的速度变化慢，因此研究物体速度变化的快慢是有意义的，并且需要引入一个新的物理量来描述速度变化的快慢。因而顺理成章地引出加速度的概念：加速度是速度的变化量与发生这一变化所用时间的比值，即 $a = \frac{\Delta v}{\Delta t}$，它是矢量。很明显，这里是指平均加速度。类似瞬时速度的引入，由平均加速度过渡到瞬时加速度，需借助"极限"的思想。

由于学生第一次接触加速度概念，因此还不能把概念吃透，还需要后续章节的逐步浸润。但作为讲授力学课程的教师，应当为后面的授课做必要的准备。除了给学生详细阐述以上定义外，还必须注意：（1）加速度是矢量，其方向就是速度变化的方向，它具有矢量性；（2）质点做变速运动中各个时刻的加速度不一定相同，它具有反时性；（3）选取彼此之间有相对运动的不同参照系，描写质点速度变化的快慢和方向是不同的，它具有相对性。当然，对于中学物理教学，加速度的相对性可不作要求。

另外，教师在进行概念分析时，出发点应该更高。站在大学物理的高度，加速度严格的定义应以极限形式给出：$a = \lim\limits_{\Delta t \to 0} \dfrac{\Delta v}{\Delta t}$。

（三）关于本章重点、难点知识的说明

课程标准已不再界定教学重点、难点，而是规定达到什么样的要求必须学习哪些模块。我们在这里只是想指出，在每一个内容模块的标准中仍然使用了不同的行为动词进行界定，如"了解"、"认识"、"理解"、"应用"等，其中要求较高的，应视为该部分知识内容的重点。以本章的知识为例，课标规定"理解位移，速度和加速度"，可见对位移、速度、加速度概念的教学法就是重点。整个高中物理其余部分内容可以类似地理解。事实上，教学过程中知识的难点总是存在的，教师在处理时应该多为学生搭几个台阶，这样才有助于学生的消化。结合全章内容，除上述重点概念外，还存在着一些教学上需重视的知识点。

1. 坐标系的建立

这是新教材的一个闪光点，是重点内容。教材指出应在参考系上建立坐标系（包括时间和空间坐标），来定量地描述质点何时处在何位置，这与大学物理学的做法是一致的。我们知道，坐标系的建立原则上是任意的，但为了使教学过程更加顺利，教师可以以直线运动为基础，创设适当的实例引导学生思考如何选择坐标轴及其正方向，如何选坐标原点，如何确定坐标轴上的刻度值，等等。教师只需在最后总结：对质点的直线运动，一般选质点运动轨迹为坐标轴，质点运动的方向为坐标轴正方向，选取质点经过坐标轴原点的时刻为时间的起点。尽管这样的表述，从更高的角度来看是不完善的，但可以让学生体会到要定量描述质点的机械运动，坐标系是必不可少的。这与初中只知道参考系相比，提高了一个层次。当然，随着学习的深入，学生会逐渐明白：在质点直线运动中，可用 x 表示位置，用 Δx 表示位移，而在抛体运动中则需要用 x，y 表示位置。坐标的观念将逐渐深入到学生的心中。

2. 矢量与标量的区别

这是在学习位移时面临的一个重点内容，当然也是难点。矢量与标量的重要区别在于矢量的加法与标量的加法不同。为了让学生初步领悟矢量加法不同于标量加法，教材特别设置"思考与讨论"栏目，让学生通过一个实例的思考与讨论，感悟到向北的 40 m 位移加上向东的 30 m 位移等于北偏东37°的 50 m 位移。在学生画出相应的矢量图后，教师可引导学生扩展到其他情况，启发学生归纳出矢量的加法是一种几何加法。注意这不是矢量教学的全部，只是一个铺垫。关于矢量的加法问题要在第三章相互作用中完成。

3. 加速度定义中的 △v

加速度 $a = \lim \dfrac{\triangle v}{\triangle t}$，理解△v 的含义是重要的。由于本章只研究直线运动，因此，用 $\triangle x = x_2 - x_1$ 表示位移，即用正负号表示位移的方向显得自然，学生好理解。由此引出速度的方向也可用正负号表示就顺理成章了。速度的变化量△v 是矢量减法，在用正负号表示矢量的方向后，矢量减法变换成标量的代数减法，但要求是较低的。对于矢量的减法，学生只有在逐步的学习中才能真正领会。

（四）科学思维方法及能力分析

本章是训练学生科学思维方法和观察、学习能力的一个典型范例。教材从第一节到最后一节，始终贯穿着科学方法论的教育思想。

1. 理想模型思想

质点概念本身十分重要，但更重要的是引导学生领悟质点概念的提出和分析，建立质点模型的过程。为此，教材通过实例说明要准确描述物体的运动是十分困难的，分析其原因，并逐步指出建立质点概念的必要性，充分展示了物理学研究的科学思维过程，让学生体验什么是科学思维的方法。

2. "极限"思维能力

教材在讲述瞬时速度时，渗透着极限的思想。速度有平均速度和瞬时速度之分。两者相比，平均速度要容易理解，因为它是与一个真实的变化过程相联系的，真实的位移△x 与真实的时间间隔△t 的比值。与此不同，瞬时速度就难以理解了。在本教科书中，该问题是在较小的时间间隔△t 内，平均速度更能比较精确地描述物体运动的快慢程度。从这一事实出发，△t 越小，描述越精确，进而给出一个推断和认定，即当△t 很小很小时，就是物体在时刻 t 的瞬时速度。在这里渗透了极限思想，但并未要求学生准确地从极限的意义上去理解瞬时速度的概念。教材后面在讲述加速度时采用的也是类似方法。这样的处理，进一步加深了学生对科学思维方法的感悟。

3. 实验能力与图象处理能力

教材第四节关于使用打点计时器的实验，对培养学生的观察能力、思维能力、动手能力、质疑能力是十分必要的。教材通过要求学生阅读"说明卡"观察仪器，掌握使用打点计时器在纸带上记录时间和位移的技能，并运用这一技能测定平均速度，画出图象，进而了解到用图象来研究物理问题是物理学上常用的一种方法，通过这样的训练，可以培养学生用图象处理问题的初步能力。

4. 自主学习能力

教材图 1.5-3 的"思考与讨论"，目的是介绍 $v-t$ 图象的倾斜程度与运动物体加速度的关系，但这里不是由教师正面讲述，而是从一个问题出发，即从直线的倾斜程度出发，进行讨论。这样做不但可以促进学生的主动学习，而且还能培养学生良好的思维习惯。

5. 情感态度与价值观分析

情感态度与价值观教育是物理课程标准要求的三维目标之一，本章在栏目安排及内容选择上，都不断地渗透着这样的教育功能。

（1）激发好奇心与求知欲。本章第一节通过"科学漫步"栏目，粗浅地介绍了利用全球卫星定位系统（GPS）如何确定物体位置的方法，既可以激发学生的好奇心和求知欲，又为他们了解物理知识与社会发展的联系创设情景。现代科技飞速发展，人类活动的空间范围越来越大，个人活动的地区范围也越来越大，确定物体和人在地球表面和空间的位置显得越来越重要，GPS 适应时代的要求，它能相当精确、实时地确定物体和人的位置，并且应用越来越广泛。通过教材初步的介绍，学生的好奇心和求知欲是能够很好地被激发起来的。教材第四节"科学漫步"介绍的"气垫导轨和数字计时器"，第五节的"变化率"也都是基于此考虑的。

（2）渗透 STS 思想，激发关心科技进步的情趣。本章教材非常注意物理知识与生活、技术、社会的联系，无论是概念的引入、阐述、应用、练习都注意联系实际，特别是联系学生身边的生活、现代科技。如阐述质点位置，联系全球卫星定位系统（GPS）；讲解位移、路程时，联系北京去重庆的交通路线；讲速度和加速度则联系学生感兴趣的一些物体和交通工具的速度和加速度等。在测定物体运动速度的实验中，还特别介绍了借助传感器用计算机测速度的新方法。

（3）注重实验素质，培养科学精神。第四节"实验：用打点计时器测速度"是一堂实验课。实验课应以学生活动为主，教师指导学生阅读课文、说明卡、对照课文和说明卡观察仪器结构，了解仪器功能、操作要领。学生则应认真观察实验现象，小组之间可以交流、对比实验情况。如，有意识地变速拉动纸带，观察纸带上打出的点起始部分、中间部分、最后部分有什么变化？其他小组打出的点有什么不同，这些差异都说明什么问题？等等。以往的教学中存在学生为了"符合已有理论"，骗造、篡改实验数据的现象。

原始数据是研究实验现象，寻找结论和规律的基本依据，也是检验、评价实验结果的依据。尊重原始测量数据，是良好实验素质和科学精神的具体表现。

（4）培养勇于战胜困难的意志品质。学生学习、成长的过程不是一帆风顺的。培养学生敢于正视困难，勇于面对并积极克服困难，是新时期物理课程具备的基本功能之一。物理学中的许多知识点是比较难的，学生通过不断的学习，在掌握知识的同时，逐步养成克服困难的意志品质。教材中这方面的安排还是很多的。例如，前文提到的矢量减法，尽管学生学习的难度较大，但这些新鲜内容的学习为学生的思维能力的提高提供了机会。学生通过自己的努力解决了学习中遇到的问题，能帮助学生树立自信心和培养其征服困难的意志品质。

以上从知识内容、能力培养、情感态度与价值观等角度对《物理·必修1》第一章"运动的描述"作了详细的分析，希望借此可以帮助读者充分领略教材在编写上是如何体现新课程标准的教育理念的。

三、《义务教育课程标准实验教科书物理（九年级）》（2001年12月第一版）第十五章"热和能"

（一）教材内容概述

本章在学习机械能的基础上，把对能量的研究拓展到了内能，并以内能为贯穿全章的主线，进一步讨论了能量的转化与守恒定律。教材首先引导学生学习分子动理论，利用物质微观结构的知识来解释宏观现象，从而为用分子结构观点理解物体内能打下了基础。又通过引导学生得出内能的概念，进一步探究了改变内能的不同方式。从内能的改变引入热量的概念，并用探究来比较不同物质的吸热能力，进而引出比热容这个物理量。在这些基础上讲述内能的利用，介绍内燃机的基本工作原理，并最终得出能量守恒定律。

全章知识结构如图6-3所示。

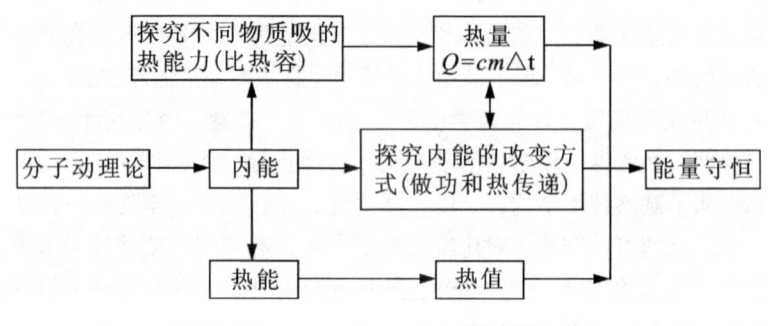

图6-3 初中"热和能"一章教材分析

（二）教材内容的重点和难点

1. 重点内容

根据新课标"主题三：能量"的要求："能量的转化和守恒是自然科学的核心内容之一，从更深的层次上反映了物质运动和相互作用的本质。它广泛渗透在各门学科之中，并和各种产业及日常生活息息相关。这部分内容对于学生树立科学的世界观，联系生活生产实际，形成可持续发展的意识以及进一步学习其他科学技术，都是十分重要的。"因此，包括了能量的转化和转移的相关内容是本章的重点。

（1）知识内容方面。能量守恒定律、内能改变的方式、燃料的热值、内能与温度的关系、内能利用的重要意义、用比热容解释简单的现象是本章教学的重点。

（2）能力培养方面。教材安排的探究改变物体内能的途径和探究不同物质的吸热能力，能培养学生观察现象以及提出问题、分析问题等方面的能力。

（3）情感态度与价值观方面。通过引导学生关心现代汽车发展、地热的开发等科技发展动态以及了解温室效应、热岛效应，可以帮助学生逐步树立科学的世界观并激励其责任感。

2. 难点内容

（1）教材处理是难点。本章内容是在旧教材原有两章的基础上并融入了与时代同步的STS教育内容而形成的。每一节知识内容的容量大，要在规定的教学时间内完成它们，教师如何处理好教材，从而来安排学生学习、探究的时间以及其与教材内容的联系，这是一个难点。

（2）要学生通过实验观察物理现象的探究活动，发现物质的一种热学属性——比热容，这里面包含从实验中归纳科学规律，提高他们观察、分析和归纳问题的能力，要达到这样的教学要求是另一难点。

3. 教材内容呈现的特点

（1）以学生熟悉的生活实际为物理学习的出发点。与旧版教材不同的是，新教材加强了与日常生活和社会实践紧密联系的内容，以生活中最常见、最普通的物理现象为讨论问题的切入点，来激发学生学习的兴趣和进一步学习的欲望。例如，第一节用一幅图展现生活中的实际问题：打开香皂，很快就会闻到香味，引出对扩散现象的思考，进一步得出分子在不停地做无规则的运动。又如，第二节通过装着开水的暖瓶有时会把瓶盖弹起来这一生活中的现象,引导学生思考并得出内能的概念。第三节首先让学生根据生活中烧水的经验,来讨论水吸收热量与水的质量、水温升高多少的关系,这样学生比较容易得出定性的结论,等等。教材这样的处理,符合学生年龄特点,使教学内容更容易为学生理解和接受。

(2) 强调科学探究的过程及方法的学习。科学探究是科学学习的过程,既是增加学生体验的一种有效方式,同时也是调动学生认知需求的一种途径。通过自主的探究活动,学习物理概念和规律,体验到学习科学的乐趣,了解科学方法,获取科学知识,逐步树立科学创新精神。本章内容的选择和编写充分体现了这一精神。教材安排的科学探究内容有两个:一个是第二节"探究改变物体内能的途径",它使学生通过探究弄清改变物体内能可以有多种方式;另一个是第三节"探究不同物质的吸热能力",涉及比热容概念。新的《物理课程标准》对该部分内容的要求是"通过实验,了解比热容的概念。尝试用比热容解释简单的自然现象",这是突出了两个方面的变化:第一,从知识的角度来看,标准降低了,但增加了体验性目标。第二,强调了物理知识的应用及其与生活和社会的联系,要求尝试用比热容解释简单的自然现象。教材在设计上采用的是开放式的探究模式,探究的设计方案几乎是点到为止,更多内容由学生来补充。教材这样设计有它的好处:一方面,这个探究内容是在学生几乎进行了近两年的物理学习且对探究的模式程序基本熟悉的基础上提出的,因此,对学生在过程与方法的学习上也相应作出应达到的能力要求;另一方面对这个含有测量性定量探究活动采用开放的模式,是为了进一步开放学生的思维空间,让学生体验探究给学生的兴趣、能力提高带来的愉悦,让学生在其中主动辨析各种现象,作出自己的分析与决断,想出自己解决问题的策略。采用这样的探究方式,学生亲自体验了物质的热属性,接受比热容这个概念就水到渠成了。

(3) 加强 STS 教育,培养学生的科学素养。《物理课程标准》注意将科学技术的新成就引入物理课程,注重了科学之间的渗透、人文精神与自然科学的交融。因此教材不再只是科学论科学,而是专门安排了多个"STS 栏目",注重科学技术与社会的关系。例如,地球的温室效应。鼓励学生自己查找这方面的资料,扩大了学生的知识面,同时也加强了学生的环保意识,充分体现了对学生情感态度与价值观的重视和培养。再如,气候与热污染。让学生结合实际讨论怎样减少热污染，充分体现了"从物理走向生活，从生活走向社会"的课程理念。在热机一节中专门安排了科学世界"现代汽车"和STS栏目"从火车到火箭"，进一步激发了学生学习科学的兴趣，扩展了学生的知识面，充分体现了关心科技发展的课程理念。而最能体现"从生活走向物理"这一理念的是第五节，本节教材在编写上不是平铺直叙地引入能量守恒，而是让学生参与实践，做各种平常生活中的显而易见又可能未亲自体验的小实验，让学生亲自感受自然界各种现象之间的联系，为下面用能量转化的观点及守恒定律的得出创设了一个很好的情境，让学生在实践中感知到物理，也更容易接受物理。

（4）设计开放性问题与实践性课题。本章教材设计的许多开放性问题，给学生的思维留下了很大空间。例如，在探究改变物体内能的方法的过程中，设计了"你能用哪些办法使一根粗铁丝的温度升高，内能增大"；在利用水的比热容大这一特性解释现象时提出了"用水做运输能量的介质有什么好处"，"各产业中，有没有用水来加热和散热的情况"等等。在"动手动脑学物理"中设置了很多实践性的课题，如通过查阅和实际调查，对各种运输工具的经济性作出评估；自己动手制作小小的蒸汽轮机等。学生通过参与这些实践活动，多角度去观察、思考、分析，从而使自己各方面的能力得到提高。

4. 教学中的一些建议

（1）对教材内容应灵活取舍与补充。本章教材中每一节内容篇幅长，容量大，教师不可能将所有的内容在有限的课堂教学时间内塞给学生。很多内容可以精选、精讲，有些内容，做到点到为止，弹性延伸，部分内容也可在《物理课程标准》要求的内容基础上，加以发挥和补充。

在课标指导下，教师完全可以自主选择教学内容。例如，通过扩散现象（直接感知）推测分子做无规则运动（无法直接感知的事实）这种物理学中常用的方法进行教学，可适当加重一点要求，因为教学不光要注重知识传授，更要注意对过程与方法的教学，培养学生成为终身学习者和科学探索者。又如，在讲授内能的改变方式——热传递时，可将"STS——地球的温室效应"引入课题中，指导学生阅读这篇文章，至于是否请学生对此发表自己的看法等由教师灵活掌握，只要达到培养学生有关注科学技术对人类影响的意识的目的即可。而探究"不同物质的吸热能力"的活动肯定是要不惜时间来开展的。另外，在要求尝试用比热容理解简单的自然现象时，建议在归纳出比热容的基础上引导学生阅读"STS——

气候与热污染",讨论城市热岛效应的形成,我们应该怎样改善或解决这个问题。还可补充类似"在海边,烈日当头照,当人从海水中上岸时,走在沙滩上会感到烫脚"、"海陆风的形成"等例子让学生分组讨论,加强对比热容的理解。在对热机的工作原理及过程作介绍时,可以把"STS——从火车到火箭"穿插到这里做全面介绍,并通过介绍热机的发展推动工业革命的典型事例,让学生了解内能的利用在人类发展史上的重要意义,起到激励学生将科学服务于人类的责任感。教材中还有很多内容,如热值、热机效率、能量守恒等等,教师都可以灵活把握。

（2）教学中要尽量联系生活实际。本章内容特别强调要联系日常生活,联系社会实际和科技新进展。教学时应充分利用和挖掘现有的课程资源,了解学生已有的经验和社会生活实际,尽可能地有针对性地选取生活和社会素材,培养学生把社会实际情境中的具体问题抽象成理论问题的能力以及应用所学解决实际问题的能力,以激发学生的学习兴趣,让学生在接近实际情境的实践活动中去认识、解决物理问题,体会物理与社会生活的关系,懂得物理学的真正价值,提高他们真正参与社会生活的能力,达到"从生活走向物理,从物理走向社会"的教学目标。

（3）教学时要注意把握好课程的三维目标。课程目标分为知识与技能、过程与方法、情感态度和价值观目标。只有把三者有机融合渗透在课堂、课外学习活动中,才能很好达到本章的教与学的总体目标。比如,《物理课程标准》在能量主题中要求"用能量转化与守恒的观点分析物理现象的意识",这里面包括三个方面的课程目标:①知识与技能目标:用能量转化和守恒定律,解释自然界各种现象的联系;②过程与方法目标:体验自然界各种现象中能量转化与守恒规律;③情感态度和价值观目标:有意识地用能量转化和守恒的观点看待各种现象。这就需要在本节课题引入、实验器材的准备上充分一些,尽量调动学生的积极性和参与意识。除教科书中出现的四个小实验,可设计几个类似的实验分组做,尽量构建学生猜想与实验现象的矛盾冲突情境,引起学生的体验兴趣和树立正确的能量转化观点。然后可针对第五节中"讨论秋千和小球的运动"的内容总结出几种认识误区,充分调动学生的讨论热情,直到形成正确的知识体系。

（三）初中物理"热和能"教材分析

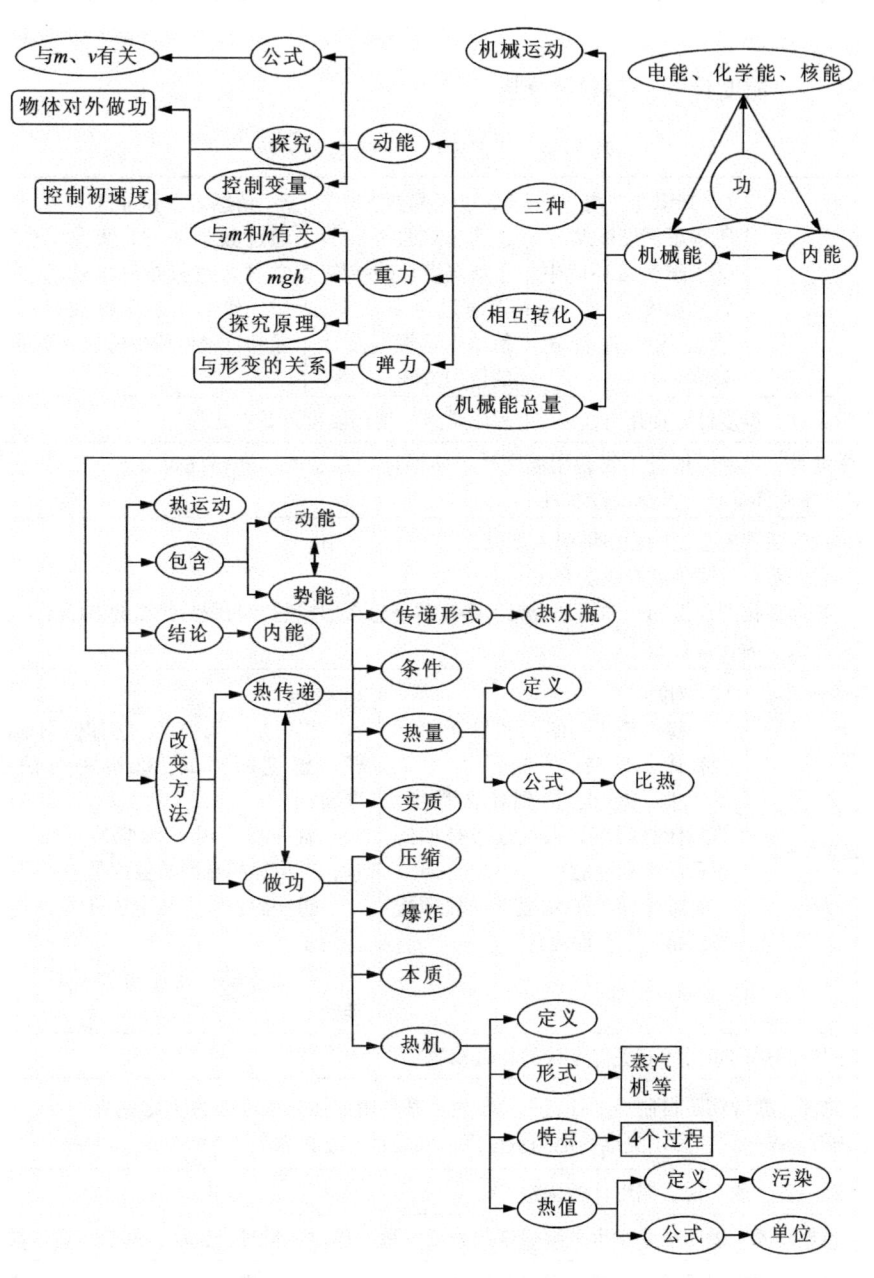

图6-4 初中"热和能"一章教材分析

第三节 中学物理教材中的知识内容分析举例

一、"温度计"一节教材分析

表6-4 "温度计"一节教材分析

教学目标	1. 知识与技能 ①理解温度概念 ②了解生活环境中常见温度值 ③会用温度计量温度	2. 过程和方法 ①通过观察和实验了解温度计的结构 ②通过学习活动，使学生掌握温度计的使用方法	3. 情感态度和价值观 通过教学活动，激发学生的学习兴趣和对科学的求知欲望，使学生乐于探索自然现象和日常生活中的物理学道理
教学重点：温度计的使用方法			教学难点：使用温度计易错之处
教学教具：自制温度计、实验用温度计、体温计、寒暑表、烧杯（每桌3只，中等大小）、多媒体课件、开水、冷水若干			
一、从生活现象创设问题情境引入新课 　　看一看：教师播放与温度有关的图片。 　　教师根据图片提问：你们是否想了解冰雪是怎么形成的？衣服为什么会被晒干？樟脑丸放久了为什么会变小			
想想做做	1. 温度 　　想一想①：冬天和夏天的感觉有什么不同？ 　　想一想②：冷到什么程度，热到什么程度，天气预报是如何表示冷热程度的？ 　　师生总结温度概念。教师板书：第一节　温度计		2. 温度计 　　想一想，议一议：①如何判断两杯水温度的高低？②哪种方法更准确？ 　　做一做：用手感觉冷、热、温水，得出凭感觉判断温度是不可靠的 　　想一想：③生活中还有哪些类似的例子？ 　　师生总结：使用温度计测量较准确
1. 问一问：你想了解有关温度计的什么知识			
2. 原理。教师演示自制温度计，引导学生回答利用液体热胀冷缩的性质制成 想一想，议一议：为了更准确地测量温度，温度计应怎样改装			
3. 看一看、说一说：温度计的构造			
4. 想想读读：教师引导学生了解温度的表示方法、单位、符号、读法，然后练习读数			
5. 演示：教师引导学生观察并回答三种温度计的不同，同时进行量程、分度值的教学			

续表

6. 得出正确方法： 　①看清量程和分度值，并估测 　②玻璃泡不能位于容器底及侧壁，必须全部浸没在液体中 　③要等温度计的示数稳定后再读数 　④读数时温度计不能离开被测液体 　⑤读数时眼睛要平视（以上各点均配有图片）
7. 做一做，议一议（体温计的使用）： 　学生演示游戏，学生评价并说出理由，同时进行体温计构造的教学
8. 动手动脑学物理： 　1．课内：课本第 80 页第 2 题 　2．课外：第 80 页第 3、4 题

二、"第十一章　多彩的物质世界"教材分析

（一）课程标准的要求

（1）大致了解人类探索太阳系及宇宙的历程，并认识人类对宇宙的探索将不断深入。

（2）知道物质是由分子和原子组成的。了解原子的核式模型。

（3）了解人类探索微观世界的历程，并认识这种探索将不断深入。对物质世界从微观到宏观的尺度有大致的了解。初步了解纳米材料的应用和发展前景。

（4）初步认识质量的概念。会测量固体和液体的质量。

（5）通过实验理解密度的概念。尝试用密度知识解决简单的问题。能解释生活中一些与密度有关的物理现象。

（6）有保护环境和合理利用资源的意识。

（二）全章概述

"物质"是课程标准中科学内容三大一级主题之一，教学内容涉及物质的形态及其变化、物质的属性、物质的结构与物体的尺度、新材料等。本章的内容主要介绍物质的观点和物质的一种属性，涉及"宇宙和微观世界"、"质量"、"密度"、"测量物质的密度"等方面。

本章从认识广阔无垠的宇宙入手，带领学生亦步亦趋地走进多彩的物质世界，经历从宏观到微观、由表及里的研究过程。世界是物质的，这不仅是物理教育的观点，也是奠定学生科学世界观的基础。贯穿于整章的物质观点的教育，把多彩、丰富的物质世界呈现给学生，体现了从生活走向物理，从物理走向世界的教育理念；以探索无限的宏观世界和微观世界的奥秘为线索，带领学生逐渐揭开

物质世界的面纱；在探究物质世界的过程中，注意引导学生认识质量和密度这两个重要的物理量及其测量。本章注意将科学研究前沿的成果与初中物理实际有机结合，使学生了解科学发展的脉搏。为强调科学知识在实际中的作用，在"动手动脑学物理"栏目中设置了许多开放性、综合性的学习问题，引导学生多层次、多角度来认识物质的客观存在和本质属性，进而加强学生学习的基础。

（三）宇宙和微观世界

1. 教学目标

（1）知识与技能

· 知道宇宙是由物质组成的。物质是由分子和原子组成的。初步了解原子的结构。

· 对物质世界从微观到宏观的尺度有大致的了解。

· 初步了解纳米科学技术及纳米材料的应用和发展前景。

（2）过程与方法

· 通过观察和思考，了解我们周围的宏观、微观世界都是物质的。

· 通过观察和思考，了解不同状态物质的分子运动情况不同。

· 通过观察和思考，了解原子还有微观结构，纳米科学与技术是目前科学研究的前沿。

（3）情感态度与价值观

· 通过了解人类探索宇宙和微观世界的历程，认识人类随着探索的深入，逐渐认识客观的物质世界，树立科学的世界观。

2. 通过学习，进一步保持对自然界的好奇，初步领略自然现象的美好与和谐

（1）宇宙

宇宙是广阔的，课本通过两幅模拟图帮助学生理解宇宙及其构成。

课本图11.1-1展示了宇宙空间各星系团的情景，让学生了解银河系只是宇宙中数十亿个星系之一。一束光从银河系的这头传播到那头，大约需要十万光年。1光年是光在1年的时间里传播的距离，通过计算可以得知银河系的大小，从而也感悟宇宙之大。

课本图11.1-2表示人类赖以生存的地球位于太阳系中，是围绕太阳运行的一颗普通的行星，太阳是银河系的一颗恒星。这样的关系进一步衬托出了宇宙的广阔。

在教学中，不仅要让学生认识宇宙的广阔无垠，还要让学生对人类探索太阳系及整个宇宙的漫长经历有所了解。建议结合本章参考资料和地理知识，向学生介绍一些相关的内容。如可以让学生以资料调查的形式来完成，开阔视野。

（2）客观世界的物质性

地球及其他一切天体都是由物质组成的，物质处于不停的运动和发展之中。

在教学中，为了引导学生理解什么是物质，应密切结合学生熟知的物体：地球、空气、岩石、高山、大海、树木、花草、鸟、兽、人类生存用的一切生活用品……这样使学生对"物质"的理解更加具体、实在。以此为基础，再认识客观世界的物质性就比较容易了。

物质是由什么组成的？课本通过"想想议议"提出问题：如果把玻璃杯打碎了，其碎片还是玻璃。经过多次分割，甚至碾成粉末，颗粒越分越小。如果不断地分割下去，有没有一个限度呢？以启发学生的思维。教学中要帮助学生理解"任何物质都是由极其微小的粒子组成的，这些粒子保持了物质原来的性质"，这需要引出"分子"的概念。为了帮助学生把握分子是"保持物质原来性质微小粒子"的确切含义，教学中需要举出一些日常生活中的实例，让学生体会。可以分割糖为例说明：开始时分割的糖会保持甜的味道，但是不断地分割下去，糖的微粒会越来越小，直到把糖分到没有甜味的时刻，那时的微小粒子就不是糖了，我们所说的分割的"限度"，就在于此。因此保持糖原来性质的最小微粒就是糖的"分子"。在学生初步了解分子概念的基础上，要让学生知道分子的大小。分子用肉眼看不到，课本展示了电子显微镜下分子的照片，帮助学生消除对分子概念的神秘感，了解科学技术的进步，帮助我们能够看得见分子的科学事实。

（3）物质的三态

学生从生活中已经了解到，通常物质有三种状态：固态、液态、气态。由于物质是由分子组成的，借此机会帮助学生了解固态、液态、气态的微观模型，进一步加深对生活中所见到的现象的理解。课本用图示给出物质处于不同状态时物理性质不同，跟不同状态下物质分子具有的不同的运动形态相关。

固态物质的分子排列紧密而有规则，分子间强大的作用力使它们聚集在一起。分子在自己的位置上不停地振动着，就像学生坐在自己的座位上身子可以晃动一样。因此，固体具有一定的体积和形状。

液态物质的分子没有固定的位置，运动比较自由，分子间的作用力比固体小，就像学生在自己的教室中进行活动一样。因此，液体没有确定的形状，具有流动性。

气态物质的分子间距比较大，分子之间的作用力很小。它们能以高速向四面八方运动，就像学生在一个大空场上玩，处于完全自由的运动状态。因此，气体具有很强的流动性，能够被压缩。

物质的状态发生变化时，体积发生变化是见得到的，一个原因是构成物质的分子在排列方式上发生了变化。课本以熔化的蜡烛液凝固成固态的蜡为例，说明该物质从液态变为固态时体积变小。在教学中，应鼓励学生多观察生活，认识到多数物质从液态变为固态时体积变小，例如钢水变成钢锭（凝固的面是凹陷的）。液态变为气态时，体积显著变大，如水在汽化时，体积增大约1 700倍；乙醚汽

203

化时，体积增大约250倍。水是一种特殊的物质，相同质量的水，4 ℃时的体积最小；在液态状态下，大于4 ℃时温度越高体积越大；小于4 ℃时温度越低体积越大；凝结成冰后，也是温度越低体积越大。

（4）原子的结构

把糖分割到分子时，糖分子还保持着糖的性质。如果再分下去，更小的微粒就不再是糖，而是原子，原子不具有糖的性质，从而引出原子的概念。教学中，可以通过图示给出分子与原子之间的关系，让学生了解到物质是由分子组成的，分子又是由原子组成的；有的分子由单个原子组成，有的分子由多个原子组成。

20世纪初，科学家发现，原子也具有结构。它的中心是原子核，在原子核周围，有一定数目的电子在围绕原子核不停地运动着。

（5）纳米科学技术

纳米科学技术是当前科学技术的前沿，具有很大的发展潜力，预计可以从根本上改善人类的生存对资源的利用，让学生了解一些纳米科学技术方面的知识是十分有必要的。在学生阅读课本中的有关内容时，使学生初步了解纳米科学技术即可。课本的"动手动脑学物理"的第4题是让学生了解纳米科技的基本事实，通过测量来接触纳米科技，力所能及地了解一些纳米科技的内容。

纳米科学是一个初见端倪的科学，人类对于这个领域的研究刚刚开始，处于初始研究状态。研究表明，当物质微粒小到 1～100 nm 时，物质的属性一般会发生比较显著的变化。例如大块金子是黄色的，10 nm 的金颗粒是绿色的，而 1 nm 的金颗粒是红色的。人们在纳米材料方面的研究，是利用它在某一特性方面的变化来改变原材料的效能。

（四）质量

1. 知识与技能

· 知道质量的初步概念及其单位。

· 掌握天平的使用方法。

· 初步理解质量的含义。

2. 过程与方法

· 通过观察、实验，认识物体的质量是不随物体的形状、状态、空间位置而变化的。

· 通过实际操作，学习天平的使用。

3. 情感态度与价值观

· 通过技能训练、培养学生严谨的科学态度与协作精神。

（1）质量

一切物体都具有质量。课程标准对质量的要求为"认识"，是比较浅的质量概念的要求，课本对质量只作粗浅的介绍。由于物理量中的质量跟生活中常用的质量一词的内涵不同，课本通过用天平来测量质量以凸显它们在本质上的不同。

学生知道，木制的桌子和椅子由木材构成；铁锅、铁锤、铁钉由铁构成。利用生活常识，引导学生认识一个铁锤比一个铁钉含的铁多的道理。学生从生活经验出发，认识"物体中所含物质的多少"叫做质量，教学上比较顺畅和自然。

质量是一个基本物理量，是物体惯性大小的量度，质量又与能量相联系，这些知识将在高中物理中学习。初中对质量的概念讲得很浅显，"物体中所含物质的多少"并不是质量的定义，教学中也不必过分强调。

教学时可以告诉学生，在生活和贸易中，人们还习惯上把物理学中的质量叫做重量。在此明确说明，物理学中统一把它们叫做质量。

（2）天平

天平是实验室测量质量的工具。课本中介绍了托盘天平和学生天平。教学中要让学生先认真观察实物，再阅读课本，了解天平的工作原理。动手操作前，要学习使用天平测量物体质量的方法及注意事项。通过教学使学生学会使用天平。天平作为基本测量技能训练的测量仪器，不仅要阅读有关资料和听教师讲解，还要一边思考，一边实际操作，要严格遵守仪器使用说明书上的操作要求。课本设计两个实验，一方面是让学生练习使用天平，培养学生使用天平的技能；另一方面是让学生通过实际动手操作获得体验，理解物体的质量不随形状、状态而改变。

除了让学生知道用天平可以测量质量外，生活中用的台秤也可以测量质量。

（3）课本"动手动脑学物理"的练习题

第1题，要让学生知道质量是不随空间位置而变化的物理量。在这里不要求学生弄懂"引力"、"失重状态"之类术语的确切含义，解决好这个问题的关键是引导学生从"物质的量"、"物体中所含物质的多少"入手。由于照片中宇航员所吃食物的分子个数并没有增加或减少，因此从地球带到太空的食品质量没有变化。第2题是实验技能训练方面的问题。测量单个小物体的质量时，由于天平的精度不够，难以准确测量出单个小物体的质量，因此往往采取复数测量的方法，如称一个大头针的质量时，可以称量100个大头针的质量，再把结果除以100，便得到1个大头针的质量。

（五）密度

1. **知识与技能**

   ·理解密度的物理意义。

   ·用密度知识解决简单的实际问题。

2. **过程与方法**

   ·通过实验探究活动，找出同种物质的质量与体积成正比的关系。

·学习以同种物质的质量与体积的比值不变性（物质的本质特征）来定义密度概念的科学思维方法。

3. 情感态度与价值观

·密度反映的是物质本身所具有的特性。通过探究活动，使学生对物质属性的认识有新的拓展。

（1）探究"同种物质的质量和体积的关系"

课本用"想想做做"引起学生的思考，引入探究的课题。教学时可以让学生用天平称体积相同的不同木块、铝块、铁块（实际教学中也可选择其他体积相同的不同种物质）的质量。实验的结果使学生认识到，种类不同的物质体积相同时，质量往往是不同的，表明不同的物质在这方面性质上有差异。

相同质量的不同物质，体积会怎样？可通过演示比较 100 g 水和 100 g 酒精的体积，会发现它们的体积不相等，使学生认识不同物质具有这种性质上的差异。

那么，同种物质的质量和体积有关系吗？对初中学生来说，无论从生活经验，还是思维能力上，这样的问题是不难理解的。他们会推测：同一种物质，体积越大，质量越大。那么，同一种物质的质量跟它的体积成正比吗？课本用铝作实验样品，取大小不同的几块铝块，分别用天平称出它们的质量，测出它们的体积，列出表格来，以体积 V 为横坐标、质量 m 为纵坐标，在方格纸上描点，再把这些点连起来。观察函数曲线，就可以分析得出物质的质量和体积之间的关系了。教学中可以任意选取实验样品，实验时最好不同组选取不同的样品，学生测量后要组织好全班的交流，共享实验成果。学生通过测量数据或图象不仅可以判断实验结果与自己的猜想是否一致，而且以基本的实验事实为思考的依据，感悟密度是物体的固有属性。

将实验结果图象化，并根据图象的描述找出各变量之间的关系，是一种必要的应用数学手段处理物理实验的方法。这种方法尽管很重要，但本节课中对学生要求不宜过高，要注意循序渐进。

在上面的探究中，分别计算每个铝块质量与体积的比值，可以得出比值是个定值。对不同物质来说，其质量和体积的线性关系是确定的。不同物质所对应的比值是不同的。确定的关系表现在图象上为过原点的不同直线。这种比值的不变性所反映的是物质本身所具有的属性。

（2）关于密度

通过探究要引导学生认识到上述探究实验中的比值是有意义的物理量，它反映了不同物质的不同特性，物理学中就把它定义为密度。这种研究问题的方法和定义物理量的方法是物理学中常用的。密度是初中物理教学的重点内容之一，通过教学，不仅使学生学到知识，而且应该给他们渗透一点研究问题的方法。

需要注意，学生在数学中虽然学过比例的知识，但是在物理中用来理解物质的质量跟体积的比值的物理含义，是有困难的。为了说明这个比值的含义，课本仍用某种物质单位体积的质量来定义密度，并给出计算密度的公式和单位。密度的单位属复合单位，教学中有必要特别强调一下。另外，课本中给出了一些物质（固体、液体、气体）的密度值，要求学生会查一些物质的密度值。对于那些常见物质的密度，需要形成一些具体的认识，例如金是常见金属中密度较大的，金比铜的密度大，铜比铁的密度大，水比冰的密度大等。

（六）测量物质的密度

1. 知识与技能

·理解密度的概念。

·尝试用密度知识解决一些实际问题。能解释生活中一些与密度有关的物理现象。

·学会量筒的使用方法。

2. 过程与方法

·通过探究活动，学会测量液体和固体的密度。

·学会用物理公式间接测定物理量的方法。

3. 情感态度与价值观

·通过实验探究活动，培养严谨的科学态度。

（1）关于体积的测量

形状规则的固体的体积可以用刻度尺等测量工具来测量，液体的体积可以用量筒来测量，形状不规则的固体的体积也可以用量筒来测量。

（2）怎样使用量筒

可让学生在观察实物的基础上，通过阅读相关资料并操作，学习使用量筒的一般方法，练习测量液体和不规则固体的体积。

量筒也有最大测量值。不同的量筒的分度值也各不相同，教学中要根据测量精度的要求和被测物的大小来选择量筒。

怎样用量筒测量不规则形状物体的体积？测量不规则固体的体积需用量筒（量杯），是利用等量占据空间替代的方法来实施测量的。

如果要测量不规则物体或过大物体的体积（物体过大或无法浸入量筒之内）时，可采用"溢杯法"来测量它的体积。

如果用量筒测量密度小于水的不规则物体（石蜡）的体积时，可采用"悬垂法"。

这些方法有益于提高学生处理实际问题的能力。

（3）怎样测量物质的密度

课本选择盐水和形状不规则的塑料块为研究对象，教学中也可选择其他液体和固体为研究对象。实验要求学生自己设计记录数据的实验数据记录表。

实验原理、实验仪器的选取和使用，实验步骤的设计，数据的采集，以及根据数据得出结果，应尽量让学生动手操作，有利于其实验能力的培养。课本上没有现成的实验步骤，而是要求学生有目的、有计划地进行设计并实际操作，正确地记录数据得出结果。学生已经进行了许多探究学习，本节的探究活动学生是有能力自主完成的。

课本中的"动手动脑学物理"的两个问题属综合性的问题。有关物质的声特性、光特性、热特性、电特性等初步知识已在八年级中学习过，处理该问题需综合考虑金属物质的各种属性，如熔点、密度、物质的导热性能和导电性能等物理特性以及产量、市场价格。教学中建议以小组讨论形式，让学生各抒己见，要求他们阐明自己的观点，同时要清楚地说明理由，这对学生的思维能力、判断能力、分析问题和解决问题的能力、语言表达能力等是有价值的。

表6-5 "多彩的物质世界"一章教材分析

节	知识点		叙述	图示或说明	关键点拨
宇宙和微观世界	分子	意义	任何物质都是由分子组成的	分子十分微小，肉眼不能看到	分子不是最小微粒，仍可再分
		特性	保持物质原来性质的微粒原子		
	原子	组成	原子核和绕核高速运动的核外电子		原子结构类似于太阳系结构
	物态的微观模型	固体	分子排列十分紧密，分子间有强大的作用力	液态、凝固(放热)、凝华(放热)、汽化(吸热)、熔解(吸热)、升华(吸热)、固态、气态	物态变化的过程就是分子间排列方式改变的过程
		液体	分子位置不固定，运动较自由，粒子间作用力较小		
		气体	分子极度散乱，粒子间作用力极小		

续表

质量	认识质量	定义	物体所含物质的多少	用 m 表示	质量大小与物体的形状、状态、位置、温度无关
		单位	千克（kg）、克（g）、毫克（mg）、吨（t）	$1t = 10^3 kg = 10^6 g$ $= 10^9 mg$	
	质量的测量	天平的使用方法和步骤	放	天平水平放置，游码归零		天平的位置移动后必须重新调平
			调	调节平衡螺母，使指针指在分度盘中央		
			称	左物右码；增加砝码，使横梁重新平衡	此时，不可以再调节平衡螺母	可移动游码
			读	物质质量＝砝码质量＋游码读数		读数不需要估读
		注意事项		被测物体质量不能超过量程等		

三、"第十六章 热和能"教材分析

前面举出一个分析"热和能"相关内容的分析案例，这里再列举一个，目的是为了让大家相互对比，对同一内容，可以有不同的分析方法和形式。

（一）课程标准的要求

（1）通过观察和实验，初步了解分子动理论的基本观点，并能用其解释某些热现象。

（2）了解内能的概念。能简单描述温度和内能的关系。

（3）从能量转化的角度认识燃料的热值。

（4）了解内能的利用在人类社会发展史上的重要意义。

（5）了解热量的概念。

（6）通过实验，了解比热容的概念，尝试用比热容解释简单的自然现象。

（7）通过实例认识能量可以从一个物体转移到另一个物体，不同形式的能量可以相互转化。知道做功的过程就是能量转移的过程。

（8）知道能量守恒定律。能举出日常生活中能量守恒的实例。有用能量转化

与守恒的观点分析物理现象的意识。

（9）通过能量的转化和转移，认识效率。

（二）本章的主要内容

本章在学习第十五章"机械能"的基础上，把对能量的研究拓展到内能。首先引导学生学习分子动理论，并进一步通过推理用物质微观结构的知识来解释宏观现象，为从分子结构观点理解物体内能的本质打下基础。引导学生得出内能的概念并进一步探究内能的改变。从内能的改变引入热量的概念，通过探究来比较不同物质的吸热能力，进一步引出比热容这个物理量。在此基础上，理论联系实际，讲述内能的利用，介绍内燃机的基本工作原理，并最终得出能量守恒定律。

（1）分子热运动。物质是由分子组成的，一切物质的分子都在不停地做无规则运动，分子之间存在着相互作用力等。

（2）内能。内能的概念，通过探究活动及演示实验，归纳出改变物体内能的方法、热量的概念等。

（3）比热容。探究比较不同物质的吸热能力、比热容及其单位、各种物质的比热容，理解水的比热容大这种特性的应用，会热量的计算等。

（4）热机。内能的利用，热机中能量转化的基本过程，四冲程汽油机的基本工作过程，热值的概念，热机的发展等。

（5）能量守恒定律。能量守恒定律的内容等。

（三）本章教材特点

1. 贴近学生的生活

新教材强调"以人为本"，要求课程要面向学生、面向生活、面向社会，提出初中物理尤其要学习反映现实生活的内容。因此本章增加了与日常生活和社会实践紧密联系的内容，密切了知识与社会生活的联系。教材从学生的生活实际出发，以生活中最常见、最普通的物理现象作为讨论问题的切入点，激发学生学习的兴趣和进一步学习的欲望，使学生爱学、乐学。如本章设置的"导言"以优美的语言，生动地描述了"神奇的火"给人类文明带来的巨大的物质文明和精神文明，并联系生活实际，从能量的角度设计问题，引导和激发学生思维。又如第一节"分子热运动"中用一幅图展现生活中的实际问题：打开香皂，很快就会闻到香味，引出对扩散现象的思考，进一步得出分子在不停地做无规则的运动。再如第二节通过装着开水的暖瓶有时会把瓶盖弹起来这一生活中的现象，引导学生思考推动瓶盖的能量是从哪里来的，这样学生就很容易接受内能的概念。第三节首先让学生根据生活中烧水的经验，来讨论水吸收的热量与水的质量、水温升高的多少的关系，这样学生比较容易得出定性的结论。还有根据学生的经验，比较相同质量的不同燃料燃烧时放出的热量，进而引出燃料的热值。通过摆动的秋千、掉在地上的弹性小球的能量转化来分析现象，去思考能量是否守恒等。

本章教材多处贴近学生的生活实际，符合学生的年龄特点，通过调动学生丰富的想象力，使教学内容更容易为学生理解和接受。这样的教材还可以让学生体会到物理在生产、生活中的实际应用，不仅可以增加学生学习物理的乐趣，而且还将培养学生良好的思维习惯和科学探究的能力。

本章教材又特别注重物理知识的迁移和运用，它不仅关注学生的现实生活，而且还关注学生可能的生活。比如，在"动手动脑"中分别设计了对各种运输工具的经济性作出评估、人体摄入能量的科学性的调查等内容，体现了教材特别注意利用学生已有的知识与经验，让学生在比较中提出问题，解决问题，完成知识的自我构建过程。

总之，这样设置教学内容，不仅密切了物理与学生现实生活的联系，调动了学生原有的生活经验，使学生觉得物理就在自己的身边，激发了学生探究新知识的强烈欲望，激活了学生的思维，使学生不再停滞不前，而是慢慢深入，由表及里，挖掘其蕴含的丰富的人文内涵。学生在亲身"经历"的过程中，实现了知识与能力的同步发展，从中受到熏陶、感染，升华自己的生命。

2. 重视科学探究，强调过程和方法的学习

科学探究是学生参与式的学习活动。要鼓励学生积极动手、动脑，通过自主的探究活动，学习物理概念和规律，体验到学科学的乐趣，了解科学方法，获取科学知识，逐步树立科学创新精神。本章内容的选择和编写充分体现了这一精神。为了让学生能更好地体验和描述物体的内能与温度的关系，新教材专门安排了"探究怎样改变物体的内能"，使学生通过探究弄清改变物体内能可以有多种方式。以往教材对比热容的概念和计算热量的公式要求较高，都达到了"理解"的水平，而对学生的体验性目标要求较低，只要求进行演示实验"不同物质的比热容不同"，而比热容的概念比较抽象，大多数学生感到难以理解。所以课程标准将这部分内容的要求变为"通过实验，了解比热容的概念。尝试用比热容解释简单的自然现象"，这里突出了两个方面的变化：第一，从知识的角度来看，课程标准降低了要求，只要求"了解"比热容的概念，但增加了体验性目标，即必须让学生通过实验，在观察物理现象的过程中发现并了解比热容这一物质热学属性，学会从实验中归纳科学规律。第二，降低单纯应用热量公式进行计算的要求，避免学生死记硬背公式和乱套公式的现象，而强调物理知识的应用及其与生活和社会的联系，要求尝试用比热容解释简单的自然现象。新教材在处理这部分内容时，特别强调学生的生活体验和实验探究。首先让学生根据生活中烧水的经验，来讨论水吸收的热量与水的质量、水温升高的多少的关系，学生比较容易得出定性的结论。然后安排学生自己探究"比较不同物质的吸热能力"来得出比热容的概念。分子动理论属于微观领域，由于初中学生的认知水平有限，学生对于分子运动论的初步知识的理解有一定的困难。所以，课程标准将这部分内容的要求在过程与方法、知识的实际应用方面提高了要求，一是增加体验性目标水平层次，强调"通过观察和实验"，让学生自己通过对宏观现象的观察、实验，经过分析、推理，获得微观的结论，从而初步了解分子动理论的基本观点；二是增加知识的实际应用方面的目标，强调"能用其解释某些热现象"，针对这部分内容要求的变化，新教材也增加了相应的练习和习题。如分别在冷水和热水杯中放入糖块，经过相同的时间后，品尝杯中的水，哪一个更甜？为什么？用细线把干净的玻璃板吊在弹簧测力计的下面，记住测力计的读数。使玻璃板水平接触水面，然后稍稍用力向上拉玻璃板，弹簧测力计的读数有什么变化？解释产生这个现象的原因。这一变化充分反映了课程标准重视知识的实际应用、重视过程与方法的新理念，有利于更好地全面实现课程目标。

3. 注重学科渗透，加强科学、技术、社会（STS）教育，全面发展学生的科学素养

本章依据课程标准，注意借鉴国际科学教育的理论和实践，注意将科学技术的新成就引入物理课程，注重学科之间的渗透、人文精神与自然科学的交融，以使学生获得对自然界更加本质的认识，逐步树立科学的世界观。因此教材不再是就科学论科学，而是加强科学、技术、社会（STS）的教育，专门安排了多个STS栏目，注重科学技术与社会的关系。如鼓励学生自己查找地球的温室效应方面的资料，扩大学生的知识面，同时也加强学生的环保意识，充分体现对学生情感态度与价值观的重视和培养。再如让学生结合实际讨论怎样减少热污染，充分体现了"从生活走向物理，从物理走向社会"的课程理念。在热机一节中课程标准没有对这些具体的知识点做出具体的要求，而是让学生从整体上"了解内能的利用在人类社会发展史上的重要意义"，要求通过热机的发展推动工业革命的典型事例，以及介绍热机研究的新进展与未来社会发展的关系，让学生了解内能的利用在人类社会发展史上的重要意义，激励学生将科学服务于人类的责任感。在编写这部分内容时，专门安排了科学世界"现代汽车"和STS栏目"从火车到火箭"，进一步激发学生学科学的兴趣，扩展学生的知识面，充分体现了关心科技发展的课程理念，并增加了相应的练习和习题。如查阅汽车、拖拉机的技术手册或向司机、维修人员询问，了解各种汽车、拖拉机的耗油量、最大功率，结合当地汽油、柴油的价格及其他因素，对各种运输工具的经济性作出评估。本章的科学、技术、社会（STS）教育的着眼点不在于学生能够提出多少有实际价值的建议，而在于通过这些内容的学习和活动的参与，逐步树立从社会角度考虑科学技术问题的意识，以这种方式把人文精神渗透到科学课程中。

4. 教材设计了许多开放性的问题和实践性课题

问题是放飞思维与想象的翅膀，问题的出现使学生产生一种需要，产生一种解决问题的渴求，这种渴求就是学习的动力，一种创新的因素。教材精心设计了许多开放性的问题。如在探究改变物体内能方法的过程中，设计了"你能用哪些办法使一根粗铁丝的温度升高，内能增大"，留给学生很大的空间，具有很强的实践性和开放性。在利用水的比热大这一特性解释现象时提出了"用水做输运能量的介质有什么好处"，"各产业中，有没有用水来加热和散热的情况"等。这些开放性的问题，有利于培养学生灵活的思维。在教材后的"动手动脑学物理"中设置了很多实践性的课题，要求学生自己寻找所需的资料、数据，经过思考、分析，从而得出正确的结论或提出合理化建议。如通过查阅和实际调查，对各种运输工具的经济性作出评估；对初中学生摄入能量的调查以及通过调查提出如何调整饮食的合理化建议；还有自己动手制作小小的蒸汽轮机等。学生通过参与这些实践活动，多角度去观察、思考、分析，从而使自己各方面的能力得到提高。在本章最后设置的"我还想知道"栏目中的"为什么有些人总想制造永动机"的问题，结合习题中的能不能实现"永动机"，把本章所学的知识、能力、创新交织起来，体现了新课程理念——不仅要关注结果，更要关注知识产生和发展的过程，在关注知识发展过程中，就是要把能力和创新凸显出来。

（四）本章教学建议

1. 在教学中要注意联系学生的已有经验和生活实际，充分利用本地、本校、本班资源，开展有效教学

本章内容特别强调联系学生日常生活，联系社会实际和科技新进展，对当前学生生活、当今社会生活的实际，以及实现现代化过程中出现的新问题、新情况、新课题给予关注，教材注意将这些学习内容融合到教学中。教学时应充分利用和挖掘现有的课程资源，了解学生已有的经验和社会生活实际，尽可能有针对性地选取生活和社会素材，培养学生把社会实际情境中的具体问题抽象成理论问题的能力和应用所学解决实际问题的能力，并要在宏观上进一步扩大知识面，拓展学习的广度。如在学习"分子热运动"时，先通过生活中的扩散现象，使学生从宏观角度出发，通过推理来感知一切物质的分子都在不停地做无规则运动，并通过演示实验和类比的方法，让学生从身边的自然现象了解分子之间存在着相互作用力。在此基础上分析、归纳出内能概念，再通过探究生活中改变内能的方法的活动结合分子运动得出感性和理性理解。进一步从日常生活常识出发，讨论并探究比热容，并用比热容去解释生活中的一些热现象，这样就能轻松有效地将本章的难点解决。像热机以及能量守恒定律等内容的教学，也可以从学生熟悉的、感兴趣的、现实的题材引出物理问题，激发学生的学习兴趣，让学生在接近实际情境的实践活动中去解决物理问题，体会物理与社会生活的关系，懂得物理的真正价值，提高他们真正参与社会生活的能力，达到"从生活走向物理，从物理走向社会"的教学目标。

2. 积极引导学生进行自主、合作、探究的学习，体验知识产生、形成、创新和发展的过程，促进学生的自主性发展

在本章中教材设计了许多学生活动，有的提供了供学生分析和思考的范例或素材，而不是把分析思考后得出的结论直接呈现在教材中，意在促进学生的主动学习和探索。

探究学习强调学生的自主性，但并不能忽视教师的引导。教师要有"问题"意识，以问题为核心，适时、必要、谨慎、有效地引导学生亲历探究过程，鼓励学生"奇思妙想"、"提出问题"，并尽最大可能地让学生多做实验，使学生在探究过程中不断发现问题，提出问题，给学生的自主活动提供机会和空间。比如在探究物质的吸热能力过程中，首先鼓励学生根据自己的实际将问题细化，补充自己的问题，如先要使什么量不变，什么量改变，怎样才能使它们不变或发生改变；然后在实际操作中教给学生在面对问题时，能自我选择和运用学习策略，如怎样得到……怎样确定……并规范合作学习的操作，不断创设民主、和谐、自由、安全的教学氛围，循循善诱，联系学生生活世界，激发学生学习兴趣，不断及时提供富有挑战性的任务，多为学生提供思维的材料，结合学生从多种渠道获取的信息，使学生思维不断与现实生活情境相碰撞，使学生不断进行独立思考和自主探究。在"动手动脑学物理"的两个实践活动中，可以先给学生一段时间让他们自主地开展非指导性的探究，探究的进度由教师预先确定或设计，探究过程中学生自主活动的重点是什么，应重点指导探究的哪些方面，提供必要的背景资料或有关信息，使得学生从探究中真正有所收获，使学生真正体验到知识产生、发展的过程，使学生感受到知识不断被质疑、证伪、修改、否定、拓展或超越的发展过程。

3. 加强与日常生活、科学技术和社会的联系，树立正确的科学观

本章所设计的"STS"和"科学世界"内容，具有多样性、开放性、综合性、参与性等特点，有利于学生进行科学探究，学习运用多学科的知识综合分析和解决问题的科学方法，可以培养学生热爱科学、关心社会的意识和用正确的价值观处理社会问题的能力，有利于学生的个性和特长的发展，因此必须加强此方面的学习。提倡课堂教学、活动和社会实践相结合，形成学生自主参与、开放、灵活的教学方式。如在学习热机和燃料的热值时，让学生广泛接触生活和社会，可以带学生到一些工厂去实地参观或通过开展内容丰富、形式多样的科技活动，通过多种与课内外、校内外的活动紧密结合；让学生自己充分利用身边的各种资源去收集信息，处理信息，进行课题研究和社会调查，如组织学生对各种运输工具进行能耗调查，收集有关与日常生活、技术、科学和社会紧密联系的资料和信息。认识科学、技术和社会的交互影响，理解科学技术发展的整体化、结合化特征，树立正确的科学观，有振兴中华、将科学服务于人类的使命感和责任感。

4. 在教学过程中要创造性地运用教材，真正落实课程目标

本章内容涉及面广，综合性强，教材提供了大量学生自由阅读的材料，大多短小精悍，生动浅显，但有些素材并非都是学生能够完全理解的，因此对学生的自学能力提出了要求。如地球的温室效应、热岛效应等，这些材料综合性都比较强，在教学中主要让学生自学，少数内容也可以根据需要在课堂上有选择地涉及，不必每处必讲。其目的，一是引导学生接受这样的现实，现实生活中，不知道的，甚至永远不可能弄懂的东西太多了；二是引导学生学会从许多不懂的材料中找到能够理解的那部分并加以利用；三是引导学生对部分自己不懂又很感兴趣的内容想办法去弄懂。其次，在教学过程中可以根据本校、本班学生情况，在课程标准的基础上，进一步拓展某些学习内容的广度和深度。实际上，本章内容是根据课程标准这一最低要求编制的，讲课时可根据情况适当补充一些内容。如"能量守恒定律"、"热机的效率"这些内容给学生留有很大的发挥空间，选择某些内容作为深入透彻学习或研究的主题，带领全班学生开展专题研究或小课题研究等探究活动。如可讨论和分析两个具体的永动机设计方案，说明永动机是不可能的，访问农机或汽车维修人员，了解内燃机中燃料热量的去向；调查当地几种炉灶的能量利用效率，写一份调查报告。让学生在自己的兴趣领域，针对必修课程中某些具体内容、某个专题或某个具体课题，进行深入透彻的学习和钻研，使学生的个性和兴趣得到发展。

（五）评价建议

在新课程标准的实施中，应该注意以新的课程理念对学生的学习进行评价，对教学进行评价，来促进学生的全面发展。

本章的课程目标，在关注学生学习知识和技能的同时，还特别关注学生学习的过程、方法、情感态度和价值观等方面的发展。如要求"通过实验，了解比热容的概念"，"通过观察和实验，初步了解分子动理论的基本观点，并能用其解释一些热现象"，"了解内容的利用在人类社会发展史上的重要意义"等。因此在进行教学评价时，内容和标准应该与课程目标相一致。在过程与方法的评价中，要重点评价学生的观察能力、提出问题的能力、作出猜想和假设的能力、收集信息和处理信息的能力、合作与交流的能力等，在评价中，应将形成性评价与终结性评价有机结合起来，客观地记录学生参加了哪些活动、投入的程度如何、在活动中有什么表现和进步等情况，对学生在学习过程中所经历的途径、采用的方法进行比较综合，然后得出评价结论。在对情感态度与价值观的评价时，不能像知识与技能一样直接进行评价，只能通过一些可以观察的指标来间接地推断和度量，因此必须对学生行为表现和情绪表现进行观察和记录。例如在有关"内能"这一节的教学中不仅要评价学生相关的知识和技能同时应对学生保护环境的意识、对科学技术和社会关系的意识、可持续发展的意识进行评价。

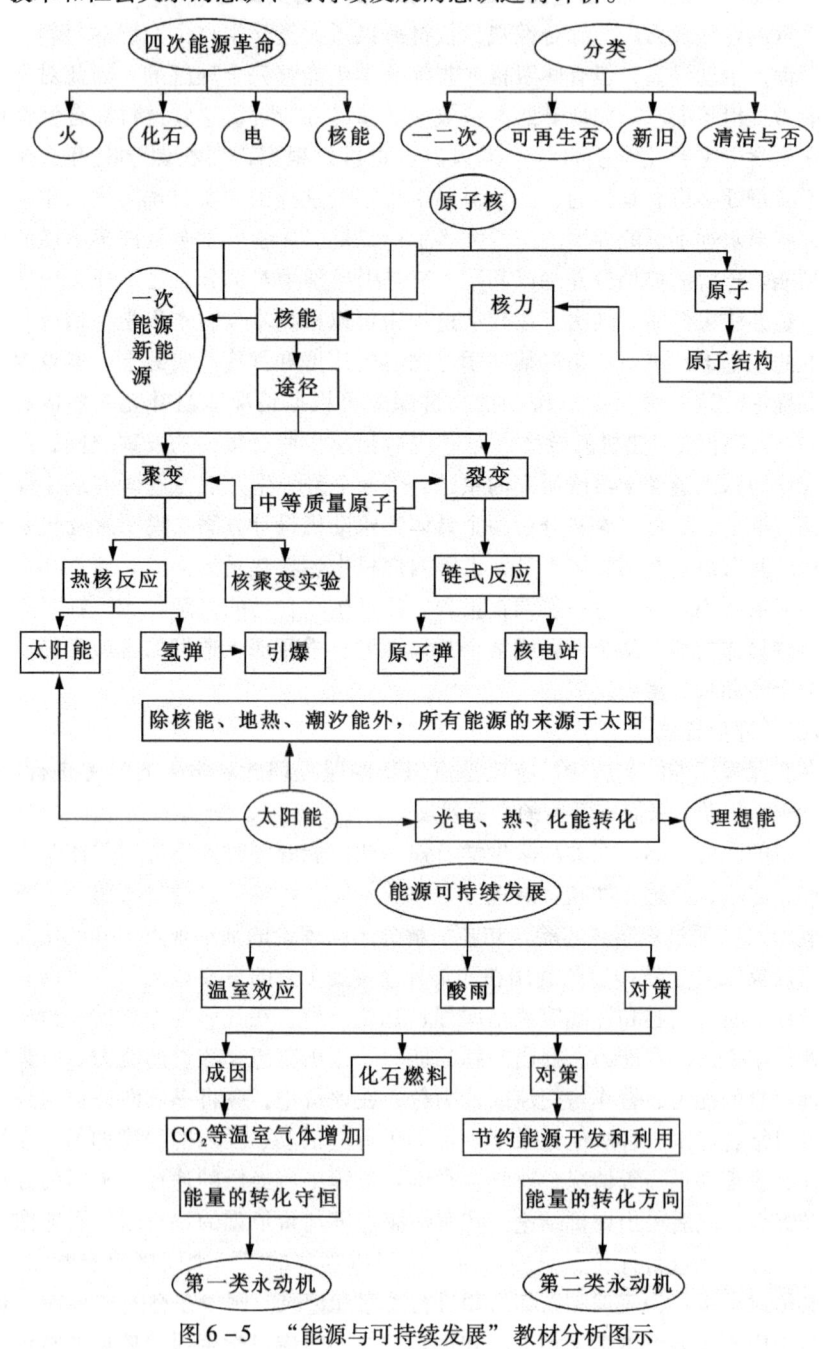

图6-5 "能源与可持续发展"教材分析图示

四、"第十章 信息的传递"教材分析

表 6-6 "信息的传递"一章教材分析

课程标准的要求	1. 了解传递信息的途径有很多 2. 了解电话是怎样把信息传递到远方的，了解移动通信中基地台的作用 3. 了解电缆通信和卫星通信 4. 了解无线电频率越高，相同时间内传输的信息就越多，及其对人类社会和社会发展的影响
全章概述	人类社会已经迈入了一个信息时代。有形的材料、能源是财富，无形的信息是财富的源泉。在工业化社会里，交通运输是国民经济的大动脉，而在信息化时代，通信是信息时代的生命线。信息是当今社会人们生活、学习、生产的重要元素。了解信息是如何传递的，信息技术的由来，现状和未来发展，是每个生活在信息化社会中的公民适应信息化社会生活的需要。因此，在以素质教育为目的的初中物理教材中，介绍"信息的传递"的内容是必需的，它体现了教材内容的时代性。我们在调查中发现，初中生对通信的知识既有兴趣又有需求，所以我们有必要把信息传递的方式介绍给学生 课程标准对本章的要求并不高，而涉及通信的知识又往往很难，所以我们采用通俗易懂的方式来展开教材。"信息的传递"一章内容涵盖了人类通信发展的过程和跨度很大的通信技术 教材首先对通信发展进行回顾，以组合图的方式展开，使同学们对通信的历史有个概括性的了解，也对现代通信的快捷和方便有一个感性的认识 数字通信是一种既现代又古老的通信方式，数字通信在现代通信中发挥着越来越重要的作用。本章简单地介绍了模拟通信和数字通信，并说明了数字通信的优势 在我们周围存在着各种频率的电磁波，但由于电磁波看不见摸不着，教材通过演示实验示意性地说明电磁波是如何产生和传播的，并给出了电磁波频率、波长和波速的关系 我们的生活中已经离不开广播和电视，教材通过方框图的形式简单地介绍了广播和电视的大致工作过程。本章还介绍了微波通信、卫星通信、光纤通信、网络通信，为学生展示了现代通信的发展方向

（一）第一节 现代顺风耳——电话（教学目标）

1. 知识与技能

了解电话是怎样把信息传递到远方的。

217

了解电话交换机的用处。

了解模拟通信和数字通信的基本区别。

2. 过程与方法

通过看录像、听老师讲解，了解电话是如何传递信息的。

通过学生讨论，了解电话交换机的作用。

通过学生活动，了解什么是数字通信。

3. 情感态度与价值观

通过讲述贝尔对电话的发明，激发学生不怕困难、积极探索的精神。

通过学生讨论和其他学习活动，培养学生的学习主动性及合作的意识。

（二）第一节 现代顺风耳——电话（教学建议）

本章的章首图是雄伟的万里长城，配文通过烽火传递信息，引起同学们对信息传递的兴趣。老师也可以通过历史故事"烽火戏诸侯"说明在古代人们是如何进行远距离信息传递的。

通过"想想议议"引起同学们了解信息传递历史的兴趣。可以让学生们在课堂上尽情地交流，例如先说出自己知道的通信方式，然后再通过书上组合图的提示，引导学生理出通信发展的历史脉络。

1. 电流把信息传到远方

电话在我们的生活中已非常普及了，同学们也经常使用电话，教师可通过电话的发明过程让学生体会怎么会想到用电来传声的。现代电话的种类很多，我们通过对老式电话话筒和听筒的原理分析，让学生了解声信号和电信号是如何相互转化的，电话是如何传递信息的。通过图 10.1－2 表现各种类型电话的听筒和话筒的基本作用。

2. 电话交换机

教学要让学生了解电话交换机的作用和交换机技术的发展，使学生对科学技术的发展给人们生活带来的便利有一个切身的体验。关于程控电话的各种功能，教学中可不作要求，也不需要学生都知道，老师也可以不讲，但是通过布置学生课后调查来了解这些功能，引导学生广泛涉猎科学技术领域，适应现代生活。

3. 数字通信

数字通信是未来通信的发展方向，我们不要求学生了解太多的技术问题。可以通过游戏，在轻松愉快的气氛中，让学生了解数字通信的基本道理，使他们感觉到数字通信并不神秘。

学生们可以用小镜子通过日光的有无来传递数字信号：每组学生相互离得远一些，然后转动小镜子使它反射日光，射向对面的同学。用有光代表"1"，无光代表"0",通过"0"、"1"的不同排列传递信息。也可以用小旗,旗向上代表"0",旗向下代表"1"。教师尽量调动学生参与这个游戏,让他们体验数字通信,在游戏中可以让学生想出更多的办法,展示能力。

(三)第二节 电磁波的海洋(教学目标)

1. 知识与技能

了解电磁波的产生和传播。

知道光是电磁波。

知道电磁波在真空中的传播速度。

知道波长、频率和波速的关系。

2. 过程与方法

通过演示了解电磁波的产生和传播。

(四)第二节 电磁波的海洋(教学建议)

1. 电磁波是怎样产生的

电磁波是非常抽象的,人们看不见摸不着。教材通过演示实验,让学生感知电磁波的真实存在。然后通过与水波、声波的类比,使其形象化、更容易接受。电磁波的产生很复杂,只要让学生知道迅速变化的电流能产生电磁波就行了。

教材第98页的演示实验,浅显地说明电磁波是如何产生的。打开收音机的开关,旋至没有电台的位置时,要让学生注意此时收音机没有接收到信号,所以听不到声音。取一节干电池和一根导线,拿到收音机附近。先将导线的一端与电池的正极相连,再将导线的另一端与负极摩擦,使它们时断时续地接触。在收音机里能听到"喀喀"的杂音。这是因为在导线与电池组成的电路中产生了迅速变化的电流,变化的电流产生了电磁波,收音机接收了这一电磁波,并把它放大转换成声音,这就是我们听到的"喀喀"声。

2. 电磁波是怎样传播的

通过声波的传递需要介质,引出问题——电磁波的传递是否需要介质。

教材通过演示实验用事实来说明问题。把无线寻呼机放在真空罩中,打电话请寻呼台呼叫。教师在演示前要解释寻呼台可以发出电磁波,而寻呼机可以接收电磁波。如果电磁波传播必须依靠介质,真空罩里的寻呼机就无法接收到这一信号,如果电磁波的传播不需要介质,就可以接收到这个信号。通过演示实验可以证明在真空中也可以传递电磁波。

电磁波的波长和频率可以类比水波的波长和频率来讲解。

(1)当水向上升起时,就形成像山峰似的浪尖,叫做波峰;当水下降时,形成的凹谷,叫做波谷。振源每上下振动一次就形成一个波峰和一个波谷。邻近的两个波峰（或波谷）的距离是一定的，这个距离叫做波长。一秒钟内振动的次数，叫做频率。一秒钟内波的传播距离定义为波速，所以有：波速＝波长×频率。

（2）电磁波是由方向来回迅速变化的电流（振荡电流）产生的。电磁波的频率等于一秒钟电流振荡的次数。电流每振荡一次电磁波向前传播的距离就是电磁波的波长。对于电磁波来说，同样有：波速＝波长×频率。

在给出电磁波在真空中的传播速度时，应提示学生将其与光速比较，因此产生光与电磁波的联系，使学生对光也是电磁波有一个最初的认识。

教材利用电磁波波谱图给出了电磁波各波段的名称、波长范围及其应用，这样很直观。波长范围都是大概值，只要学生有个大致的了解就行了。

（五）第三节　广播、电视和移动通信（教学目标）

（1）了解无线电广播的大致工作过程。

（2）大致了解电视的工作过程。

（3）了解移动电话是怎样工作的。

（六）第三节　广播、电视和移动通信（教学建议）

1．无线电广播信号的发射和接收

发射电磁波是利用它作为传递信号的载体。教师可以利用图10.3－1讲解这个问题。这个图勾勒出了电磁波发射和接收过程的轮廓，可以帮助学生了解大致过程。具体的技术细节，如器件的结构、原理不用涉及。只要讲清下面几个问题：

（1）信号的发射

①话筒的作用是把声音信号转换成音频电信号，但音频电信号不能用来直接发射电磁波。

②载波发生器可以产生高频电磁波，通过调制器把音频电信号加载到高频电磁波上。

③通过天线把载有音频电信号的电磁波发射出去。

（2）信号的接收

①利用放在电磁波传播空间中的天线，可以接收电磁波。

②由于天线可以接收很多频率的电磁波，如果把它们都转变成声音，那只是一片嘈杂声，什么也听不清楚。利用收音机调谐器可以选出我们所需的某一频率的电磁波。

③如果把调谐器选出来的频率很高的电信号直接送到耳机，不能使耳机发出声音。需要从高频电信号中取出音频信号，放大后，送到扬声器里。

④扬声器把音频电信号转换成声音。

2. 电视的发射和接收

教师可利用课本中的图 10.3-3 讲解电视信号的发射和接收的大致过程，不必讲得太细。

3. 移动电话

现在，移动电话的使用已经十分普遍，随身携带一部手机，就可以在城市的任何一个角落进行通话。学生们也一定有兴趣了解移动电话的工作过程。在学过固定电话和收音机后，就比较容易理解这个问题了。

教师可以通过课本中图 10.3-4 来说明移动电话的工作方式。公用移动电话系统是城市电话网的一部分。每一个移动电话都是一个无线电台，它将用户的声音转变为高频电信号发射到空中；同时它又相当于一个收音机，捕捉空中的电磁波，使用户接收到通话对方送来的信息。

另外要说明为什么要设立基地台，移动电话的体积很小，发射功率不大；它的天线也很简单，灵敏度不高。因此，它和其他用户的通话要靠较大的固定无线电台转接，这种固定的电台叫做基地台。

科学世界这一部分扩展了学生的知识面，可以通过学生自己阅读来完成。使学生通过自学对生活中常听到的音频、视频、射频和频道这样的名词有一个了解。

STS 部分可以先让学生阅读，了解电视的发展，以及人们对电视的两种不同的意见。然后让大家讨论发表自己的见解。通过这样的活动锻炼学生分析问题、阐述自己观点的能力。教师不要给出定论，要鼓励大家各抒己见。

（七）第四节 越来越宽的信息之路（教学目标）

1. 知识与技能

了解卫星通信、光纤通信、网络通信的基本原理。

2. 情感态度与价值观

通过学习现代通信知识，了解科技为人类带来的便利，提高学生学科学的兴趣。

（八）第四节 越来越宽的信息之路（教学建议）

1. 微波通信

教师首先说明为什么要利用微波通信，因为微波比中波和短波的频率更高，可以传递更多的信息。另外要说明为什么需要建立微波中继站，它起到什么作用。课本中图 10.4-1 生动形象地说明了中继站的作用。微波大致沿直线传播，中继站可以把上一站传来的微波信号经过处理后，再发射到下一站去，这就像接力赛跑一样，一站传一站，经过很多中继站可以把信息传递到远方。

课本中图 10.4-2 可以激发学生展开丰富的想象力，大家讨论可否用地球的卫星——月亮进行微波中继通信，这样也能使学生对下面讲的卫星通信更容易理解。

2. 卫星通信

卫星通信系统由通信卫星、地面站和传输系统组成，通信卫星就像一个无人值班的空中微波中继站，它从一个地面站接收发射来的电信号，经过放大变频后，再发送回另一个或几个地面站。图 10.4-5 说明了用三颗通信卫星就可以实现全球通信。现在我们看到的很多电视节目都是通过卫星传送的，可以让学生自己说说家里收到的电视节目，哪些是通过卫星传送的，这样可以使他们切身感受到卫星通信带来的好处。

3. 光纤通信

人类自从使用了电磁波这一宇宙中最快的速度进行通信以后，不断地向前发展。在现在的信息社会中，我们需要交流越来越多的信息，这就需要把这一信息之路修得越来越宽。我们知道，光也是一种电磁波，而且它们的频率很高，频率间隔很宽。如果用光来通信，其容量要高出短波、微波百万倍、千万倍。但如何实现这一目的呢？普通的光源夹杂了许多不同波长（频率）的光，方向性差。如果用它作载波，就像收音机同时接收到了许多频率的节目，各种声音重叠在一起，让人无法分辨清楚。直到 1960 年美国科学家梅曼制成了世界上第一台红宝石激光器，它能产生单一频率，方向高度集中的光——激光，才使光作为载波得以实现。

通过图 10.4-6 这个演示实验，使学生知道光不但能够沿直线传播，也可以沿着弯曲的水流传播，进而使学生理解光也能沿着玻璃丝传播。不管玻璃丝怎样弯曲，从它一端射入的光都会顺着它传播，再从另一端射出。

为了减少传输损耗，我们现在用高纯度的石英玻璃拉制成光导纤维，来传递光信号。光纤也可以像电缆一样做成多芯的光缆。

光纤通信同有线电通信相似，拿电话来说，在发送端，说话的声音通过电话机变成强弱变化的电信号，电信号进入激光发射机，经能量转换后，辐射出相应的强弱变化的光信号；光信号沿着光导纤维传输到光接收机，把光信号再转化成相应的电信号，受话机又把电信号复原成声音，我们就可以听到对方讲话了。

光在光导纤维中传输损耗小，可长距离传输。光纤通信容量极大，不怕雷击，不受电磁干扰，通信质量高，保密性好。

光纤通信发展非常快，一些发达国家已经建立了跨越海底的光缆通信网络。我们国家也在大力发展光纤通信，已经建立了纵横大城市间的光缆通信系统。

通过 STS 让学生为我国的光缆通信事业的发展而自豪，并且从中了解光缆在通信中的重要作用，使学生自觉爱护光缆。

4. 网络通信

电子计算机的发明和应用给人们的工作、学习、生活带了巨大的变化。计算机与通信的结合将成为21世纪信息社会的基础。全球信息网的建立，使人们只需通过一台联网的电脑，就可以做到"秀才不出门，便知天下事"。人们可以通过网络通信系统查阅资料、看新闻、购物、进行视频点播、收发电子邮件，还可以上网和朋友聊天。另外可以通过网络进行远程教育、远程医疗，等等。

课本中图10.4－8说明了电子邮件的传送方式，对于有计算机的地方，教师可以通过讲座的形式教会学生使用互联网收发电子邮件、上网查找资料。

五、"第三章　透镜及其应用"教材分析

下面我们列举付荣兴老师撰写的教材分析。

（一）课程标准的要求

1. 认识凸透镜的会聚作用和凹透镜的发散作用。
2. 探究凸透镜成像的规律。
3. 了解凸透镜成像的应用。

（二）全章概述

本章教材在上一章"光现象"的基础上，讲述透镜的初步知识及其在日常生活中的应用。透镜是照相机、投影仪等光学仪器的最重要的组成部分，透镜对光的作用和凸透镜成像规律是本章的中心内容。"透镜及其应用"是理论与实践相结合，体现课程基本理念"从生活走向物理，从物理走向社会"的一个很好的范例。照相机、投影仪、放大镜是日常生活中常用的光学仪器，通过对这些光学仪器知识的学习，使学生认识凸透镜成像的基本特征，让学生感觉物理不但有趣，而且是很有用的，力求在"知识与技能"、"过程与方法"、"情感态度与价值观"三个方面都能实现课程标准的要求。

教材首先讲解透镜的基础知识及其对光的作用，然后介绍生活中的透镜，使学生对生活中常用的透镜及其成像的情况获得感性认识，在头脑中获得丰富、具体、生动的感性认识。以此为基础，让学生带着问题，用探究的方法深入研究凸透镜成像的规律，体验科学研究的过程，在探究过程中培养科学研究方法，形成清晰的凸透镜成像的规律。

本章教材共分五节，与过去的初中教材相比，增加了"眼睛和眼镜"与"显微镜和望远镜"两节内容。眼睛是人体的重要器官，显微镜和望远镜是日常生活中常用的光学仪器，增加这些内容的目的是进一步巩固所学的透镜成像知识，让

学生了解物理就在我们身边，提高学生的学习兴趣和科学素养。

（三）第一节　透镜（教学目标）

1. 知识和技能

·知道什么是凸透镜，什么是凹透镜。了解透镜的焦点、焦距。

·了解凸透镜和凹透镜对光的作用。

2. 过程和方法

·观察凸透镜对光的会聚作用和凹透镜对光的发散作用。

3. 情感态度与价值观

·能保持对自然界的好奇，初步领略自然现象的美好与和谐。

（四）第一节　透镜（教学建议）

1. 凸透镜和凹透镜

教材首先通过两幅插图，介绍透镜的基本特征，让学生认识什么是凸透镜、什么是凹透镜。透镜在日常生活中很常见，眼镜、放大镜镜片就是透镜，照相机、投影仪、显微镜、望远镜、电影放映机等光学仪器的镜头也都由透镜组成。

通过"想想做做"使学生认识凸透镜对光的会聚作用和凹透镜对光的发散作用。可让学生分组做这个实验，这个实验设备很简单，最好人人动手，增加体验。实验可以在阳光下做，也可用平行光源（可用手电筒代替，但距透镜要远些）做，还可利用平行光源、光具盘和透镜演示。通过实验还可以测出凸透镜的焦距。

2. 焦点和焦距

焦点和焦距是表征透镜特性的基本物理量。要根据实验现象使学生了解凸透镜的焦点、焦距。还可以进一步说明：

（1）凸透镜的会聚作用是由于光线通过它的两侧表面发生两次折射造成的；

（2）焦距的长短反映了凸透镜会聚作用的强弱，焦距短的会聚作用强（光线通过后偏折得厉害）；

（3）对同一种材料制成的凸透镜，表面的凸起程度决定了它的焦距的长短：表面越凸，焦距越短。每个凸透镜的焦距是一定的。

（五）第二节　生活中的透镜（教学目标）

1. 知识和技能

·了解透镜在日常生活中的应用。

2. 过程和方法

·经历制作模型照相机的过程，了解照相机的成像原理。

·能简单描述凸透镜成实像和虚像的主要特征。

3. 情感态度价值观

· 通过模拟相机的制作和使用，获得成功的愉悦。

· 具有对科学的求知欲，乐于探索自然现象和日常生活中的物理学道理。

· 初步建立将科学技术应用于实际的意识。

（六）第二节 生活中的透镜（教学建议）

这一节介绍生活中常用的透镜，使学生在头脑中形成透镜及其成像的丰富、具体的感性认识，为探究凸透镜成像规律作准备。

1. 照相机

随着人们生活水平的提高，照相机已经广泛走进家庭。可先让学生仔细观察照相机的镜头，使他们对照相机镜头有直观的印象，指出它的作用就相当于一个凸透镜（高级照相机镜头通常是由多个透镜组合而成的），来自物体的光线经过照相机镜头后，在胶卷上形成一个缩小的像。

照相机比较复杂、昂贵，学生学习照相机原理时，不可能把照相机拆开进行研究。过去，许多学生往往由于看不到照相机的实际结构而感到兴趣索然。在新课标教材中，我们用模拟照相机把学生兴趣锁住。通过自制模拟照相机，使学生对利用凸透镜成缩小的实像有较直观、深刻的印象，同时培养了学生的学习兴趣及动手能力。模拟照相机的制作所用材料比较简单，可由学生自己去找，也可由教师准备，最好每人一套。

尽管模拟照相机的结构简单，却能够通过操作和观察，学习照相机的基本原理，体验操作照相机的过程等等。把模拟照相机对准某个人或物体，改变透镜和屏幕之间的距离，就能使物体在屏幕上形成一个清晰倒立的像，让学生感受照相的过程。通过观察，可以知道照相机所成的像是倒立缩小的实像。

2. 投影仪

投影仪是教学中经常使用的仪器。可先让学生仔细观察投影仪的投影镜头，演示利用凸透镜可以使物体成放大的像：把投影仪上的反光镜取下，使光线直接照射到天花板上，调节镜头，在天花板上就能得到投影片上图案的像，让学生仔细观察像的大小、正倒。也可用幻灯机进行演示。通过演示，让学生对利用凸透镜成放大倒立实像有较深的印象。

3. 放大镜

放大镜是凸透镜，也是常用的光学仪器之一。让学生用放大镜看书上的字，并改变放大镜到字的距离，观察字的放大情况。说明利用凸透镜能使物体成放大的像，但这个像与投影仪所成的像是不同的，它是正立的虚像，并且像与物体在同一侧。使学生对利用凸透镜成放大的虚像有初步的印象。

（七）第三节　探究凸透镜成像的规律（教学目标）
1. 知识和技能
·理解凸透镜的成像规律
2. 过程和方法
·能在探究活动中，初步获得提出问题的能力。
·通过探究活动，体验科学探究的全过程和方法。
·学习从物理现象中归纳科学规律的方法。
3. 情感态度与价值观
·具有对科学的求知欲，乐于探索自然现象和日常生活中的物理学道理，勇于探究日常用品中的物理学原理。
·乐于参与观察、试验、制作等科学实践。

（八）第三节　探究凸透镜成像的规律（教学建议）
1. 关于探究
　　这一节是本章的重点，也是课程基本理念"注重科学探究，提倡学习方式多样化"的具体体现。这个探究涵盖了科学探究的七个要素，教师要注意引导学生进行探究。通过探究，不仅要使学生了解凸透镜的成像规律，而且要使学生在探究过程中潜移默化地逐步了解科学探究的方法，避免探究教学的程式化。
　　通过上一节的学习，学生们知道了照相机、投影仪里面都有凸透镜，放大镜本身就是一个凸透镜。它们都是利用凸透镜使物体成像的。照相机所成的像比物体小，而投影仪所成的像比物体大；照相机、投影仪所成的像是倒立的，而放大镜所成的像是正立的。引导学生提出问题：凸透镜所成像的大小、正倒跟物体的位置有什么关系？
　　然后引导学生作出猜想：照相时物体到凸透镜的距离比像到凸透镜的距离大，而投影仪中物体到凸透镜的距离比像到凸透镜的距离小，看来像是放大的还是缩小的，跟物体和像的相对位置有关；无论照相机还是投影仪，物体和所成的像都在凸透镜的两侧，而在放大镜中，物体和像在透镜的同一侧，看来像的正倒很可能跟它与物体是否在同侧有关。
　　让学生自己制订实验计划，指导学生做实验，验证上面的猜想是否正确。
　　在学生实验的基础上，让学生自己总结凸透镜的成像规律，并让他们书面或口头表述自己的观点，并对探究过程和探究结果进行评估。
2. 虚像和实像
　　当物体与透镜的距离大于焦距时，物体成倒立的像，向学生说明这个像是蜡烛射向凸透镜的光经过凸透镜会聚而成的，是实际光线的会聚点，能用光屏承接，是实像。当物体与透镜的距离小于焦距时，物体成正立的虚像（不能用光屏接收到，只能用眼睛看到）。可以回顾平面镜成虚像的情况，使学生明白实像与虚像的区别。

学生们知道了什么是实像，什么是虚像之后，让他们根据上面探究的结果，讨论并总结什么情况下凸透镜成实像，什么情况下成虚像，凸透镜所成虚像与平面镜所成虚像有什么相同之处。

（九）第四节 眼睛和眼镜（教学目标）

1. 知识和技能

· 了解眼睛的构造，知道眼睛是怎样看见物体的。

· 了解眼镜是怎样矫正视力的。

2. 情感态度与价值观

· 使学生具有眼保健意识。

· 有将科学技术应用于日常生活的意识。

（十）第四节 眼睛和眼镜（教学建议）

1. 关于眼睛

眼睛的内容课程标准中并没有具体要求，只是作为凸透镜成像的特例提出。考虑到眼睛是人体最重要的器官之一，了解眼睛的成像原理以及近视眼和远视眼的成因与矫正是公民应具备的基本科学素养，教材中把它单独列出进行讲解，教师可根据实际情况适当增减教学内容。

眼睛是一个相当复杂的天然光学仪器，从结构上看，眼球非常类似于照相机（或者说类似于摄像机）。

眼睛的教学应紧紧围绕眼睛的成像原理展开，利用教学挂图或投影片讲解眼睛的构造、成像原理，并可以把它与照相机作比较。

学习过眼睛的构造，学生可以了解眼睛是怎样观察物体的：物体发出的光线经过晶状体等一个综合的凸透镜在视网膜上形成倒立、缩小的实像，分布在视网膜上的视神经细胞受到光的刺激，把这个信号传输给大脑，人就可以看到这个物体了。接着可以问学生：用凸透镜使距离不同的物体成像，像与透镜之间的距离会不同。而用眼睛看远近不同的物体时，像都成在视网膜上，即像与透镜之间的距离不变，这不是与透镜成像规律相矛盾吗？这样就引出了眼睛的调节作用。

讲过眼睛的调节作用后，进一步向学生提出由于生理上的原因，有些人单靠自身眼睛的调节已不能使像成在视网膜上，这种情况应如何处理？这样就引出了视力缺陷及其矫正的问题。

2. 近视眼、远视眼及其矫正

如果长期不注意用眼卫生，会造成晶状体变凸或睫状体疲劳过度，使调节能力降低，这样就容易形成近视眼。讲课过程中，教师可向学生介绍一些眼保健知识。

教师还可以利用凸透镜和烧瓶制作眼睛模型，讲解近视眼和远视眼及其矫正。具体做法如下：在烧瓶的一端蒙上一片半透明塑料薄膜作为"视网膜"，在烧瓶中注满水，水中滴入一两滴墨水或牛奶用以显示光线的径迹。平行光源发出的光经过凸透镜和烧瓶会聚在"视网膜"上。如果凸透镜的焦距较短，光线会聚在"视网膜"的前面，表示这是近视眼，在凸透镜的前面放置一块焦距合适的凹透镜，光线就会会聚在"视网膜"上，表示这就是近视眼的调节；如果凸透镜的焦距较长，光线会聚在"视网膜"的后面，表示这是远视眼，在凸透镜的前面放置另一块焦距合适的凸透镜，光线就会会聚在"视网膜"上，表示这就是远视眼的调节。

可以再一次让学生仔细观察近视镜片和远视镜片，看看有什么不同；度数深的眼镜与度数浅的眼镜镜片有什么不同。

（十一）第五节 显微镜和望远镜（教学目标）

1. 知识与技能

· 了解显微镜、望远镜的基本结构。

2. 过程与方法

· 尝试应用已知的科学规律解释具体问题，获得初步的分析概括能力。

3. 情感态度与价值观

· 初步认识科学技术对于社会发展和人类生活的影响。

（十二）第五节 显微镜和望远镜（教学建议）

这一节内容课程标准中没有具体要求，它是前面所学凸透镜成像内容的扩展。显微镜和望远镜是常用的光学仪器，学习显微镜和望远镜的知识，对学生加深理解凸透镜成像原理，了解科学知识的应用，提高公民的科学素质都是有益的。

1. 显微镜

讲解显微镜之前，可以先复习一下放大镜的知识。用放大镜可以看清书本上的小字等较小的物体，要想看细胞等非常小的物体，用一个放大镜就无能为力了，这样就可以引入显微镜。

由凸透镜成像规律知道，凸透镜能使物体成放大的实像，凸透镜又能成放大的虚像，引导学生去思考：先用一个凸透镜使物体成一放大的实像，然后再用另一个凸透镜把这个实像再一次放大，就能看清很微小的物体了，这就是显微镜的原理。这里要特别强调两个透镜的组合作用，引导学生发散思维，培养学生综合运用所学知识的能力。

2. 望远镜

学过显微镜之后，学生知道利用两个透镜的组合，可以制成显微镜，显微镜的物镜距离要观察的物体较近，使物体成一放大的实像。如果利用物镜使远处的物体成一缩小的实像，这个实像再经过目镜放大，就能看清楚较远处的物体，这就是望远镜。

利用望远镜能看清楚远处的物体，主要是由于望远镜物镜的直径比眼睛的瞳孔要大得多，它可以收集更多的光线，使远处的物体看起来更明亮。这里同样要强调两个透镜的组合作用。

六、"第四章　物态变化"教材分析

下面再介绍大连金州教师进修学校中学部周明老师撰写的教材分析。

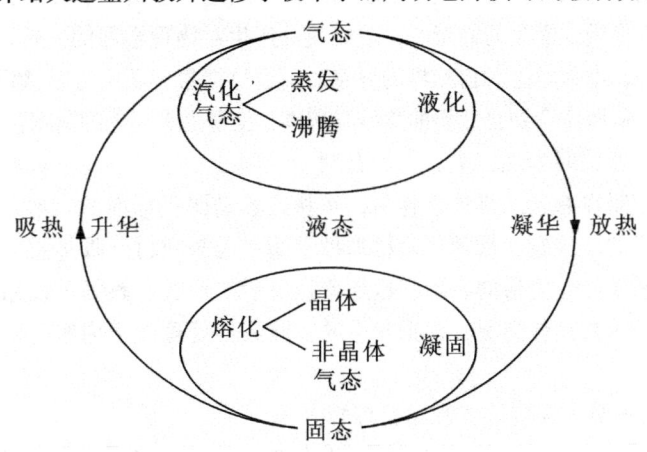

图 6-6　"物态变化"教材分析

（一）课程标准的要求

（1）能区别固体、液体和气体三种物态。能描述这三种物态的基本特征。能用语言、文字或图表描述常见物质在物态变化中的特征。

（2）能说出生活环境中常见的温度值，了解液体温度计及其工作原理，会测量温度，尝试对环境温度问题发表自己的见解。

（3）通过实验探究物态变化过程，尝试将生活和自然界中一些现象与物质的熔点或沸点联系起来。

（4）能用水的三态变化解释自然界的一些水循环现象，培养学生的节水意识。

（二）全章概述

人民教育出版社的物理教材充分体现了《物理课程标准》的基本理念，是物理科学思想、科学方法、科学品质的载体。研究《物理课程标准》，实施教学内容，是课程改革发展的需要。

本章教材知识体系的编排，注重从日常生活最密切的物理现象入手，以科学探究为学生学习的主要形式，使学生感到物理知识就在我们身边，给学生的创新能力发展提供空间，使学生在学习过程中增强学习兴趣。

物态变化在我们的日常生活、自然界中是普遍存在的现象，学生有一定的感性认识。对学生来说，由于已经具有了一定的感性认识，而且本章的内容与人的生活关系非常密切，开展这部分内容的教学还是比较顺利的。本章教学要贯彻科学探究，有利于学生理解和掌握这部分知识，并能在探究活动中体验物理就在我们身边，就在我们的生活中，从而拉近学生与物理的距离。通过对生活中和自然界中物态变化的观察，也容易激发学生的好奇心，进而使其产生对物理学习的兴趣，逐步培养学生的探索精神，增强学生对自然界的好奇心。通过探索，学生可以认识自然界中水的循环过程，从而体会到自然界的美妙与和谐，使学生受到美的熏陶。

课程标准实施时弹性较大，更加有利于教师的发挥、创造。教材内容将课程标准的要求依附在有形的具体事物中，教材内容是课程标准的有形载体。学习资源是多种多样的，这要求教师用教材来教学而不是教教材，教师要对教材挖掘处理，要密切联系社会生活的实际，这是课程发展的需要。教师可以结合教材以及当地的教学资源的具体情况，根据学生的实际灵活处理教学内容，来实现课程标准的要求。

（三）第一节 温度计（教学目标）

本章的主要内容是介绍物态变化。物态变化与温度密不可分，因为教学需要用温度来描述物态变化的发生条件。因此本章内容首先要解决温度的问题。例如，温度的定义，温度计的结构，温度的使用和测量，等等。

关于温度计的三维教学目标是：

1. 知识与技能

·理解温度的概念，了解生活环境中常见的温度值，会用温度计测量温度。

2. 过程与方法

·通过观察和实验了解温度计的结构和工作原理，经历用温度计测量温度的过程，掌握使用温度计的方法。

3. 情感态度与价值观

·乐于探究例如寒暑表等日常用品中的物理学原理，关心温度与生活的联系，增强可持续发展的认识。

（四）第一节　温度计（教学建议）

（1）学生对温度这个词是非常熟悉的，但它的含义却不明确。教学时，可以以问题的形式提出让学生交流关于温度的想法。然后教师把学生在长期生活和社会实践中形成的对于温度的前概念引导到对温度的准确的物理定义上来。这种方式与探究活动具有异曲同工之效。教材中图4.1-1的"想想做做"，是指导学生发现在生活中对温度的感觉是靠不住的，指导学生关注温度的科学内涵。在这个活动的基础上，可以直接引出温度计的教学。书中自制温度计的演示，主要是通过观察让学生领会温度计的原理。由于瓶里既有水又有空气，利用水的热胀冷缩的性质来测量温度作用不明显，建议进行实验时把瓶子装满水。温度计还可以让学生制作，使学生在活动中发现问题，提出问题并尝试解释。学生在活动中可以自己画刻度，自己规定温度，这样有利于培养学生的探究、创造精神，实践能力，发挥学生的创造力，还可以增加学生的乐趣。

（2）关于温度计的使用方法，教学中应该让学生掌握。自然界的各种温度，可以让学生通过阅读教材查阅资料获得，条件好的学校通过上网获得。这有利于培养学生主动获取知识的能力，改变学生被动接受知识的局面。再通过互相交流达到共同提高获取知识的目的，也起到激发学生学习的作用。在这里教师的主要任务是设计问题，结合学生的实际情况和当地的资源情况，设计一些引导性的问题，引起学生的兴趣，使学生乐于去获得学习信息，不感到学习枯燥。在教学中，也可以组织学生交流，对学生进行引导。由于扩展学习资源，教师是第一次进行新资源的学习，因此也参与到学生的学习活动中了。教师也可以作为学习者，跟学生一起谈有哪些收获，体现了教师和学生的地位是平等的，关系是和谐的，教与学在知识上具有互补性。

（五）第二节　熔化与凝固（教学目标）

1. 知识与技能

·理解气态、液体和固态是物质存在的三种形态。

·了解物质的固态和液态之间是可以转化的。

·了解熔化、凝固的含义，了解晶体和非晶体的区别；了解熔化曲线和凝固的物理含义。

2. 过程与方法

·通过探究固体熔化时的温度变化的规律，感知发生状态变化的条件；了解有没有固定的熔化温度是区别晶体和非晶体的一种方法。

·通过探究活动，使学生了解到图象是一种比较直观的表示物理量变化的方法。

3. 情感态度与价值观

·通过教学活动，激发学生对自然现象的关心，产生乐于探索自然现象的情感。

（六）第二节 熔化与凝固（教学建议）

（1）学生对于物质的三种状态有一些生活中的经验。教学中可以利用学生的经验，进行深入的学习。对于物态变化的现象，教学时可以通过多媒体快速展示，让学生观察有明确的目的，使教学的内容与实际的自然现象联系更密切，在观察的基础上教师再引导学生提出问题，深入探究。

（2）在探究"固体熔化时的变化规律"中，所涉及的问题综合性比较强，既要研究固体物质本身熔化的规律，还要对它们的熔化规律进行比较。教学时，可以将提出的问题更具体些，从而使教学更好把握。在做晶体的熔化规律的实验时，往往要进行几种物质熔化过程的观察，为了节省时间，教学时可将学生分成几组来做这方面的探究，通过交流发现不同的固体物质在熔化过程中温度变化规律是不完全相同的。然后再把物质分成两类。以实验事实为基础，教师再引出晶体和非晶体概念。

（3）有时，晶体（冰）熔化过程的实验效果不好，现象不明显，有晶体熔化加热过程中温度仍在升高的现象。建议教师让学生在家进行探究，提前在家中用碎冰（冰箱里冻的冰块、雪糕均可）、温度计做实验并记录数据（不用酒精灯加热），课堂分析记录数据并演示非晶体实验总结规律。这样学生在获得知识的同时，经历了知识获得的过程，体验到科学研究的方法，有助于学生能力的发展。

（4）绘制晶体熔化曲线的过程中，学生把测量的温度点连接起来时，可能不是直线而是折线。这里存在实验技巧问题，需要探索在测温物质大约多少度时，使用实验室的温度计测量的结果与理论值吻合较好？在室温多少度范围内，实验结果接近理论值？

根据学生所绘制的曲线，如果能够想出一些办法，让学生知道他们的结果为什么跟理论值有差异，才能使他们更加相信理论值的意义和价值，更加信服理论。

本章还要处理沸腾曲线等问题，因此绘制这些曲线时，应该使学生的测量点均匀分布在所画曲线的两侧，所得的结果会理想一些。

（七）第三节 汽化和液化（教学目标）

1. 知识与技能

·知道什么是汽化、液化。

·理解液化是汽化的逆过程。

·了解沸腾现象，知道什么是沸点。

·知道蒸发可以制冷。

2. 过程与方法

·观察沸腾是液体内部和表面同时发生的剧烈的汽化现象。通过探究活动了解液体沸腾时的温度特点。

3. 情感态度与价值观

·通过教学活动，激发学生的学习兴趣和对科学的求知欲望，使学生乐于探索自然现象，乐于了解日常生活中的物理道理。

（八）第三节 汽化和液化（教学建议）

（1）汽化现象的引入，可以像教材那样，先举几个例子，再通过"想想做做"引入汽化的概念。也可以在上一节课的探究活动结束后提出这样的问题：你还想知道什么？学生有可能回答出还想知道汽化时温度的变化规律，这种做法有利于提高学生的联想能力，前一种做法可以提高学生的学习兴趣。让学生多举一些汽化现象的例子，从中分析归纳出这些现象有什么区别，得出汽化有两种方式：沸腾和蒸发。但不交代蒸发和沸腾的定义。

（2）对水的沸腾现象进行探究时，为了加快实验过程，建议如下：

①实验中用热水。

②拉长酒精灯灯芯，同时剪断烧焦的灯芯，在灯芯中加入细铜丝，这样大大提高了实验的进程，节省时间。

（3）总结出沸腾时温度的变化规律后，再将蒸发和沸腾两种现象加以比较，找出它们的相同点和不同点，最后归纳出什么是沸腾现象，什么是蒸发现象，这样处理是让学生通过探究获得知识，使学生能主动学习知识，而不是教师将知识强加给学生。

（4）学生通过自主查阅资料或通过多媒体可获得更多有关液化方面的知识。

（九）第四节 升华和凝华（教学目标）

1. 知识与技能

·知道升华和凝华的概念，知道升华要吸热，凝华要放热。知道生活中的升华和凝华现象。

2. 过程与方法

·通过观察了解升华和凝华现象。

3. 情感态度与价值观

·通过教学活动，激发学生关心环境，乐于探索一些自然现象的物理道理。

（十）第四节 升华和凝华（教学建议）

（1）对于升华和凝华现象的教学，用观察、实验、分析等方法来进行，通过多媒体展示学生辨认的方法，让学生认识现象，同时又展示了自然界的美，能产生对大自然的好感。学生在讨论和交流中获得知识。

（2）虽然物理的探究活动包括七个要素，但教学时应根据学生的学习过程有侧重地进行，可逐步将七个要素全面展开。探究活动也要体现循序渐进的原则。学生在探究活动中所采用的新方法需要加以指导、训练逐步提高学生的技能，最后达到独立进行，如本章探究活动中的画图象，用这种方法去反映物理量的变化情况，就需要教师指导、训练，要求学生不但会画图象而且会从图象中获取信息。

（3）培养学生节约用水的意识。通过"水的故事"的阅读，学生知道水资源的危机，水污染对人类造成的危害。并且在阅读后回答物态变化在生活中的应用，设计节水方案，了解生活中怎样节水等。教学中要善于挖掘教材的内涵，发挥学生的能动性，认真研究课程理念，积极主动地加入学生的实践活动，使教师在教学活动中与学生共同提高。

七、《物理·选修3-4》第十五章 相对论教材分析

（一）教学要求

1. 狭义相对论的基本假设的教学要求

（1）理解经典的相对性原理。

（2）理解光的传播与经典的速度合成法则之间的矛盾。

（3）理解狭义相对论的两个基本假设。

（4）理解同时的相对性。

2. 时间与空间的相对性的教学要求

（1）知道时间间隔的相对性。

（2）知道长度的相对性。

（3）知道时间和空间不是脱离物质而单独存在的。

3. 狭义相对论的其他三个结论的教学要求

（1）知道相对论的速度叠加公式。

（2）知道相对论质量。

（3）知道爱因斯坦质能方程。

4. 惯性力、惯性质量、引力质量的教学要求

（1）理解惯性力的概念，会在非惯性系中用惯性力解决问题。

（2）理解惯性质量和引力质量不可区分。

5. 广义相对论简介的教学要求

（1）知道广义相对性原理和等效原理。

（2）知道光线在引力场中的弯曲及其验证。

（3）知道时间间隔和杆的长度都和引力场有关，知道它们在天文观测中的验证。

（4）了解欧几里得几何学是有局限性的。

（二）重点难点

本章重点为理解相对论的假设、原理，了解推出的结论及结论的验证，建立正确的时空观念。

由于我们平时接触的都是低速运动，许多结论与日常经验反差太大，因此，理解上述内容也正是本章难点。

（三）教材分析

概述这一章介绍高速物体的运动规律和相对论的时空观。该章的教学有两个特点：

第一，我们平时接触的都是低速运动，因此本章很多结论与日常经验不一致，难于接受。这样，教学中一方面要通过严格的逻辑推理使学生认识到结论的正确性，另一方面又要讲清，人的感性认识以直接经验为基础，受到直接经验的局限。

第二，相对论的全面阐述要用到较多的高等数学知识，所以这章许多结论都是直接给出的，许多逻辑推导也是不严格的。这点要向学生说明，以培养学生严密的思维习惯，同时激发学生进一步学习的愿望。

以单元划分本章可分为两个单元：

第一单元第一节至第三节，介绍狭义相对论。

第二单元第四节和第五节，介绍广义相对论。

1. 狭义相对论的基本假设

（1）速度合成法则和同时性的问题在人们的头脑中已经根深蒂固。在教学中，一方面要让学生认识到实验是检验物理知识正确与否的最终标准，另一方面要让学生相信逻辑的力量。

（2）"事件"的概念是理解同时的相对性的基础，要讲清楚。

（3）"地面上认为同时的两个事件，对于沿着两个事件发生地的连线运动的观察者来说，更靠前面的那个事件发生在先"，这个结论很有用，最好让学生记住。

2. 时间和空间的相对性

（1）时间间隔的相对性是由两个基本假设直接导出的，长度的相对性是由同时的相对性导出的。讲解过程中应注意其逻辑关系。

（2）两个结论的推导都是不严格的，不必在数量关系上多下工夫，重在对于结论的认识。

3. 狭义相对论的其他三个结论

（1）有了上节基础后，学习相对论的速度叠加公式不会特别的困难，相对论质量和质能公式也不难理解。要注意通过实例的分析（包括节后练习）认清在哪些情况下要考虑相对论效应，哪些情况下不必考虑。

（2）练习三的前两个习题是正负电子对撞机的理论基础，要帮助学生分析物理意义。

4. 惯性力、惯性质量和引力质量

（1）这一节是为广义相对论作准备的，本身不是相对论的内容。

（2）可以把过去做过的一些力学题目拿来，在非惯性系中重做一遍。

（3）练习四第（3）题并不难，但要注意证明过程中引力质量和惯性质量相等这一判断所起的作用。

5. 广义相对论简介

（1）广义相对论更难理解，学生能有初步认识就可以了，不必追求正确的理解和严格的逻辑关系。这点和前面几节不同。

（2）课本中图 15.4－1 和图 15.4－2 都是理想实验，讲到这里时可以提一提过去讲到过的理想实验，如有关牛顿第一定律的理想实验。

（3）课本中图 15.4－3 只是一个比喻，不是"空间弯曲"的图示，这点要注意。

[本章小结]

本章中列举了很多实例，这些实例充分运用了本书前面讲到的教材分析原则和分析方法。有些是对教材局部进行了分析，有些则是从整体上分析教材的内容、结构和特点。另外，在部分实例中，对教学方法和教学过程提出了一些建议。通过这些分析，能帮助教师准确把握教材中的相关内容和知识要点，在实际教学中做到"知己知彼"，真正将教材服务于教师的教学过程和学生的学习过程。相信大家通过这些实例能举一反三，能将前面所讲的方法准确理解和运用。

[思考与练习]

1. 请你利用知识可视化图示的方法来分析初中电学部分的知识结构。

2. 试从矢量性、瞬时性、相对性以及成立条件、使用范围等方面利用绘制表

格的方法来分析高中力学部分中的自由落体这部分内容。

3. 请你说出，为什么密度的概念既是所在章节的难点，又是重点？

4. 对高中物理光学中"反射"这一内容，你认为知识的重点是什么？难点在什么地方？

5. 试利用ISM方法分析高中《物理·必修1》第二章"匀变速直线运动的研究"的相关内容。

6. 依据物理教育心理学的相关内容，分析在进行高中物理有关相对论知识内容教学的时候应该注意哪些问题。

7. 从课程资源开发和利用的角度，请你想想你的家乡还有哪些地方性特色课程资源可以开发和利用，并在全班同学面前介绍一下。

8. 请你利用网络或者图书馆，找一些国外优秀的物理教材，运用我们前面所讲的方法对其进行分析。并与国内教材进行对比，可以将对比结果写成一篇小论文。

9. 分析初中、高中物理教材中的某个栏目，并将其特点进行归纳，你会发现这个栏目的特点，从对你的教学启示方面入手，写一些感想。

第七章 物理课程资源的开发和利用

[内容提要]

本章介绍了有关物理课程资源的开发和利用，目的是为了说明"物理教材"的含义不仅仅局限于物理教科书，其范围应该是广泛的。后面列举利用内蒙古自治区独有的课程资源来开展教学的一些案例，旨在希望广大同学和物理教学工作者养成勤于思考，善于将身边的事物开发和利用成物理课程资源的能力和意识。

[学习指导]

1. 课程资源的概念和分类。
2. 中学物理课程资源开发和利用实例。

前面我们已经说过，广义的物理教材不仅仅限于学生和教师使用的物理教科书，还有许多其他教学资源都应该属于物理教材的范畴之中，比如幻灯片、视频、课件等。本章欲在"课程资源"的开发和利用方面作一些说明，其也应该属于教材分析的一个方面。另外，本章还结合了内蒙古地区蒙古族文化中一些特有的元素，以便在课程资源的开发和利用方面进行尝试。

我们都知道"课程资源"有着丰富的内涵，编者认为要想成为未来合格的中学物理教师，很有必要对物理课程资源有深刻的理解和认识，并且能结合地方特色来开发和利用课程资源，这样才能在教学实践中彰显特色，提高教学质量，并且让学生从自己的身边感受到物理的无处不在。

第一节 物理课程资源的概念

一、物理课程资源的概念

按照一般物理教育教学理论，课程资源是课程的基础和前提，也是课程开发的素材和条件，是课程的来源和母体，其两者密不可分，也就是说没有课程资源就不会有课程。但是仅仅课程资源并非就是课程本身，因为只有经过开发和加工的课程资源，才有可能发挥课程资源的教育价值，形成课程要素，进入课程。可见，课程资源的开发和利用是多么重要。

课程资源的概念有广义和狭义之分。广义的课程资源是指课程设计、实施和评价等整个教学活动中可以利用的、有利于实现课程目标的一切人力、物力以及自然资源、生活资源的相互综合，比如人文景观、生态环境、教师知识和人格魅力等都可以作为课程资源。而狭义的课程资源仅指形成课程的直接构成因素，如教科书、学科知识等就为典型狭义的课程资源。

在新课程背景下，我们这里指出的课程资源应该是指扩展的、外延的课程资源概念，即形成课程的各种因素和可能进入课程活动的必要而直接的一切物质的和非物质的要素都可以是课程资源。由此可见课程资源具有多样性、开放性、具体性和多价值性等特点。编者也特别强调课程资源的开发和利用应该大力加强与当地民族文化和社会生活的联系。

二、课程资源的分类

按照不同的标准，课程资源的类型有多种不同的分法，也可以划分为不同的类型，通常有以下两种分法：

按照课程资源的功能特点来分，可分为素材性课程资源和条件性课程资源。其中，素材性课程资源的特点是对课程直接产生作用，并且能转化为课程的素材和来源。比如，知识、技能、经验体会、生活方式与方法、情感态度和价值观及培养目标等方面的因素。具体说来，如各种教科书、教参、教辅书、科技图书馆、影像资料、教材软件、报纸杂志等都属于素材性课程资源；条件性课程资源的特点则是作用于课程却并不是形成课程本身的直接来源，但是在很大程度上，决定着课程实施的范围、水平。比如，直接决定课程实施范围和水平的人力、物力、财力、时间、场地、媒体、设施和环境，以及对于课程的认识状况等因素，都属于条件性课程资源。当然，素材性课程资源与条件性课程资源并没有明显的界限，现实中许多课程资源，如图书馆、博物馆、实验室、互联网、人力和环境等，既包含课程素材又包含课程的条件。

按照课程资源的空间分布特点来分，可以分为校内课程资源和校外课程资源。其中，校内课程资源包括学校范围的一切课程资源，如学校的图书馆、校内的信息技术网络、专用教室、实验室等。而超出学校范围的课程资源就是校外课程资源，如工厂、农村、电视节目、公共图书馆、科研院所等。校内和校外的课程资源都可以包括素材性课程资源和条件性课程资源两类。应该说，校内外课程资源对于课程实施都非常重要，但在性质上还是有区别的。校内课程资源的利用具有经常性和便捷性，其开发和利用也就占据了主要地位，而校外课程资源则更多地起到辅助作用。因此，在整个基础教育范围内，仍然坚持以校内为主，校外为辅的课程资源开发与利用的基本策略。我们应该最大限度地开发和利用学校的课程资源，同时要加强校外课程，并且要帮助学生与学校以外的环境打交道。

当然，按照呈现方式的不同可以分为文本类资源、实物类资源和多媒体资源；按照内容特点可以分为文史类资源、实验类资源、理论类资源和环境类资源；按照其存在形式可以分为显性资源和隐性资源。

课程资源虽然呈现出多样性，但是任何可能的课程资源则因地域、文化传统、学校以及师生的差异，在不同教育情境下的课程资源状况可能存在着相当大的差别。我国课程资源的分布很不平衡。我们应该认识到，从理论上讲，即使是像内蒙古自治区这样条件相对落后的西部地区，许多农村地区中课程资源特别是素材性课程资源也是丰富多彩的。而其缺乏的是在课程资源的区别、开发和利用等应用方面的意识和能力。罗丹曾经说过："生活中不是缺乏美，而是缺乏发现美的眼睛。"所以我们提倡作为合格的物理教育工作者，都应该能有一双发现"美"的眼睛。目前许多在校物理师范专业的学生甚至还有一些已经走向教学岗位的教师对于课程资源的地位和作用的认识都不够深刻。一方面是一些学校现有课程资源特别是条件性课程资源的严重不足，另一方面却是由于教师在教学过程中课程资源开发和利用意识的淡薄而导致大量课程资源特别是素材性资源被埋没，不能及时地被加工、转化和进入实际的教学活动中，造成许多有价值的课程资源的闲散和浪费。比如过去，我们比较强调为学生提供现成的学习材料，而忽视了引导学生自己去寻找新的学习资源，特别是社会生活中"活"的资源。再比如，许多经济比较发达的地区或条件较好的学校，计算机、多媒体技术和网络设备的建设发展很快，但从观念到应用普遍较为盲目，设备更多地成为装点门面的摆设，成为"形象工程"，造成资源的严重浪费。

三、课程资源的载体和媒介形式

课程资源的载体和媒介是指素材性课程资源所依存的空间和物化表现形式。按照课程资源对于人的关系来看，可以把课程资源的载体和媒介分为生命和非生命两种形式。

课程资源的非生命载体和媒介泛指素材性课程资源所依存的非生命物化形式。非生命载体和媒介主要表现为各种各样教学材料的实物形式，如课程计划、课程标准、课程指南、教学用书、参考资料、学习辅导材料和练习册等纸质印刷品和电子音像制品，就是素材性课程资源的物化形式。也就是说这些纸质印刷品、电子音像制品和网络课程资料所承载的内容信息是素质性课程资源，而它们自身只是素材性课程资源的载体与媒介形式。纸质印刷品和电子音像制品等载体形式与教室、实验室、图书馆、科技馆、电教室、语音室、电脑室、文体活动场所等物质条件一样，都属于条件性课程资源，但它们并不能成为课程自身的构成要素，不能成为课程的实质内容。

课程资源的生命载体和媒介主要是指掌握课程素材，具有教育教学素养的教师、教育管理者和物理学科专家、课程设计专家等物理教育研究专家。另外，能够提供课程素材的学生，家长和其他社会企业、社区的各界人士也是课程资源的重要生命载体和媒介。他们不但是课程资源的生命载体，而且构成了课程资源的开发主体，是课程资源开发的基本力量。

生命载体和媒介包容的课程资源，具有一定的潜在开发性，即它可以能动地产生出比自身价值更大的教育价值，在课程教学资源中有着特殊的作用。教师、教育管理者以及各种层次的教育研究人员，乃至学生和社会人士等作为这种具有内生性的课程资源的主要生命载体，他们自身创造性智慧的释放和创造性价值的实现，是课程教学不断向前发展的不竭的永恒动力。因此，以教师为核心的教育队伍的建设和优化配置，始终是课程资源建设中具有决定意义的环节。在课程资源普遍紧张的情况下，课程资源的建设要因地制宜，有所侧重地进行，通过重点突破来带动整个课程资源的结构的优化发展。那种盲目追求条件性课程资源更新速度的做法显然是不明智的，也是不可取的。

四、树立正确的课程资源观

课程资源是新一轮基础教育改革中提出的一个重要观念，也是课程三维目标得以实现的有效保障。因此，广大教师应该强化课程资源意识，从全新的角度树立正确的课程资源观。

（一）教材不再是唯一的课程资源

正如前面所讲，在纸质印刷时代，物理教材一直是我国学校物理教育的主要课程资源，以至于人们常常误认为物理教材就是唯一的物理课程资源。从时代发展的要求来看，直到现在物理教材仍然是最重要的课程资源，但已不再是唯一的课程资源，其作用也有相对下降的趋势。相反，社会生活化的课程资源比重在增加，网络资源异军突起，这些都将使我们的课程资源结构更加优化。

（二）强化实验室和信息化多媒体资源的建设

新课程背景下，物理教育教学中教师会更加注重培养学生的探究能力和对科学的兴趣，以及研究科学的严谨态度和正确方法。而实验设备和器材又是一种重要的实践资源。因此，实验室的建设要进一步加强，资源要丰富，管理要改善。

当今信息化的时代，网络已经进入生活，进入课堂，它能为我们提供更丰富的教学资源，能优化课程资源结构，又能更快、更方便地传递和交流信息。因此，加强信息化多媒体资源的建设顺应了社会和教育发展的要求。

（三）学生是课程资源

长期以来，与结构单一的教材相对应的是注重学生对学科知识的理解和掌握。而忽略学生对学科间的相互渗透和融合，忽略学生的生活经验，新课程强调以学生为主，注重学习方式的改变，提倡学生学习的自主性和探究性。学生的学习所获不仅来源于课堂内，更多地来源于课堂外。在某些方面，学生可能超过老师，教学中教师与学生、学生与学生交流互动能大大增强教学效果，还可能生成新的知识。因此，学生也是有效的课程资源，应积极加以利用。

（四）教师是最重要的课程资源

学校的教学活动离不开教师。教师，是课程资源中最重要、最直接的生命载体，兼具条件性和素材性课程资源两种性质，在整个课程资源尤其是在素材性课程资源的开发和利用中，起着主导和决定性的作用。也就是说，教师不仅决定着课程资源的鉴别、开发和利用，是重要素材性课程资源，而且其本身也是课程实施的首要课程资源。因此，在课程资源建设的过程中，要始终把教师队伍建设放在首位，进而才能搞好其他课程资源的优化组合，只有教师的教育思想先进和专业素质好（知识结构较完善和教学能力强）才能给在能力、需要、经验和学习方法等方面各不相同的学生提供优质的教学，才能保证新课程改革的顺利实施，并取得良好的效果。因此，应重视专业教师资源的建设，提供专业发展的机会，提高教师的科学教学能力。同时也应该重视一切教辅人员的支持作用。

（五）重视校内和校外课程资源的有机结合与转化机制

学校和教师要善于合理开发和利用社区及其他校外的课程资源，使其变为校内的课程资源，同时也可以将校内自己的课程资源向校外辐射，这样双向交流，扩大了合作与影响，实现了资源共享。从政策层面上讲，各级行政部门有责任加强管理，建立健全校内外课程资源的相互转换机制，强化各种公共资源间的相互联系与共享。从技术层面上讲，网络技术的发展开始逐渐打破校内外课程资源的划分界限，从而在很大程度上使得课程资源，特别是素材性课程资源的广泛交流和共享成为可能，校内课程资源和校外课程资源相互转化的可能性就越来越大。

（六）课程资源的开发和利用要考虑成本因素

课程资源的建设总是要花钱的，学校和个人在实施课程资源的开发和利用时，要有计划、有选择地进行，要因地制宜，量力而行，减少投资的盲目性，降低成本，力争投入少产出多，提高资源开发和利用的效益。

总之，正确认识课程资源，有利于课程资源的有效开发和利用，从而促进物理课程的实施。

第二节　开发利用物理课程资源的原则

一、开放性原则

物理课程资源的开发应以开放的态度对待一切有利于物理教学活动的课程资源，它包括：类型开放、空间开放和途径开放。类型的开放性，即不论以何种类型、形式存在的课程资源，只要有利于物理教学质量和效率，都应该成为开发的对象；空间的开放性，即课程资源的开发不受地域的限制，不论校外校内，不论城市农村，不论国内国外，只要有利于物理教学，都可以开发；途径的开放性，指课程资源的开发不应该局限于某一种单一的途径或方式，而应该多渠道、多方式地协调配合开发，力争挖掘出高质量的课程资源。鉴于上述原则，各地区、各学校之间应共同合作开发课程资源。

二、优先性原则

学生需要学习的东西很多，并不是学校教育所能包揽的，因而必须在可能的课程资源范围内突出重点，并使之优先得到运用，具体有时间、内容等方面的优先。时间上的优先，指学生在不同阶段学习的重点不同，应该根据学生的需求把某种课程资源提前应用，而不一定按部就班；内容上的优先，指随着社会的发展，对学生的要求也会随着时代的变化而变化，因此，课程资源的使用也应该作相应的调整。比如，学校既要承担自己的责任，又要帮助学生学会能够建设性地参与社会生活的多种本领。那么他就必须对有效地参与社会生活所应该具备的知识、技能和素质及社会为个人施展才能所提供的种种机会，进行综合了解，作出恰当的判断，选择出重点内容，并优先运用到课程中。

三、适应性原则

适应性原则是指课程资源的开发要适应具体的课程目标和具体的学校中的师生情况，因此，具体说来有：课程资源的开发要有针对性，针对不同内容和具体教学目标应该开发相应的课程资源。但由于课程资源往往具有多价值性，所以同一课程资源又可以服务于不同的教学目标；课程资源的开发要有个性化，课程的设计和课程资源的开发不仅要考虑典型或普通学生的共性情况，更要考虑特定学生对象的实际情况。如果要为特定教育对象确定恰当的目标，那么仅仅考虑他们已经学过的内容还不够，还需要考虑他们现有的知识、技能和素质背景。除了考虑学生群体的情况外，还要考虑教师群体的情况，因此课程资源的开发不应该强求千篇一律，而应该从实际出发，发挥地域优势，强化学校特色，展示教师风格，扬长避短，突出个性。只有这样，课程资源的开发才会具有创造性，不至于流于形式。物理教学资源的开发和利用必须在明确教学目标的前提下，认真分析与物理教学目标相关的各类教学资源，认识和掌握其各自的性质和特点。物理教学资源的开发和利用要针对本地、本校的实际条件，因地制宜，不等不靠，充分发挥现有资源的作用；要针对学生的年龄特点以及认知发展水平，满足学生的兴趣爱好和发展需求；要针对教师，考虑物理教师群体的教学心理。

四、科学性原则

课程资源的开发利用还应该注重其科学性，警惕伪科学混入其中，对学生产生误导，课程资源的开发和利用要有利于培养学生的正确人生观和世界观，善于明辨是非，尊重社会和历史的发展，并用自己的力量促进社会进步。

五、经济性原则

课程资源管理要尽可能用最少的耗费开发和利用课程资源，使得教学达到最理想的效果。具体包括：开支的经济性，即从实际出发，用最节省的经济支出开发和利用课程资源，并取得最佳的教学效果；时间的经济性，即应该尽可能开发和利用对当前教学有现实意义的课程资源，而不能一味地等待更好的条件或时间，否则会影响物理课程的顺利实施；空间的经济性，即课程资源的开发和利用要尽可能地就地取材，而不能舍近求远，好高骛远，尽量使用校内和本地的资源；学习的经济性，即尽可能开发和利用能激发学生兴趣的课程资源，如果利用到教学中的课程资源比现存的还要艰涩难懂，不仅达不到预期的目的，反而还影响学生对知识的理解和应用，无形中加重了学生的学习负担。

六、个性原则

物理教学资源的开发和利用应该从实际出发，发挥地域优势，强化学校特色，区分学科特性，展示物理教师风格，扬长避短，突出个性。克服条件性教育资源建设"追求现代"、"追求高档"的攀比思想，避免走向"整齐划一"。物理教学资源的开发与利用本身就是一项极具创造性的实践活动，没有个性，也就失去了创造性，这是物理教学资源开发与利用需要特别注意的问题。

七、影响物理课程资源开发和利用的因素

影响物理课程资源开发和利用的因素是多元的，涉及人的因素、物的因素以及环境的因素等。

（一）学生需求的影响

新课程的核心理念是，"一切为了学生的发展"。课程的开展不仅仅是为了知识的传授，还应该使学生学会做人，学会求知，学会劳动，学会生活，学会健体，学会审美，使学生得到全面和谐的发展。为了满足学生的发展，满足学生成长的需求，应有选择地开发和利用课程资源。

（二）教师能力的影响

一个教师的专业能力包括班级管理能力、教学能力、教师自我完善和发展的能力等，其中也包含了课程资源的开发和利用的能力。具体说来，该能力又分为：（1）规划设计能力。教师要善于引导学生根据学校的特色和学生自己的需求，结合已有的生活经验、知识基础和特定的背景条件，自由灵活地选择课程资源。（2）组织与协调能力。教师要善于协调校内外的人际关系，善于沟通师生之间、学生与学生之间的各种关系。（3）收集和处理信息的能力。教师要善于引导学生通过多种途径收集信息，并能用多种方法处理信息。（4）探究和解决问题的能力，教师要具备一种主动探索精神，不断开发新的课程资源，不断地提高自身解决问题的能力。

（三）学校及社区环境的影响

课程资源的开发和利用要结合学校的需要和特色，当然也需要得到学校乃至社区范围的人力、物力的相应支持，只有共同协调才会开发出有利于当地经济发展和人才培养的课程资源。

因此，在课程资源开发和利用的过程中，应该综合考虑以上综合因素，相互协调补充，力求"天时、地利、人和"。

第三节　物理课程资源的利用和开发途径

在新《物理课程标准》中，明确指出："充分利用现有的课程资源，因地制宜、多渠道、多方式地开发新的课程资源，是切实提高教学效益、促进课堂改革实施的重要途径。"并指导性地给出四条利用和开发物理课程资源的途径。

一、重视教科书等文字课程资源的开发和利用

我国地域辽阔、人口众多、社会经济发展不平衡，应该组织编写适应不同地区需要、不同特色的多样化的教科书。

倡导不受某一种教科书的束缚，吸收和利用各种有利于学生发展的课程资源，教师应该根据本校的特点和学生的需求，精选课程资源，充实物理课程的教学内容，组织社会力量编写某些适合本校学生特点的教学材料（教科书、教学辅导书、学生用的同步练习等），并且选择利用这些资源。

各种科技图书、科技期刊和报纸是物理课程的重要文字课程资源。学校图书馆应该向全体学生开放，教师应该指导学生有效地阅读科技图书、科技期刊和报纸，组织学生利用所阅读的科技资料办科技墙报、办小小科技角等。激发学生热爱科学、探索科学的热情，拓展学生的知识面，促进学生自主地学习。

二、加快多种媒体组成的信息化课程资源的利用与开发

现代信息技术的迅猛发展和网络技术的广泛应用，为物理课程提供了丰富的课程资源。将信息技术与物理课程整合，既有利于学生学习物理知识和技能，又有利于培养学生收集信息、处理信息、传递信息的能力。

（一）常用课程资源的开发和利用

挂图、幻灯片、投影片、录像带、视听光盘、多媒体软件等都是常用的课程资源，这些资源有利于创设形象生动的物理情境，丰富物理教学的内容，激发学生的学习兴趣，促进学生对知识的理解和掌握。

多媒体计算机已经显示出它在科学教育中的巨大发展潜力。在物理课程的学习中，根据实际内容的需要，鼓励和组织教师积极参与开发和选用多种类型的多媒体辅助教学软件，重视传统媒体和计算机多媒体的有效利用，充分发挥它们在物理教学中的功能。

加强课程资源的管理，尽快建立多媒体课程资源的数据库，努力实现跨学校多媒体资源的共享，以提高利用效率。

（二）积极开发和利用网络课程资源

网络技术丰富了课程资源。局域网的构建为物理课程资源的开发和利用提供了机遇。为学生创设基于网络的自主学习环境，让学生学会独立学习和合作学习；充分利用诸如电子书籍、电子期刊、数据库、数字图书馆、教育网站和电子论坛等网上物理教育信息资源，使教学媒体从单一媒体向多种媒体转变；使得教学活动从信息的单向传递向双向交换转变；使得学生从单独的学习向合作学习

转变。

（三）重视广播和电视课程资源

在课外，广播和电视的科技信息是直观和重要的课程资源，倡导教师适时收集这些课程信息，丰富物理教学的内容。例如，航天发射、核电站、纳米技术、环境保护等。

鼓励学生课后主动地通过这些渠道，丰富自己对教学内容的理解和认识，开阔视野，成为课程资源的建设者。

（四）开发实验室的课程资源

实验是物理课程改革的重要环节，是落实物理课程目标、全面提高学生科学素养的重要途径，也是物理课程改革的重要资源。

1. 建立开放性实验室

观察现象、进行演示和学生实验，能够使学生对物理事实获得具体、明确认识，这是学习物理概念和规律必要的基础。观察和实验对培养学生的观察和实验技能，培养实事求是的科学态度，引起学生的学习兴趣，具有不可代替的重要作用。学校和教师应该根据课程标准的要求，安排足够的学生实验和演示实验；应该最大限度地利用实验室现有的器材，力求利用多年闲散的器材开发新的实验，避免实验室少数人动手，多数人看的情况；充分开发和利用实验室的丰富课程资源，尽快改变实验室的封闭管理状态，实验室应该尽快向学生开放，鼓励学生主动做课外实验，甚至创办家庭实验室。

2. 倡导利用日常器具做实验

实验室的课程资源不仅局限在实验室的现有设备，学生身边的物品和器具也是重要的实验室资源。利用日常器具做实验，不但具有简便、直观等优点，而且有利于学生动手，发展学生的实验技能，培养学生的创新意识。

3. 信息技术要进入物理实验室

重视将信息技术运用到物理实验室，加快中学物理实验软件的开发和应用，诸如通过计算机适时测量、处理实验数据、分析实验结果等。

4. 社会课程资源的开发和利用

社会课程资源主要来源于报刊、电视、科技馆、博物馆、公共图书馆、工厂、社区、农村、高等院校和科研所等。

为了让所有学生受到良好的科学教育，除了学校教育的主渠道之外，充分开发社会课程资源，逐步建立校内校外可以转化的机制，实现课程资源的广泛交流与共享。

互联网可以用于支持师生之间和学生同伴之间的沟通。除了传递教育信息外，还可以作为认知工具来用。互联网上的科学教学网站与传统的课堂教学相比具有个别化、交互性、信息资源的丰富性和时空无限性。为熟练运用这种新的资源，教师应向学生介绍与科学教育相关的网站。

科技馆、博物馆等场馆集中了许多有用的大中型科学教育的器材，教师应该充分利用这些科技教育资源，有目的地组织学生参观学习，这种感受和体验是课堂教学所不能替代的。

第四节 物理课程资源开发和利用举例

一、物理教材资源的开发和利用

教材是教师用于教育学生、发展学生的一种重要载体，也是最直接的课程资源。教师进行课堂教学时，并不是要完全地照本宣科，而应该经过对教材的分析和处理，对教材进行不同程度的增补和加工、改编和重组等，使教学达到更好的效果。以中学电学为例，说明物理课程。

《物理·选修3-3》第七章的第5页，与做一做形成呼应。几滴蓝墨水滴入一杯清水中，蓝墨水慢慢扩散开来。如果再放在火上加热一下，扩散速度大大加快，为什么？很多同学都回答是分子运动加快了。温度升高分子热运动固然加剧，但与硫酸铜溶液在水滴极缓慢地扩散相比较，这种能被肉眼即刻观察到的扩散，是由于液体的机械运动所致，这才是这种扩散的主要原因，是扩散运动中的主要矛盾。蓝墨水密度较清水大，滴入水中要下沉，在火上一加热又马上会形成对流，大大加速了扩散速度。所以，扩散加快主要是液体的机械运动加快了。

《义务教育课程标准实验教科书·物理九年级全一册》第十四章，书上讲浸没在液体中的物体如果浮力等于重力，物体就可以停留在液体里任何深度的地方。我们将油滴悬浮在水和酒精的混合溶液中，学生很好奇，争相看个明白，有的学生提出让油滴上来或下去一点。于是教师用棒搅动一下，油滴上下运动了一番又回到了原来的深度处，这深度好像是固定不变，难道书上的话有问题？教师说："大气层上下密度是否一样？为什么？"同学们都知道由于空气有重力，大气层中空气上疏下密。教师说："液体也有这种现象，但不十分明显，一般情况下忽略不计了，认为上下层液体的密度是相同的，不过事实不是这样，所以实验时必定要反映出来。"教师让同学们想一想后继续说："书本上的话可有两种理解，一是按初中要求不考虑液体密度随深度略有改变这一因素而强调物体的浮沉条件，二是不管液体中哪个位置，只要物体的密度和这个位置处液体的密度相同，就可在这里停住。"这样的观察不仅使同学们接受了书本上的内容，也增加了一些新的知识。

教材里《光速的测定方法》一节说："现在人们已经知道，光在真空里的传播速度为每秒 30 万千米。"单就这个数字，好像没有什么特别之处，但是如果我们略微介绍一下勤于思考的爱因斯坦是怎么对待这个数字的，那是既有趣又动人。16 岁的爱因斯坦在阿劳中学读书时曾问自己：如果人和光齐步前进，那么看起来像个什么样子呢？这虽然不是什么成就，只是个无法回答的问题。但是爱因斯坦却为之不懈地思考了十年，十年后相对论出现时，人们才意识到十年前爱因斯坦关于追光的思想实验已经孕育了相对论的胚胎。

讲到"热量计算"在标准气压下，1kg，20 ℃的水吸收了 3.36×10^5 J 的热量后，其温度是多少？学生通过计算得出了结论。

讲相对运动时，可以给同学讲第一次世界大战期间法国飞行员在高空用手抓住一颗德国的子弹的真实故事。

讲到浮力概念时，可引入古罗马帝国统帅狄杜把抓来的战俘三次抛入死海，却无一人死亡的故事。还可以讲阿基米德测皇冠是否为纯金的故事。

讲压强时提出为什么鸡蛋握在手中，使劲握也不破，但放在桌子上用一个手指往下一按即破。

讲到液体浸润时，解释日常生活中为什么是"落汤鸡"而不说"落汤鸭"的道理。

讲到实深和视深，可引入毛主席的诗词名句"鱼翔浅底"来例证。

讲到惯性一课的时候，教师在讲课前把矿泉水倒在手上洗手，洗完后随即一甩手，水甩落在讲台上，接着问大家："谁能解释一下水为什么能落到讲台上？"乙同学马上回答："老师的手用力甩水珠！"教师再问："老师的手和水珠一起打在讲台上吗？"老师继续问："那水球离开手之后为什么还能飞到同学脸上呢？"

大气压看不见、摸不着，老师将易拉罐与抽气筒连接好并密封，将易拉罐内空气不断抽出，易拉罐在不断地"咔嚓"声中变得面目全非。学生在亲眼目睹了实验现象时感觉到了"大气压"的存在。

讲到电磁感应现象时既然电流能产生磁场，反过来磁场是否能产生电流呢？一根铜线直接绕在条形磁铁上，铜线的两端接入检流计，假定在刚才的演示实验中有电流产生，我们将会得出什么样的结论？

> ·扩展学习·
>
> 原始物理问题是指自然界及社会生活、生产中客观存在、能够反映物理概念、规律本质且未被加工的典型物理现象和事实。
>
> 典型的原始问题：有人认为婴儿有成人抱着坐在汽车里很安全，现在请你估计一下，在很短时间的撞车中，需要多大的力才能抱住婴儿？
>
> 典型的习题：婴儿由成人抱着坐在汽车里也是很不安全的。请计算：在一切发生在0.1秒的撞车中，若撞车前车速为60千米/时，需要多大的力才能抱住一个10千克的婴儿？
>
> ——邢红军，陈清梅. 对原始物理问题教学的思考［J］，中国教育学刊，2006，8（8）：67—69.

二、结合本地区特色开发地方性物理课程资源

如前所述，课程资源是与课程相关的一切资源，它总是体现一定社会群体的主流文化，展示的是文化的精华。课程资源需要人为地去开发，也应该作为中学物理课程资源开发的内容。就内蒙古而言，在开发的过程中应凸显民族性、地域性的特色。

可以说，作为少数民族地区，内蒙古自治区的课程改革势在必行，但是少数民族地区实施新课程改革方案不能完全照搬发达地区改革模式，应从实际出发，注重民族化、特色化、区域化，充分发挥特色资源优势。《普通高中物理课程标准》提出："课程资源是决定课程目标能否达成的重要因素之一。充分利用现有的课程资源，因地制宜，多渠道、多方式地开发新的课程资源，是切实提高教学效益、促进课程改革实施的重要途径。"内蒙古地区民族特色文化资源多彩多样，得天独厚，为中学物理新课程下开发和利用本土课程资源提供了丰富的原始素材。

（一）开发和利用地方性课程资源现状

目前，在内蒙古地区小学、中学人文类课程中开发和利用民族特色资源的实践较多，科学类课程中应用乡土资源、民族资源的案例较少，开发难度也比较大。

对此问题，由编者主持，曾对内蒙古西部地区四所蒙古族中学的40名物理教师进行了相关问卷调查和访谈。

总体上，目前对本地区乡土课程资源的重视还不够，开发和利用地方性物理课程资源较少。特别是民族特色物理课程资源的开发和利用基本上是空白，许多有价值的蒙古族特色课程资源原始素材被闲置，有待于系统、深入地开发利用。

在新一轮高中物理课程改革中，民族地区教师和教育工作者应当树立正确的

课程资源观，提高开发的能力，发挥地方性课程资源的作用，使民族特色资源和学校课程有机结合，充实物理课程的内容，积极发展富有特色的民族教育，加快民族教育的改革与发展，促进课程改革的实施。

（二）蒙古包资源在中学物理教学中的应用教学设计

力学是物理学的基础，也是中学物理课中比较难理解和学习的内容，因此编者认为此处更应注重创设情境和知识的运用环节，在不断的运用中去理解和掌握知识，提高分析和解决问题的能力。蒙古包的构造中包含了许多力学知识，是个很好的课程资源，通过创设情境，可让学生联系生活，解决真实问题，真正做到学以致用。教学流程如下图所示：

呈现图片 → 提出原始问题 → 问题解决 → 得出结论 → 拓展学习

图 7-1 教学流程

教师呈现图 7-2：

图 7-2 蒙古包

介绍蒙古包文化与蒙古包的结构特点，使学生对蒙古包的结构有初步了解。继而，提出一些"为什么蒙古包能经得住大自然的沙暴和风雪呢？"等原始问题，以此激发学生的思考。

教师呈现图 7-3：

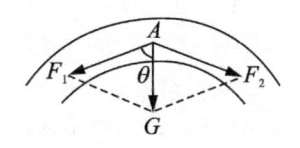

图 7-3 套瑙示意图　　　　图 7-4 套瑙受力分析

问题1 蒙古包套瑙（套瑙是蒙古包架木的重要组成部分。蒙古包的套瑙分联结式和插椽式两种。要求木质要好，一般用檀木或榆木制作。两种套瑙的区别在于：联结式套瑙的横木是分开的，插椽式套瑙不分。联结式套瑙有三个圈，外面的圈上有许多伸出的小木条，用来连接乌尼。这种套瑙和乌尼是连在一起的。因为能一分为二，骆驼运起来十分方便）呈拱形结构，冬天在包顶上覆盖两至三层毡子，有时积厚厚的雪也不容易压塌或变形，你们知道其中的奥妙吗？

251

参考结论：

假设蒙古包是搭在水平的地面上，压在包顶上的毡子的重量为 G。由于，套瑙是拱形对称结构，可视为重力作用在顶点 A，由力产生的效果将分解 G（如图7-4所示）得到：$F_1 \cos\theta = \dfrac{G}{2}$，即 $F_1 = \dfrac{G}{2\cos\theta}$，分力 F_1 和 F_2 大小相等，毡子的重量均匀分布到两侧面。因此，套瑙能够承受较大压力。（套瑙的重量忽略不计）

进行力的分解时，也可以让学生讨论两个分力 F_1、F_2 的受力物体和施力物体，回顾初中物理知识，做到知识的衔接。

教师呈现图 7-5：

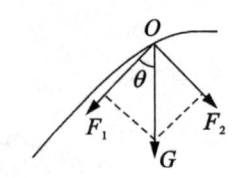

图 7-5　套瑙　　　　　图 7-6　毡子给予套瑙受力分析

问题 2　牧民一般家庭住的蒙古包是由 60 根乌尼组成的，乌尼是由细长的木棍制作的。假设套瑙与乌尼的夹角为 60°，则图示的 $\theta = 30°$，一根乌尼能承受的最大压力为 100 N，那么，它能承受重量为 600 kg 的毡子吗？若夹角不变，乌尼最多能承受多重的毡子？（不计哈那与套瑙的自身重量）

参考结论：

（1）由问题 1 的分析知道，顶部毛毡的重量均匀分散到 60 根乌尼上，则每根乌尼所分担的毡子的重量为 10 kg，设 $g = 10$ N/kg，即 100 N。取乌尼上的一点 O 为研究对象，O 点受到的重力 $G = 100$ N。根据力产生的效果分解力 G（如图 7-6 所示），可分解成沿着乌尼的分力 F_1（$F_1 = G\cos\theta$）和垂直于乌尼的分力 F_2（$F_2 = G\sin\theta$），F_1 对乌尼不产生压力的作用，F_2 是对乌尼的实际压力，且 $\theta = 30°$，因此 $F_2 = G\sin\theta = 50$ N，小于乌尼所能承受的最大压力。即乌尼能承受顶部 600 kg 重量的毡子。

（2）同上述分析可知，一根乌尼最多能承受的压力为 $G = \dfrac{F_2}{\sin\theta}$，夹角不变，$F_2 = 100$ N，计算得出 $G = 200$ N，蒙古包乌尼最多能承受 12000 N 的重力，即 1200 kg 重量的毡子。

教师呈现图 7-7：

图7-7 蒙古包整体结构示意　　图7-8 乌尼受力分析示意

问题3 牧人一般都把做好的奶食品放在乌尼上晒干，如图7-7所示。你会对此作受力分析吗？图中的蒙古包盖得比较陡，但是放在乌尼上的奶食品为什么不容易滑下来呢？

参考结论：

假设奶食品重量为G，静止放在乌尼上的B。那么，奶食品受重力G、支持力N、静摩擦力f的作用，受力示意图如图7-8所示。把重力分解为沿斜面方向的分力F_1（$F_1 = G\cos\theta$）和垂直于斜面方向的分力F_2（$F_2 = G\sin\theta$），由共点力的平衡条件得到，在沿乌尼方向的$F_1 = f$，在垂直于乌尼方向的$F_2 = N$。

因为毡子比较粗糙，只要$F_1 < F_{max}$，这一盘奶食品就不会往下滑。

教师呈现图7-9：

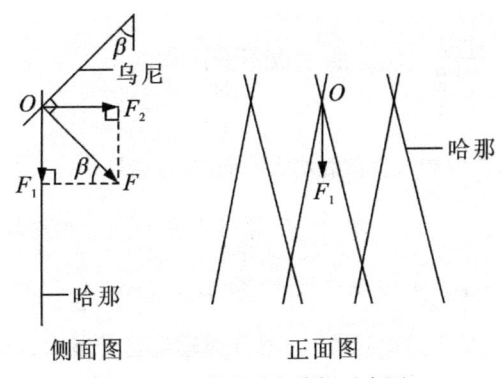

图7-9 哈那示意图　　图7-10 哈那受力分析示意图

问题4 哈那是由长短粗细相同的柳棍编织成的，以等距离互相交叉排列形成了许多平行四边形的网状结构（如图7-9所示），有很好的伸缩性，高低大小可以相对调节，假设一根乌尼对于哈那的作用力为G的一个分力为$F = G\sin\beta$，作用点在哈那与乌尼的衔接点O上。（两根柳棍的夹角为θ）

（1）试对哈那进行受力分析。

（2）哈那的个数不变，乌尼又足够长的情况下，伸缩哈那对蒙古包的承受力有什么变化？

参考结论：

（1）选节点 O 为研究对象，该点对乌尼有支持力的作用，根据牛顿第三定律，该点会受到乌尼对它的压力，大小和乌尼受到的支持力一样，方向是垂直于乌尼指向包外，与 F 垂直，如图 7-10。假设乌尼与竖直方向的夹角为 β，同问题 2 的分析，点 O 受到的力 F 既是乌尼所受重力的一个分力，$F=G\sin\beta$。如图 7-10 所示，在垂直与水平方向上分解力 F，得到 $F_1=F\sin\beta=G\sin^2\beta$，垂直于地面。

$F_2=F\cos\beta=G\sin\beta\cos\beta=\dfrac{1}{2}G\sin 2\beta$，垂直于两个柳棍的平面指向包内。

再把 F_1 如图 7-11 所示分解，由于哈那是由长短粗细相同的柳棍对称构成的，因此 $F_1'=F_1''$，

且 $F_1'\cos\dfrac{\theta}{2}=\dfrac{F_1}{2}\Rightarrow F_1'=F_1''=\dfrac{F_1}{2\cos\dfrac{\theta}{2}}=\dfrac{G\sin^2\beta}{2\cos\dfrac{\theta}{2}}$。

由于是沿柳棍的方向，不产生压力作用，而是通过网眼结构作用在地面，从而哈那有巨大的支撑力。

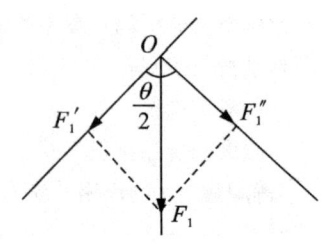

图 7-11 F_1 分解示意图

（2）由题（1）的分析知道，$F_1'=F_1''=\dfrac{F_1}{2\cos\dfrac{\theta}{2}}$

$=\dfrac{G\sin^2\beta}{2\cos\dfrac{\theta}{2}}$，哈那的个数不变的情况下，若往长拉哈那夹角 θ，β（$0<\beta<90°$，$0<\theta<180°$）会同时增大，$\sin^2\beta$ 增加且 $0<\sin^2\beta<1$，$\cos\dfrac{\theta}{2}$ 减小且 $0<2\cos\dfrac{\theta}{2}<2$，因此，$F_1'$ 和 F_1'' 增大，哈那可承受的压力相对减小。相反，往里缩哈那夹角 θ，β 会减小，$\sin^2\beta$ 减小且 $0<\sin^2\beta<1$，$\cos\dfrac{\theta}{2}$ 增大且 $0<2\cos\dfrac{\theta}{2}<2$，则 F_1' 和 F_1'' 减小，哈那的压力相对增加。由于雨季毛毡子湿后，蒙古包自身重量会增加，所以应减小对哈那的压力、预防倒塌，因此通常雨季搭得相对高些。秋季应搭得相对低些，增加对哈那的压力，预防被风吹倒。教师让学生进一步探讨蒙古包构造适合自然环境的特点，进行拓展学习强化了教师对民族特色课程资源开发利用的意识，其方法和途径对蒙古族中学物理教师有一定的启发和借鉴作用。尤其能激发和调动学生思维的主动性和积极性，加深学生对蒙古族文化的了解，使三维目标落到实处，充分体现新课程理念。除此之外，还有很多草原文化资源，有待于广大的教师和教育工作者做进一步的研究开发使之成为可利用的中学物理课程特色资源，使物理学习和自然界更加接近、更加密切，促进少数民族地区的新

课程改革。

（三）风力发电资源

长期以来，课程资源的开发与利用一直是一个热门话题。物理新课程改革更加强调了特色课程资源。在《义务教育物理课程标准》中就特别提到了应收集有重要物理意义的、展示科学技术发展的实况录像，例如航天发射、大型水闸等教学资源问题。我国地域广阔，应该根据学生实际和当地环境，挖掘引用本地区特色资源，使物理教学更加贴近实际，使抽象的物理知识变得具体化、实际化、生活化，充分体现"从生活走向物理，从物理走向社会"的新课程基本理念。

风力发电是我国大力发展的清洁能源之一。目前，内蒙古风力发电装机容量已达500万千瓦，居全国首位。气象部门的数据显示，内蒙古风能资源技术可开发容量1.5亿千瓦，占全国陆地风能资源储量的50%，华能、大唐、国电、神华等十多家大型能源企业均在内蒙古投资建设风力发电场，内蒙古境内已经建成辉腾锡勒、克什克腾等一批大型风电场。实际运行数据表明，内蒙古风电设备平均利用小时达2678小时，达到了全国乃至世界的领先水平。从这些数据中我们可以看出在内蒙古地区，风力发电是十分重要的课程资源。

蒙古包外风力发电机的结构及工作原理涉及了许多物理知识，通过创设相关电学、能源与可持续发展的物理问题情境，并使之整合到课堂教学中，可以激发学生的情感和求知欲。

下面结合电学、磁学教学内容的相关问题情境设计：

"电功率"和"电与磁"是八年级下册中重要的章节，在学生学完这两章节内容后，可利用蒙古包外风力发电机创设一些物理问题情境，进行探究学习。

1.1 创设情境，提出问题

多媒体展示蒙古包外的风力发电机转动景象。

问题1：这些风力发电机是如何发电的？

启发思考：

那我们看一下风力发电机的结构，多媒体展示图7-12蒙古包外风力发电机结构示意图。

问题2：风轮的作用是什么？叶片用什么材料做成的？

问题3：尾翼的作用是什么？

问题4：转体的作用是什么？

问题5：发电机起什么作用？工作原理是什么？

问题6：塔管的作用是什么？

参考结论：

风轮用来接受风力并通过机头转为电能，小型风力发电机的风轮一般由两个叶片或三个叶片组成。叶片材质分为木质叶片、玻璃钢叶片、尼龙叶片、镀锌铁皮做外皮内装骨架焊接成型的叶片。风轮的风能利用系数一般在40%以上。尾翼作用是使叶片始终对着风的方向从而获得最大的风能；转体能使机头灵活地转动，以实现尾翼调整方向；发电机由转子和定子组成，机头的转子是磁体，定子是线圈，切割磁力线产生电能。发电机的工作原理是电磁感应。塔管支撑风轮、尾翼、发电机及保护电导线的作用，为了获得较大的、均匀的风力，铁管一般建得比较高，一般在 6 m 以上。

引导学生讨论：

多媒体展示各种风力发电机，如：额定功率为 50 W、100 W、150 W、200 W、300 W、500 W、750 W、1 kW、2 kW、3 kW、5 kW 和 10 kW 等十多种风力发电机。使用者根据用电需求的不同可以选择不同型号的发电机，工厂所使用的发电机功率一般都比较大（5 kW 以上）；家用风力发电机功率为 50 W ~ 5 kW，蒙古包外日常使用的发电机额定功率约 100 ~ 800 W，输出电压范围为 13 ~ 40 V。

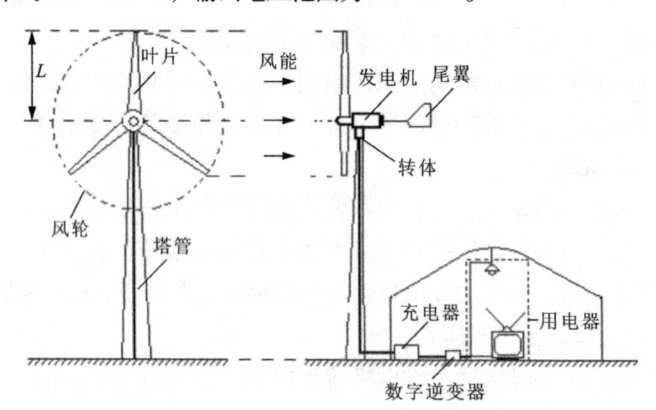

图 7 - 12　风力发电机示意图

问题7：从风力发电机型号参数范围看，输出电压能满足牧民正常使用家用电器的需要吗？

参考结论：

不能，因为发电机输出电压比家用电器的额定电压220V低得多。

问题8：牧民是如何解决使用家庭用电的需要呢？

问题9：如果风停了，就无法用电了吗？

引发学生讨论：

多媒体展示充电器和数字逆变器。

参考结论：

充电器能把发电机输出的电压进行整流，再对电瓶充电，使电能转化成化学能来存储。数字逆变器将电瓶直流电能逆变成 220 V 的交流电，供用户负载使用。

1.2 联系实际，解决问题

问题 10：风力发电是将风的动能转化为电能。设空气的密度为 ρ，水平风速为 v，风力发电机每个叶片的长度为 L，风能转化为电能的效率为 η，那么可以得出该风力发电机发出的电功率 $P = \frac{1}{2}\rho \pi L^2 v^3 \cdot \eta$。若一台微型风力发电机的叶片长为 1 m，使风能转化为电能的效率为 20%，假设某地空气密度为 1.3 kg/m³，平均风速为 10 m/s，则

（1）该风力发电机的电功率有多大？

（2）若该风力发电机每天平均发电 22 h，那么一天约能发出多少度的电？

（3）牧民家每户平均每天用电 0.80 kW·h，那么该风力发电机一天发出的电能可供多少户牧民家使用？

参考答案：

（1）408.2 W　（2）8.9804 kW·h　（3）11 户

拓展研究：

为什么风力发电机采用三叶片式？

结合能源教学内容的相关问题情境设计。

能源与可持续发展是九年级物理教科书中最后一个章节的内容，其与蒙古包外的风力发电机相关的物理问题很适合本章节内容的拓展学习。

2.1 创设情境，提出问题

多媒体展示内蒙古地区风车田的壮观景象。

问题 1：上一节课我们学习了火力发电、水力发电、核电、风力发电、太阳能发电、潮汐发电、地热发电等发电方式。内蒙古地区为什么正在大规模选用风力发电呢？

2.2 设疑引导，激发讨论

问题 2：从环保的角度考虑呢？

参考结论：

可对各种能源消耗与环境污染进行比较。

表7-1 各种能源与环境问题的关系

环境问题 \ 能源种类	石油和天然气	煤	水力发电	核能	柴薪	风力发电
空气污染	+	+	−	−	+	−
废物	+	+	−	+	−	−
有害辐射	−	−	−	+	−	−
水土流失和沙漠化	−	−	+	−	+	−

注:"+"表示比较污染环境,"−"表示比较环保。

问题3:从消耗能源的角度分析呢?

表7-2 能源的分类

能源种类 \ 分类	水能	风能	太阳能	石化能	核能
可再生能	+	+	+	−	−
不可再生能	−	−	−	+	+

参考结论:

内蒙古地区风力能源非常丰富并且风能是可再生能源。

老师补充:内蒙古自治区风能储量2.7亿千瓦小时,占全国总储量的$\frac{1}{5}$,居全国首位;全区年平均风速3.7m/s,大部分地区年平均有效风能功率密度为150～200 W/m²。

问题4:从投资以及技术的角度考虑呢?

参考结论:

一次性投资,不存在燃料问题;技术日趋成熟,使用比较安全。

问题5:某台矗立在蒙古包外的风力发电机一天能发出8.8 kW·h电能。该发电机工作一年(365天计)发出的电能,相当于完全燃烧多少公斤的烟煤所放出的能量?(烟煤的热值约$2.9×10^7$ J/kg)

参考答案:398.73 kg

2.3 拓展学习

问题5:上网收集风力发电开发的困难和前景的信息,说说自己的观点。

实践证明,在物理教学中利用一些有重要物理意义的、能展示科学技术发展的、又具有地方特色的教学资源创设问题情境,有助于培养学生的科学精神和科学态度,提高环保意识,增强社会责任感,充分体现新课程下的物理课程的教育功能。

当前，新课程下的中学物理实验教学改革的形式多样化，以学生熟悉的生活情景为基础，利用学生身边的物品等进行物理实验的探索也日趋增多，但利用民族特色资源进行实验教学的改革却很少。在民族地区利用民族特色、本土特色资源进行探究性物理实验教学，既有利于探索学科知识，又有利于学生了解民族文化。勒勒车的设计中包含着许多物理知识，是一个很好的物理实验资源，利用勒勒车进行探究性实验教学，在激发学生学习物理的兴趣、培养学生动手能力和创新意识方面有其独特的优势。

（四）地方性物理课程资源在教学中的应用

1. 重视地方性物理课程资源的开发是开展实验教学的重要指导思想

当实验教学在素质教育中的地位逐渐被人们广泛认识之后，加强和改善实验教学并充分发掘物理实验的人才培养和评价功能，必将成为物理教育改革的主要方向之一。实验教学离不开物质条件作为保证。客观上，各类各级学校现有仪器优劣不均，物质条件的不充分限制了实验教学的发展。解决问题的主要途径是：充分发掘现有物质潜力，积极创造条件，通过开发地方性物理课程资源来满足教学及教改的需要，发挥师生主观能动性是实验教学的重要指导思想。

2. 地方性物理课程资源的独特教育功能

基于地方性物理课程资源特点和中学生的认知特点，着眼于把发展地方性物理课程资源作用于中学物理教学过程中，对学生学习心理及情感领域将产生的独特作用。从实验教学论角度进行概括分析：

（1）应用地方性物理课程资源，可激发学生学习物理的强烈动机。在物理教学中使用学生熟悉的生活材料研制的教具，其独特作用是学生能够从"知"的环境中发现"未知"，使他们原有的知识机构与面临的现实产生矛盾，造成心理上的不平衡，从而产生探索新知识的强烈愿望。

（2）使用地方性物理课程资源可使学生感到科学与生活的密切关系。由于地方性物理课程资源使用的材料大多来源于生活，用它们来产生物理现象，学生们会感到亲切，感到物理学就在自己的身边，研究物理并不神秘，从而产生学习物理学的积极性和主动性。在实验观察中，器材本身已不是他们好奇的东西，他们所关注的是这些生活材料究竟能实现什么物理现象，因此他们观察有了较强的目的性。

所以我们要为地方性特色文化发展和繁荣作出最大的努力，让地方文化在这块土地上大放异彩。

259

[本章小结]

```
                                    ┌─ 物理课程资源的概念
                   ┌─ 物理课程资源的概念 ─┤ 课程资源的分类
                   │                 │ 课程资源的载体和媒介形式
                   │                 └─ 树立正确的课程资源观
                   │
物理课程资源的开发和利用 ─┼─ 开发利用物理课程资源的原则
                   │
                   │ 物理课程资源的    ┌─ 重视教科书等文字课程资源的开发和利用
                   ├─ 利用和开发途径 ─┤
                   │                └─ 加快多种媒体组成的信息化课程资源的利用与开发
                   │
                   └─ 物理课程资源开发和利用举例
```

[思考与练习]

1. 物理课程资源按照不同标准可以分成几类？
2. 简述你的课程资源观。
3. 物理课程资源开发和利用的原则有哪些？
4. 列举课程资源开发和利用的途径。
5. 你能想到身边什么事物可以开发和利用，成为物理课程资源。
6. 请你查找相关资料，找出不同地域文化背景下的不同课程资源，并与全班同学交流。

参考文献

[1] 教育部. 全日制义务教育物理课程标准. 北京：北京师范大学出版社，2001.

[2] 教育部. 普通高中物理课程标准（实验）. 北京：人民教育出版社，2004.

[3] 钟启泉. 基础教育课程改革纲要（试行）解读. 上海：华东师范大学出版社，2003.

[4] 课程教材研究所编著. 义务教育课程标准实验教科书 物理（八年级上）. 北京：人民教育出版社，2005.

[5] 课程教材研究所编著. 义务教育课程标准实验教科书 物理（八年级上）教师教学用书. 北京：人民教育出版社，2005.

[6] 课程教材研究所编著. 义务教育课程标准实验教科书 物理（八年级下）. 北京：人民教育出版社，2005.

[7] 课程教材研究所编著. 义务教育课程标准实验教科书 物理（八年级下）教师教学用书. 北京：人民教育出版社，2005.

[8] 课程教材研究所编著. 义务教育课程标准实验教科书 物理（九年级）. 北京：人民教育出版社，2005.

[9] 课程教材研究所编著. 义务教育课程标准实验教科书 物理（九年级）教师教学用书. 北京：人民教育出版社，2005.

[10] 课程教材研究所编著. 普通高中课程标准实验教科书 物理1（必修）. 北京：人民教育出版社，2004.

[11] 课程教材研究所编著. 普通高中课程标准实验教科书 物理1（必修）教师教学用书. 北京：人民教育出版社，2004.

[12] 课程教材研究所编著. 普通高中课程标准实验教科书 物理2（必修）. 北京：人民教育出版社，2004.

[13] 课程教材研究所编著. 普通高中课程标准实验教科书 物理2（必修）教师教学用书. 北京：人民教育出版社，2004.

[14] 课程教材研究所编著. 普通高中课程标准实验教科书 物理（选修1−1）. 北京：人民教育出版社，2004.

[15] 课程教材研究所编著. 普通高中课程标准实验教科书 物理（选修1−1）

教师教学用书. 北京：人民教育出版社，2004.

［16］课程教材研究所编著. 普通高中课程标准实验教科书 物理（选修1-2）. 北京：人民教育出版社，2005.

［17］课程教材研究所编著. 普通高中课程标准实验教科书 物理（选修1-2）教师教学用书. 北京：人民教育出版社，2005.

［18］课程教材研究所编著. 普通高中课程标准实验教科书 物理（选修2-1）. 北京：人民教育出版社，2004.

［19］课程教材研究所编著. 普通高中课程标准实验教科书 物理（选修2-1）教师教学用书. 北京：人民教育出版社，2004.

［20］课程教材研究所编著. 普通高中课程标准实验教科书 物理（选修2-2）. 北京：人民教育出版社，2005.

［21］课程教材研究所编著. 普通高中课程标准实验教科书 物理（选修2-2）教师教学用书. 北京：人民教育出版社，2005.

［22］课程教材研究所编著. 普通高中课程标准实验教科书 物理（选修3-1）. 北京：人民教育出版社，2004.

［23］课程教材研究所编著. 普通高中课程标准实验教科书 物理（选修3-1）教师教学用书. 北京：人民教育出版社，2004.

［24］课程教材研究所编著. 普通高中课程标准实验教科书 物理（选修3-2）. 北京：人民教育出版社，2005.

［25］课程教材研究所编著. 普通高中课程标准实验教科书 物理（选修3-2）教师教学用书. 北京：人民教育出版社，2005.

［26］课程教材研究所编著. 普通高中课程标准实验教科书 物理（选修3-3）. 北京：人民教育出版社，2005.

［27］课程教材研究所编著. 普通高中课程标准实验教科书 物理（选修3-3）教师教学用书. 北京：人民教育出版社，2005.

［28］许国梁主编. 中学物理教学法. 北京：高等教育出版社，1993.

［29］张熊飞. 中学物理教学的理论与实践. 北京：教育科学出版社，1990.

［30］罗维治. 中学物理教学论. 长沙：湖南师范大学出版社，1992.

［31］张子锷. 中学物理教学经验与体会. 北京：北京出版社，1982.

［32］阎金铎，田世昆主编. 中学物理教学概论. 北京：高等教育出版社，1991.

［33］阎金铎，郭玉英. 中学物理教学概论. 北京：高等教育出版社，2009.

［34］查有梁. 物理教学论. 南宁：广西教育出版社，1996.

[35] 王较过. 物理教学论. 西安：陕西师范大学出版社，2003.

[36] 乔际平. 物理学科教育学. 北京：首都师范大学出版社，1999.

[37] 张民生. 中学物理教育学. 上海：上海教育出版社，1999.

[38] 封小超，王立邦. 物理课程与教学论. 北京：北京师范大学出版社，1992.

[39] 乔际平，续佩君. 物理教育学. 南昌：江西教育出版社，1992.

[40] 王立邦. 中学物理教学论. 南宁：广西民族出版社，1999.

[41] 封小超，王力帮主编. 物理课程与教学论. 北京：科学教育出版社，2005.

[42] 钟启泉主编. 物理教育展望. 上海：华东师范大学出版社，2002.

[43] 孙立仁主编. 中学物理微格教学教程. 北京：科学出版社，1999.

[44] 靳玉乐等主编. 新教材将会给教师带来些什么——谈新教材的新功能. 北京：北京大学出版社，2002.

[45] 魏日升，张宪魁. 新课程中学物理教材教法与实验. 北京：北京师范大学出版社，2006.

[46] 骆炳贤. 中国物理学史大系——物理教育史. 长沙：湖南教育出版社，2001.

[47] 路波. 新课程有效教学疑难问题操作性解读. 北京：教育科学出版社，2008.

[48] ［美］保罗·齐策维茨. 物理：原理与问题. 仲新元译. 上海：科学出版社，2005.

[49] 张伟. 中学物理实验教学研究与演示教具设计. 呼和浩特：内蒙古人民出版社，2002.

[50] 吉日嘎拉. 国内外物理教学改革动态. 呼和浩特：内蒙古教育出版社，1999.

[51] ［日］蛯谷米司. 理科の教材層序と学習過程. 東京：明治図書館，1986.

[52] ［日］畑中忠雄. 理科教育概論. 東京：東洋館出版社，1996.

[53] ［日］左卷健男，杉山栄一. 最新中学理科の授業. 東京：東洋館出版社，2002.

[54] ［日］堀哲夫. 学びの意味を育てる理科の教育評価. 東京：東洋館出版社，2003.

[55] ［日］高垣マユミ. 授業デザインの最前線. 東京：北大路书房，2005.

[56] ［日］文部省. 中学校学習指導要領解説. 東京：大日本図書株式会

社，2008.
- [57]［日］文部省. 中学校学習指導要領解說. 东京：大日本图书株式会社，2008.
- [58]［日］兵頭俊夫. 物理Ⅰ. 东京：三省堂印刷株式会社，2009.
- [59]［日］佐野博敏. 理科総合A. 广岛：第一制本印刷株式会社，2009.
- [60]［日］文部科学省. 高等学校学習指導要領. 京都：东山书房式会社，2009.
- [61] Alfred E. Friedl. Teaching Science to Children: An Inquiry Approach. Boston: McGraw-Hill Higher Education, 2005.

图书代号　JC10N1258

图书在版编目(CIP)数据

中学物理教材分析/吉日嘎拉主编. —西安:陕西师范大学出版总社有限公司,2010.12(2022.7重印)
高等师范院校教师教育系列教材
ISBN 978-7-5613-5419-3

Ⅰ.①中… Ⅱ.①吉… Ⅲ.①物理课—教学研究—师范大学—教材　②物理课—教学研究—中学　Ⅳ.①G633.72

中国版本图书馆 CIP 数据核字(2010)第 259380 号

中学物理教材分析
ZHONGXUE WULI JIAOCAI FENXI
吉日嘎拉　主编

责任编辑 /	钱　栩
责任校对 /	冯新宏
装帧设计 /	雷　青
出版发行 /	陕西师范大学出版总社
	(西安市长安南路199号　邮编710062)
网　　址 /	http://www.snupg.com
经　　销 /	新华书店
印　　刷 /	西安日报社印务中心
开　　本 /	787 mm×960 mm　1/16
印　　张 /	17
插　　页 /	2
字　　数 /	280 千
版　　次 /	2010 年 12 月第 1 版
印　　次 /	2022 年 7 月第 3 次印刷
书　　号 /	ISBN 978-7-5613-5419-3
定　　价 /	39.00 元

读者购书、书店添货如发现印刷装订问题,请与本社高教出版中心联系调换。
电话:(029)85303622(兼传真),85307826。